纳 税 筹 划

主　编　王　丹　华建新
副主编　吕琳晖　高文翰

中国矿业大学出版社
·徐州·

图书在版编目(CIP)数据

纳税筹划 / 王丹，华建新主编. — 徐州 ：中国矿业大学出版社，2021.7

ISBN 978 - 7 - 5646 - 5083 - 4

Ⅰ.①纳… Ⅱ.①王… ②华… Ⅲ.①税收筹划—教材 Ⅳ.①F810.423

中国版本图书馆 CIP 数据核字(2021)第 159036 号

书　　名　纳税筹划
主　　编　王　丹　华建新
责任编辑　徐　玮
出版发行　中国矿业大学出版社有限责任公司
（江苏省徐州市解放南路　邮编 221008）
营销热线　(0516)83884103　83885105
出版服务　(0516)83995789　83884920
网　　址　http://www.cumtp.com　**E-mail**:cumtpvip@cumtp.com
印　　刷　苏州市古得堡数码印刷有限公司
开　　本　787 mm×1092 mm　1/16　**印张** 11.75　**字数** 286 千字
版次印次　2021 年 7 月第 1 版　2021 年 7 月第 1 次印刷
定　　价　48.00 元
（图书出现印装质量问题，本社负责调换）

前　言

在市场经济条件下，税收具有筹集国家财政收入、调控宏观经济运行和实现收入分配公平的重要作用。纳税是企业和个人应尽的义务，但企业和个人作为“理性经济人”，必然追求自我利益最大化。在法律允许的前提下进行纳税筹划，是企业和个人的一项基本权利。

本书主要内容包括纳税筹划概述、纳税筹划的基本原理与方法、增值税的纳税筹划、消费税的纳税筹划、企业所得税的纳税筹划、个人所得税的纳税筹划、关税及其他税种的纳税筹划、跨国纳税筹划。本书的主要特点有以下几点：

（1）按照最新税法编写。本书在编写过程中参考了最新的税收政策和会计政策，包括2019年4月1日开始将增值税税率由16%和10%分别调整至13%和9%的政策，以及2019年1月1日起正式实施的《中华人民共和国个人所得税法》。书中对税收新政策引起的新问题和新情况进行了分析与研究，并有针对性地调整了筹划思路和方法。

（2）着重培养学生的应用能力。纳税筹划理论性较强，较难理解。本书注重纳税筹划的实用性和应用性，在介绍纳税筹划原理和方法的基础上，提供了丰富的案例，部分案例与生活联系紧密，突出了实践性，能够激发学生的学习兴趣，着重培养学生的应用能力。

（3）内容全面，结构合理。为保证学生全面理解和掌握纳税筹划知识，本书以纳税筹划的动因、目标和成本收益为出发点，介绍纳税筹划的基本原理和方法，并按不同的税种进行筹划方法的分析。同时，随着我国经济的不断发展，跨国公司大量涌现，因此书中增加了跨国纳税筹划的内容，使本书的内容更加全面、完整，结构更为合理。

本书由王丹、华建新任主编，吕琳晖、高文翰任副主编，具体编写分工如下：第一章由吕琳晖编写；第二章由高文翰编写；第三章由王丹编写；第四章由华建新编写；第五章由王丹编写；第六、七章由华建新编写；第八章第一、二、三节由高文翰编写，第四节由吕琳晖编写；全书由王丹负责统稿。

本书在编写过程中，参考了大量的书籍、资料、法律法规等，在此谨向这些书籍、资料和法律法规的作者致以衷心的谢意。我们虽然力求完美，但由于水平有限，书中难免有不足之处，恳请广大读者批评指正。

编者

2021年2月

目　录

第 1 章　纳税筹划概述

1.1　纳税筹划的概念及特点

1.1.1　纳税筹划的概念

纳税和我们每个人的关系越来越紧密。我国经过 40 多年的改革开放，涌现出一批规模不断扩大、国际化程度不断提高的企业，也产生了一大批中小型企业。这些企业的治理水平和纳税遵从度提高很快。同时，我国居民的个人收入水平不断提高，收入来源日趋多元化，个人投资和消费方式发生了较大变化。伴随着我国税制体系和征管制度的改革和完善，以及征管水平的提高，无论企业还是居民个人的涉税事项都不断增多。根据我国目前的税法，一个从事制造业的企业大体要缴纳七八种税，一个小康之家如果购买了商品房和汽车，另有房屋出租、投资股票，就有可能缴纳过个人所得税、车辆购置税、印花税、契税、城市维护建设税、车船税等。不论在哪个国家，政府都要求纳税人依法纳税，对不履行纳税义务的人要进行法律制裁。但是在不违背税法的前提下，纳税人是否就没有什么办法可以合法地减轻自己的纳税负担呢？纳税人是否就应该被动地按税务部门的要求缴税呢？答案是否定的。纳税人有依据法律缴纳税款的义务，但也有依据法律合理甚至巧妙地减轻税负的权利。

从历史上看，纳税筹划活动由来已久，尤其是在西方发达国家，它们对纳税筹划的研究日趋深入，对纳税筹划的概念也有不尽相同的描述。下面列出了几种颇具代表性的观点。

荷兰国际财政文献局编写的《国际税收词典》对纳税筹划是这样描述的：纳税筹划是指纳税人通过对经营活动或对个人事务活动的安排，以达到缴纳最低税款之目的。

印度税务专家 N.J.雅萨斯威在《个人投资和纳税筹划》一书中认为：纳税筹划是纳税人通过对财务活动的安排，以充分利用纳税法规所提供的包括减免税在内的一切优惠，从而获得最大的纳税利益。

美国南加利福尼亚大学的 W.B.梅格斯在与他人合著的、已出版了多个版次的《会计学》一书中对纳税筹划做了如下阐述：人们合理而又合法地安排自己的经营活动，缴纳可能最低的税款。他们使用的方法可被称为纳税筹划，少纳税和递延缴纳税款是纳税筹划的目标所在。另外，他还说，在纳税发生之前，有系统地对企业的经营或投资行为做出事先安排，以达到尽量少缴纳所得税的目的，这个过程就是纳税筹划。纳税筹划主要是选择企业的组织形式和资本结构、投资采用租用还是购入的方式以及交易的时间等。

近年来，我国学术界也开始对纳税筹划进行研究。有的学者认为：纳税筹划是纳税人依据所涉及的现行税法（不限一地一国），遵循纳税国际惯例，在遵守税法的前提下，运用纳税人的权利，根据税法中"允许"、"不允许"以及"非不允许"的项目、内容等，对企业组建、经营、投资、筹资等活动进行的旨在减轻税负、有利于财务目标实现的谋划与对策。纳税筹划应包括一切采用合法和非违法手段进行的纳税方面的策划及有利于纳税人的财务安排，主要包括节税筹划、避税筹划、转退筹划和实现涉税零风险。纳税筹划是指纳税人在税法许可的范围内，通过对投资、经营、理财活动事前进行筹划和安排，尽可能地节约纳税成本的理财活动，包括投资纳税筹划、经营纳税筹划和分配纳税筹划。还有的学者认为：纳税筹划是指纳税人在取得纳税法律制度支持和税务机关认可的前提下，运用科学的技术方法，通过参与经营策划，使经济活动能够沿着最低税负方向和延期纳税结果运行的一系列谋划活动。它是企业经营管理策划的重要组成部分，是立足于取得纳税利益的经营管理策划。

综合以上相互接近的表述，可将纳税筹划归纳为：纳税筹划是指在纳税行为发生之前，在不违反法律法规（税法及其他相关法律法规）的前提下，通过对纳税主体（法人或自然人）经营活动或投资行为等涉税事项做出事先安排，以实现优化纳税、减轻税负或延期纳税为目标的一系列谋划活动。

1.1.2 纳税筹划的发展

纳税人在不违反法律、政策规定的前提下，通过对经营、投资、理财活动的安排和筹划，尽可能减轻纳税负担，以获取"节税"（tax savings）的纳税利益的行为很早就存在。但是"纳税筹划"真正为社会所关注和为法律所认可，从时间上最早可以追溯到 20 世纪 30 年代。

1935 年，英国上议院议员汤姆林爵士对"税务局长诉温斯特大公"一案做了有关纳税筹划的声明，任何一个人都有权安排自己的事业，依据法律这样做可以少缴税；为了保证从这些安排中得到利益，不能强迫他多缴税。汤姆林爵士的观点赢得了法律界的认同。英国、澳大利亚、美国在以后的纳税判例中经常援引这一原则精神。此后，不少税务专家和学者对纳税筹划有关理论的研究不断向深度和广度发展。

随着社会经济的发展，纳税筹划日益成为纳税人理财或企业经营管理整体中不可缺少的一个重要组成部分。最近 30 多年以来，纳税筹划在许多国家蓬勃发展。正如美国南加州大学的 W.B.梅格斯在《会计学》中所谈到的那样："美国联邦所得税变得如此复杂，使得为企业提供详尽的纳税筹划成为一种谋生的职业。现在几乎所有的公司都聘用专业的税务专家，研究企业主要经营决策上的纳税影响，为合法地少纳税制订计划。"此外，社会中介组织，包括会计师事务所、审计师事务所、律师事务所和税务师事务所业务收入中的很大一部分来自为客户提供纳税筹划。即便是税务机关，对纳税筹划的研究也非常重视，因为从纳税人的纳税筹划活动中可以掌握多种纳税信息，使纳税法治与征收管理的建设日臻完善。

与此同时，纳税筹划的理论研究文章、刊物、书籍应运而生，新作不断，这进一步推动了纳税筹划研究向纵深发展。例如，一家以提供纳税信息驰名于世的公司——美国国家事务出版公司（The Bureau of National Affairs Inc.）——除了出书以外，还定期出版两本知名的国际纳税专业杂志：一本是《纳税管理国际论坛》，另一本是《纳税筹划国际评论》。这两本杂志中有相当多的篇幅讲的是纳税筹划。比如 1993 年 6 月刊的一篇学术论文便是关于国际不动产专题的纳税筹划，涉及比利时、加拿大、丹麦、法国、德国、爱尔兰、意大利、日本、荷兰、英国、美国等 13 个国家。伍德赫德·费尔勒国际出版公司（在纽约、伦敦、多伦多、悉尼、东京等地设有机构）于 1989 年出版过一本名为《跨国公司的纳税筹划》（*Tax Planning for*

Multinational Corporations)的著作,书中提出的论点及纳税筹划的技术在一些跨国公司中颇有影响。有的专著虽不以"纳税筹划"为名,比如霍瓦斯公司出版的《国际税收(1997)》,书中多是讲述国际纳税筹划,旁征博引了包括我国在内的38个国家和地区的相关资料。

纳税筹划在发达国家十分普遍,已经成为企业,尤其是跨国公司制定经营和发展战略的一个重要组成部分。在我国,纳税筹划开展得较晚,发展较为缓慢,存在的主要问题是:

(1) 纳税筹划意识发展迅速,但仍有很大提升空间。随着我国市场经济体制的完善和对外开放水平的提高,纳税筹划日益得到我国企业和个人的普遍接受。但由于纳税筹划在我国起步较晚,加上税务机关的依法治税水平和全社会的纳税意识与发达国家尚有差距,导致征纳双方对各自的权利和义务了解得不够,在很长一段时期内纳税筹划往往被视为偷税的近义词,社会大众也认为纳税筹划就是偷税、漏税。这些都使得纳税筹划在我国虽然较以往取得了很大的发展和进步,但不管是从广度还是从深度来看,仍然存在着巨大的提升空间。除此之外,理论界对纳税筹划的重视程度不够也是制约我国纳税筹划广泛开展的一个重要原因。

(2) 税务代理等税务服务水平还有待提高。纳税筹划要求有谙熟我国税收制度、了解我国立法意图的高素质的专门人才来操作,但很多企业和个人并不具备这一关键条件,只有通过成熟的中介机构代理税务,才能有效地进行纳税筹划,达到节税的目的。我国的税收代理制度在20世纪80年代才开始出现,目前仍处于发展阶段,并且代理业务也多局限于纳税申报等经常发生的常规性纳税事项,较少涉及纳税筹划。可喜的是近几年这种情况已有所改变。企业希望在证券交易所上市所需的合规性要求,以及企业扩张过程中涉及的较多的税务事项,促使企业更加关注纳税因素的影响。税务师事务所除了提供涉税签证业务和一般性服务咨询项目外,也开始重视纳税筹划业务的拓展,从而促进了税务服务业的发展。

(3) 我国纳税制度不够完善。由于货物和劳务税等间接税的纳税人可以通过提高商品或服务的销售价格或降低原材料等的购买价格将税款转嫁给购买者或供应商,因此,纳税筹划主要是针对税款难以转嫁的所得税等直接税。我国的纳税制度过分倚重增值税、消费税等间接税税种,尚未开征目前国际上通行的社会保障税、遗产税、赠与税等直接税税种,所得税和财产税体系简单且不完备,这使得纳税筹划的适用范围受到很大的限制。

(4) 税法存在一定模糊性和宣传滞后。我国税法的立法层次正在加速,十二届全国人大三次会议已经明确,力争在2020年以前将现行所有税收条例上升为税收法律,且以后新开征的税种都将以税收法律形式对外发布。但由于我国各地情况不一,统一制定的税法在具体执行中不仅需要实施细则的配合,还需要由税收征管部门下发大量文件对税法进行补充和调整。一方面,这种状况容易造成征纳双方就某一具体概念或问题形成争议。另一方面,这种状况容易造成我国税法的透明度偏低。除了部分专业的税务杂志会定期刊登有关税法的文件外,纳税人难以从大众传媒处获知税法的全貌和调整情况,无法进行相应的纳税筹划。

(5) 征管水平仍有待提高。由于征管意识、技术和人员素质等多方面原因,我国的税收征管水平与发达国家相比有一定差距,加上过往我国税收收入主要由企业纳税组成,征管重心在间接税而非直接税,使得个人所得税等直接税税种的征管水平低造成的税源或税基流失问题严重。如果偷税的获益远远大于纳税筹划的收益和偷税的风险,纳税人显然不会再去劳神费力地从事合法的纳税筹划。

可喜的是，近几年来纳税筹划已经逐渐为人们所认识、了解并付诸实践。目前，我国图书市场上已有不少关于纳税筹划的书籍。《中国税务报》还专门开辟了“纳税筹划”专栏，在微观筹划版上刊登的全是有关纳税筹划的文章。大多数财经类高校的财经管理类专业本科阶段已开始开设“纳税筹划”课程。随着我国经济日益融入全球化进程，以及企业向海外投资的进程不断加快，纳税筹划必将在我国获得新的发展，这也对纳税筹划的教学和研究提出了新的要求。

1.1.3 纳税筹划的特点

纳税筹划范围较广，与企业的财务活动密切相关，具有诸多特点，主要包括以下几点。

1.1.3.1 合法性

合法性是纳税筹划最本质的特点，也是纳税筹划区别于逃避税收行为的基本标志。纳税筹划的合法性体现在其行为是在尊重法律、不违反国家税收法规的前提下进行的。在合法的前提下，当存在多种可选择的纳税方案时，纳税人就可以利用对税法专业知识的熟练掌握和实践技术，选择低税负方案。纳税人对税收政策的这种能动反应正是税收政策能够引导经济、调节纳税人经营行为的重要前提。

1.1.3.2 筹划性

纳税筹划一般都是在应税行为发生之前进行规划、设计和安排的，它可以事先测算纳税筹划的结果，因而具有一定的前瞻性。在经济活动中，纳税义务通常具有滞后性。企业交易行为发生后，才缴纳有关流转税；收益实现或分配后，才缴纳所得税；财产取得或行为发生之后，才缴纳财产税、行为税。这在客观上提供了纳税前事先做出筹划的可能性。另外，企业经营、投资和筹资活动是多方面的，税法规定也是有针对性的。纳税人和征税对象的性质不同，纳税待遇往往不同，这在向纳税人显示出可选择较低税负决策的机会。如果涉税行为已经发生，纳税义务已经确定而去谋求少缴税款，则不能认为是纳税筹划。

1.1.3.3 风险性

所谓纳税筹划风险，是纳税人在进行纳税筹划时因各种因素的存在，无法取得预期的筹划结果，并且付出远大于收益的各种可能性。因为纳税筹划是一种事前行为，具有长期性和预见性的特点，所以纳税筹划与任何一种谋求经济利益的管理活动一样，也存在风险，特别是当纳税筹划的基本条件发生变化，或筹划的方法选择不当，或筹划主体因专业水准有限所提出的纳税筹划方案不被税务机关认可从而产生争议或诉讼事项时，纳税筹划的风险不可避免。

纳税筹划的风险主要表现在以下几个方面：

(1) 筹划条件风险。

纳税筹划条件包括专业技术人员的素质、筹划的技术手段、筹划时机的选择和筹划时间跨度的确定等。如果企业的会计人员和纳税筹划人员的素质不高，选择筹划方案遭受纳税处罚的风险就高。同时，在纳税筹划中运用何种技术手段也很重要。另外，由于纳税筹划是在纳税义务发生之前进行的谋划，因此要充分考虑纳税时机和筹划时间跨度的选择，推迟或提前、拉长或缩短都可能影响筹划效果，甚至可能导致筹划失败。

(2) 筹划时效性风险。

纳税筹划具有较强的时效性。在一个会计期间内,企业可以运作一个比较合适的方案,达到企业筹划的预定目的。但是,由于目前我国税制建设还不完善,税收政策的稳定性较差,一些税收细则会出现频繁的变化。如果企业不能及时学习和了解最新的税法与税收政策,不能及时合理地变更筹划方案,仍然照搬以前的方案,就会面临筹划失败的风险。

(3) 征纳双方认定差异的风险。

纳税筹划存在着征纳双方的认定差异。纳税筹划应当具有非违法性,但是纳税筹划更多的是纳税人的主动行为,其方案的确定与具体的组织实施都由纳税人自己选择。但纳税筹划方案究竟是否符合法律规定,筹划最终是否成功,是否能够给纳税人带来经济上的利益,却取决于税务机关对纳税人纳税筹划方案的认定结果。也就是说,纳税人所选择的纳税筹划方案是否违法,需要由税务机关最终裁定。如果纳税人被裁定所选择的方案在实质上是违法的,那么就有可能被认定为偷税、漏税,纳税筹划就是失败的。当然,如果纳税人与税务机关对税法的理解不同,纳税人对税务机关的执法措施不服,可以通过一定的行政或法律程序解决,如经过行政复议或通过诉讼程序。但此过程比较耗时耗力,无论从时间还是精力上来看,一般最好在运用这些方式前能与税务机关达成一致。

1.1.3.4 目的性

目的性表示纳税人要取得纳税筹划的纳税利益。这有两层含义:一是选择低税负。低税负意味着低的纳税成本,低的纳税成本一般意味着高的资本回报率。二是递延纳税(非指不按税法规定期限缴纳税款的欠税行为)。在货币计量假设下,纳税期的推后也许可以减轻纳税负担(如避免高边际税率),也许可以降低资本成本(如减少利息支出)。不管是哪一种,其结果都应是税款的节省。

1.1.3.5 综合性

综合性是指纳税筹划应着眼于纳税人资本总收益长期稳定的增长,而不是着眼于个别税种税负的高低。这是因为,一种税少纳了,另一种税有可能就要多缴,整体税负不一定减轻。另外,纳税支出最小化方案不一定等于资本收益最大化方案。在做出投资、经营决策时,除了考虑税收因素外,还应该考虑其他多种因素,趋利避害,综合决策,以达到总体收益最大化的目的。

1.1.3.6 专业性

专业性并不是指纳税人的纳税筹划一定需要会计专业人员进行,而是指在全球经济一体化深入发展,国际经贸业务日益频繁、规模越来越大,而各国税制也越来越复杂的形势下,仅靠纳税人自身进行纳税筹划已经显得力从不心,作为社会中介的税务代理、税务咨询便应运而生。当今世界各国,尤其是发达国家的会计师事务所、律师事务所、税务师事务所和税务咨询公司等纷纷开展有关纳税筹划的咨询业务,说明纳税筹划呈现越来越专业化的特点。

1.2 纳税筹划的动因

1.2.1 税收制度因素

(1) 各国纳税制度的不同为国际纳税筹划提供了空间。由于各国的自然资源禀赋不同,生产力发展水平差异较大,不同国家必将采取不同的纳税政策。各国之间纳税制度的差异主要表现在以下几个方面。

第一,税种的差异。从世界各国来看,每个国家开征的纳税种类不尽相同,并且各个税种在整个纳税体系中所处的地位也相差很远。例如,有的国家开征了遗产税和赠与税,并且税率很高,有的国家却没有开征;有的国家以所得税为主体,尤其是个人所得税在整个纳税收入中所占的比重很大,而有的国家以流转税为主体,个人所得税在纳税收入中只占很小的一部分。纳税人可以利用这个差异,把某种涉税活动安排在没有对此行为征税或者税率较低的国家或地区,以避开此类涉税行为所产生的纳税义务。

第二,税基的差异。一般来说,税基包括三种情况:对收入课税的税基为纯收入或总收入;对财产课税的税基为财产的实物量或价值量;对商品与劳务课税的税基是商品货物和劳务额。例如,许多国家开征了增值税,但在增值税税基的规定上,各国不尽相同。有的国家实行消费型增值税,与生产、销售产品有关的一切购进都允许抵扣,而有的国家实行生产型增值税,购入的与生产、销售产品有关的原材料、辅助材料、低值易耗品、动力等可以抵扣,而购入的固定资产等则不允许抵扣。纳税人在进行纳税筹划时,可以选择税基较窄的国家,以趋轻避重、降低纳税负担。

第三,税率的差异。税率是纳税制度中的核心要素。在实行相同税种的国家,由于各国的经济发展水平不同以及各国所追求的政策目标不一致,各国之间的税率存在很大的差异。税率低的国家或地区自然成为纳税人进行投资活动和经营活动的首选之地。

第四,纳税优惠的差异。为吸引更多的国外资金和先进技术,各国竞相采取了大量的税收优惠政策和措施,有的国家采取了直接减免税政策,有的国家给予了一定程度的税前扣除等,这些税收优惠政策在广度、深度以及优惠方法上存在很大的差别。各种税收优惠政策的直接后果是导致实际税率大大低于名义税率,并使纳税人的实际税收负担大大降低。纳税人可以根据各国税收优惠政策的不同,选择税收优惠幅度最大的国家或地区进行投资。

(2) 各国税收制度的弹性为纳税人的纳税筹划提供了空间。经济活动是复杂多变的,纳税人的经营方式也是多种多样的。就某一国家来说,其税收制度不可能包罗万象,也不可能根据经济形势的变化及时进行调整(税收政策需要保持相对的稳定性),这就要求税收政策具有一定的弹性,以应对复杂多变的经济活动,而这种弹性给纳税人的纳税筹划提供了可能。

第一,纳税人身份的可转换性。任何一种税都要对其纳税人进行法律界定,如企业所得税的纳税人不包括个人独资企业和合伙企业,增值税的纳税人分为一般计税方法纳税人和简易计税方法纳税人。纳税人通过事先筹划,使自己避免成为某种税的纳税人或设法使自己符合低税负税种纳税人的条件,就可以降低应缴税款。

【案例1-1】 转换纳税人身份(1)

某企业是一般计税方法纳税人,由于可抵扣金额较小、应纳增值税税额较大,该企业想转变成简易计税方法纳税人。请问一般计税方法纳税人和简易计税方法纳税人之间能够进行身份转换吗?

【解析】

简易计税方法纳税人是指年销售额在规定标准以下,并且会计核算不健全,不能按规定报送有关税务资料的增值税纳税人。会计核算不健全是指不能正确核算增值税的销项税额、进项税额和应纳税额。按照现行增值税相关法规的规定,简易计税方法纳税人的销售额标准统一为:年应纳增值税销售额500万元及以下。

年应税销售额超过简易计税方法纳税人上述标准的自然人,按简易计税方法纳税人纳税。非企业性单位、应税行为年销售额超过规定标准但不经常发生应税行为的单位和个体工商户,可选择按照简易计税方法纳税人纳税。年应税销售额未超过规定标准的企业和企业性单位,账簿健全,能准确核算并提供销项税额、进项税额,并能按规定报送有关税务资料的,可以向主管税务机关办理一般计税方法纳税人资格登记。

增值税纳税人可以通过企业合并或分立,使自己的应纳增值税销售额符合税法规定的标准,或者通过设置账簿、健全财务核算资料,在一般计税方法纳税人和简易计税方法纳税人之间进行身份转换。

需要注意的是,除国家税务总局另有规定外,纳税人一经登记为一般计税方法纳税人后,不得转为简易计税方法纳税人。如果企业计划由一般计税方法纳税人转变成简易计税方法纳税人,则必须在法律形式上进行改变。

【案例1-2】 转换纳税人身份(2)

王先生、李先生和张女士三人准备成立一家从事服装生产加工的企业,他们可以通过选择不同的企业组织形式来改变企业纳税人的身份,在企业所得税纳税人与个人所得税纳税人之间进行转换。

【解析】

如果三人选择有限责任公司的形式,则该企业成为企业所得税纳税人;如果三人选择合伙企业的形式,则该企业成为个人所得税纳税人。根据《中华人民共和国企业所得税法》(以下简称《企业所得税法》)第一条的规定,在中华人民共和国境内,企业和其他取得收入的组织(以下统称企业)为企业所得税的纳税人,依照本法的规定缴纳企业所得税。个人独资企业、合伙企业不适用该法。个人独资企业和合伙企业每一纳税年度的收入总额减除成本、费用以及损失后的余额,作为投资者个人的经营所得,适用5%~35%的五级超额累进税率,计算征收个人所得税。

第二,计税依据金额上的可调整性。税额的计算关键取决于两个因素:一是征税对象的金额;二是适用税率。纳税人在税率既定的前提下,计税依据越小,应纳税额也就越少。税法对不同税种的计税依据都做了严格的规定,但由于税种的性质不同,各税种计税依据的计算复杂程度也不相同。计算越是复杂的税种,其计税依据的调整空间也越大。一般来说,所得税的计税依据——应纳税所得额的计算比较复杂,企业经营活动的每一个环节都会影响到企业的应纳税所得额,因此纳税人可以采取多种有利于节税的收入、成本及费用计算方法,以达到节约税款或递延纳税的筹划目标。

【案例 1-3】 调整计税依据金额

某股份有限公司计划对一栋办公楼进行改建、装修,已知该办公楼的原值为5 000万元,董事会决定这次维修的费用预算为 2 500 万元左右。如果把维修费用支出控制在 2 500 万元以下,则其维修支出可以一次性计入当年费用,并减少当年应纳税所得额。

【解析】

根据《企业所得税法》及其实施条例的规定,企业发生的固定资产的大修理支出作为长期待摊费用,按照固定资产尚可使用年限分期摊销的,准予在计算应纳税所得额时扣除。固定资产的大修理支出是指同时符合以下两个条件的支出:一是修理支出达到取得固定资产时的计税基础 50%以上;二是大修理后固定资产的使用年限延长两年以上。

根据上述规定,如果该公司的维修费用超过 2 500 万元,并且该栋办公楼的使用年限延长两年以上,则该笔维修费用属于固定资产的大修理支出,其维修支出应作为长期待摊费用,按照该办公楼尚可使用的年限分期摊销。与分期摊销相比,一次性计入费用可实现递延纳税的节税利益。

【案例 1-4】 利用计税依据规定差异的筹划

杨先生是一位业界颇负盛名的撰稿人,年收入预计在 50 万元左右。他与某报社的可选合作方式有以下三种:调入报社;兼职专栏作家;自由撰稿人。对杨先生的 50 万元收入来说,在这三种合作方式下对应的收入都属于个人所得税中的综合所得,但所适用的扣除费用是完全不同的。

【解析】

杨先生与该报社三种合作方式的税负比较如下:

(1) 调入报社。在这种合作方式下,杨先生的收入属于工资、薪金所得,无额外扣除项目。

(2) 兼职专栏作家。在这种合作方式下,杨先生的收入属于劳务报酬所得,以收入减除 20%费用后的余额为收入额。

(3) 自由撰稿人。在这种合作方式下,杨先生的收入属于稿酬所得,以收入减除 20%费用后的余额为收入额,同时稿酬所得的收入额减按 70%计算。

如果仅从杨先生个人税负的角度考虑,那么当杨先生选择自由撰稿人的合作方式时，其应纳税所得额最低，也就是应纳税额最少、相对税负最低。

第三，税率上的差异性。税收规则之所以广泛影响着纳税人的行为决策，是因为它们可以影响行为活动的税后收益率。纳税筹划是一种节税活动，因为纳税筹划的费用可以税前扣除，所以纳税人的边际税率越高，纳税筹划的收益也就越高。因此，税率的高低直接决定了应纳税额的大小。当计税依据一定时，税率越高，税额就越多。税率的形式有比例税率、累进税率和定额税率。一般来说，累进税率特别是全额累进税率对纳税人进行纳税筹划的吸引力较大。纳税人可以通过事先安排，尽量使自己的涉税行为适用低税率，以取得节税效果。

第四，税收优惠。税收作为宏观调控的主要手段之一，通常被政府用来鼓励(甚至是刺激)纳税人从事有利于公共利益的各种经济活动。税收优惠反映了政府意图，它是通过政策导向影响人们的生产与消费偏好来实现的，因此也是国家调控经济的重要杠杆。常见的例子如给予下列机构或活动的税收优惠，如慈善机构、教育机构、与能源相关的投资、研发活动、农业生产、出口活动及退休金等。为实现社会目标而对各种行为实施的不同税收政策必然会刺激社会个体进行纳税筹划活动。税收优惠的范围越广、差别越大、方式越多、内容越丰富，纳税人纳税筹划的活动空间就越广阔，节税的潜力也就越大。

【案例 1-5】 税收优惠的筹划

某机械制造企业计划对现有设备进行更新换代，现有两种方案可供选择：一是购买一套普通设备，价款 2 000 万元；二是购买一种节能设备，价款 2 300 万元，与普通设备相比，每年可节能 20 万元，该设备的预计使用年限为 10 年。请问哪一种方案更节税？(暂不考虑货币的时间价值，该企业适用的所得税税率为 25%)

【解析】

(1) 购买普通设备共支出 2 000 万元。

折旧抵税：2 000×25%=500(万元)。

购买普通设备的净支出：2 000−500=1 500(万元)。

(2) 购买节能设备共支出 2 300 万元。

折旧抵税：2 300×25%=575(万元)。

投资额抵税：2 300×10%=230(万元)。

每年节能 20 万元，10 年共计节能：20×10=200(万元)。

节能净收益：200×(1−25%)=150(万元)。

购买节能设备的净支出：2 300−575−230−150=1 345(万元)。

购买节能设备比购买普通设备节约支出：1 500−1 345=155(万元)。

因此，该机械制造企业选择购买节能设备，可以充分享受购买节能设备的税收优惠政策，同时实现财务利益最大化。

根据《企业所得税法》第三十四条的规定，企业购置用于环境保护、节能节水、安全生产等专用设备的投资额，可以按一定比例实行税额抵免。根据《中华人民共和国企业所得税法实施条例》(以下简称《企业所得税法实施条例》)第一百条的规定，税额抵免是指企业购置并实际使用《环境保护专用设备企业所得税优惠目录》、

《节能节水专用设备企业所得税优惠目录》和《安全生产专用设备企业所得税优惠目录》规定的环境保护、节能节水、安全生产等专用设备的，该专用设备投资额的10%可以从企业当年的应纳税额中抵免；当年不足抵免的，可以在以后5个纳税年度结转抵免。

1.2.2 国家间税收管辖权的差别

税收管辖权是国家管辖权的派生物，是主权国家在征税方面拥有的权利。国际公认的税收管辖权大致可分为两大类：一是根据属地原则确立的收入来源地税收管辖权，又称地域管辖权。其基本含义是，收入来源国有权对任何国家的居民或公民取得的来源于该国领域内的所得课税。也就是说，对于非本国居民或公民，一国有权对其来源于境内的所得课税，但不能对其来源于境外的所得课税。二是根据属人原则确立的居民(公民)税收管辖权。其基本含义是，国家有权对居住在其境内的所有居民或具有该国国籍的公民取得的来源于世界范围的所得课税。也就是说，一国有权对其管辖的居民或公民行使税收管辖权，而不论该国居民所从事的经济活动是否发生在本国领域，或该国公民是否居住在境内。

每个国家由于国体或政体不同，其管理国家的方式和方法也有所不同，反映在税收的管理上，各国对税收管辖权的规定往往也不相同。第一，在两个国家实行不同税收管辖权的情况下(比如有的国家行使单一的地域管辖权，有的国家行使单一的居民税收管辖权)，就会带来税收重叠和“税收真空”。第二，在两个国家同时行使地域管辖权的情况下，由于各国确定所得来源的标准不同(比如有的国家根据所得支付地确定，有的国家根据交易或劳务发生地确定)，也会带来税收重叠和“税收真空”。第三，在两个国家同时行使居民税收管辖权的情况下，由于各国确定居民的标准不同(比如有的国家采用住所标准确定，有的国家采用时间标准确定，还有的国家采用意愿标准确定等)，也会带来税收重叠和“税收真空”。正是由于各国行使的税收管辖权不同，就可能对纳税人的跨国经营或投资活动等形成重复征税或“税收真空”，从而给纳税人的纳税筹划带来很大的空间。

【案例1-6】 税收管辖权带来的“税收真空”

A、B两国均实行单一的地域管辖权，C国实行单一的居民管辖权。约翰先生是一名作家，在A国拥有习惯性住所，被认定为A国的税收居民，他计划将自己新著的一本小说在B国或C国出版。如何选择出版地？

【解析】

假如仅从税收角度分析，约翰先生应选择在C国出版，主要是因为这笔稿酬可以免缴所得税。因为A国实行的是地域管辖权，而约翰先生的这笔收入不是在A国取得，所以A国无权对该笔所得征税。C国实行的是居民管辖权，约翰先生不是C国的居民，所以C国也无权对这笔收入征税。

1.2.3 自我利益驱动机制

在现代经济社会，企业和个人作为“理性经济人”，必然追求自我利益最大化。现代企业财务管理的目标是企业价值或股东财富最大化，要实现这一目标，企业不仅要受内部管理决策的制约，还要受外部环境的影响。外部环境是企业内部管理决策难以改变的，但企业的财务管理活动可以主动适应其要求及变化。企业经营者在其财务管理过程中，可以根据税收法律的规定，通过对企业筹资、投资、经营和股利分配等财务活动的安排，使企业避开某些特定条款，尽可能地减轻税收负担。企业经营者也可以利用国家的税收优惠等特殊政策，最大限度地争取税收利益等，以实现企业税后利益最大化这一目标。

企业进行纳税筹划，必然会带来成本支出，但如果筹划得好，也会给企业带来巨大的税收利益。假定一个纳税人将10 000元投资于一年期、税前年收益率为10%的企业债券，如果纳税人适用的边际税率为25%，则其税后收益率为7.5%[=10%×(1−25%)]。那么，相应地，假定该纳税人将10 000元投资于纳税筹划活动（包括聘请税收专家筹划或通过培训学习获得相关技能后自己进行筹划等），当年实现节税11 000元，其净节税额为1 000元(=11 000−10 000)，收益率为10%($=\frac{1\ 000}{10\ 000}\times 100\%$)，考虑到进行纳税筹划活动的费用支出可在税前列支，故又可抵税2 500元(=10 000×25%)，则该纳税筹划活动的净支出为7 500元(=10 000−2 500)，因此其税后收益率为13.33%($=\frac{1\ 000}{7\ 500}\times 100\%$)。

1.2.4 货币所具有的时间价值

货币的时间价值是指在没有风险和通货膨胀条件下的社会平均资金利润率。由于存在竞争，市场经济中各部门投资的利润率趋于平均化，每个企业在投资某个项目时，至少要取得社会的平均利润率。正是由于货币具有时间价值，纳税人产生了递延纳税的需求。在实际工作中，纳税筹划的事项涉及的年度往往不止一年，目前获得5万元的税收利益与5年后获得5万元的税收利益，其价值显然是不同的。

1.3 纳税筹划的目标

纳税筹划可以在两个层面上进行：一是在企业既定的组织结构和经营条件下，在日常经营活动中，通过对收入、收益、资产、费用等的会计确认、计量和记录方法的选择，以及企业投资、融资活动的筹划，实现减轻税负、提高盈利水平的目标；二是利用税法及相关法律法规，通过企业兼并重组等方式，达到减轻税负、增加企业营运资金和实现资本扩张的目的。

概言之，纳税筹划的基本目标就是减轻税收负担、争取税后利润（收益）最大化，其外在表现是纳税最少、纳税最晚，即实现"经济纳税"。为理解纳税筹划的基本目标，可以将纳税筹划目标细化。

1.3.1 正确履行纳税义务

正确（恰当、得当）履行纳税义务是纳税筹划的最低目标，也是基础目标。纳税筹划旨在规避纳税风险、规避任何法定纳税义务之外的纳税成本（损失），避免因涉税而造成名誉损失，做到诚信纳税。税收具有强制性，如果偏离了纳税遵从，企业将面临涉税风险。为此，纳税人应做到纳税遵从，即依法进行税务登记，依法建账并进行发票、账证管理，依法申报纳税，在不超过税法规定的期限内缴纳该缴的税款。纳税人必须及时、正确、全面地掌握所涉税境的税法，尽可能避免纳税风险导致机会成本，努力实现涉税低风险。

1.3.2 努力降低纳税成本

纳税人为履行纳税义务，必然会发生相应的纳税成本。纳税成本包括直接纳税成本和间接纳税成本。前者是纳税人为履行纳税义务而付出的人力、物力和财力，后者是纳税人在履行纳税义务过程中所承受的精神负担、心理压力等。直接纳税成本容易确认和计量，间接纳税成本则需要估算或测算。税制公平，纳税人的心理就比较平衡；税收负担若在纳税人的承受能力之内，其心理压力就小；税收征管越透明、越公正，纳税人对税收的恐惧感便越小。纳税成本的降低，除了与纳税人不断提高专业水平、增强纳税意识等主观因素有关外，还与税制是否合理、征管人员素质、征管手段、征管方式等有直接关系。应该看到，纳税人纳税成本的降低会使企业利润增加，从而增加应纳税所得额；对税务机关来说，可以增加税收收入，降低征管成本，这是一种双赢结果。纳税人的纳税成本与税收征管成本具有相关性，而且一般呈正相关关系。

1.3.3 税收负担最低化与税后收益最大化

公司的目标是在税务会计的限度内实现税负最小化及税后利润的最大化。不论从理论角度还是实务角度看，纳税筹划都是企业财务管理的重要组成内容。减轻税负必须是在纳税人整体收益增长的前提下才有实际意义，即减轻税负是为了实现税后收益最大化。因此，当实施某项纳税筹划使税收负担最低与其税后收益最大呈正相关时，税收负担最低就是纳税筹划的最高目标。当实施某项纳税筹划使税收负担最低与税后收益最大呈负相关时，纳税筹划的目标应该以企业的财务目标为其最终目标，即纳税筹划要服从、服务于企业的财务目标。从这个角度上说，税收负担最低化是手段而不是目的。

在企业经营中如何实现税负最低、收益（价值）最大，是一项复杂的系统工程，需要事先对企业的涉税事项进行总体运筹和安排。在法律（不仅是一国）规定、国际惯例、道德规范和经营管理需要之间寻求平衡，争取在涉税低风险下的企业税后收益（价值）最大化。纳税筹划不能只考虑个别税种缴纳的多与少，不能单纯以眼前税负的高低作为判断标准，而是以企业整体和长远利益作为判断标准，因此，企业可能会选择某种（些）税的税负较高而税后收益最大的方案。在考虑货币时间价值时，如果该税种是超额累进税率，还要考虑边际税率因素，因为边际税率的改变可能会抵消货币时间价值的作用。

税负最低化目标更多的是从经济观点而非税收角度来谋划和安排，纳税筹划的焦点是现金流量、资源的利用收益、纳税人所得的最大化等。

纳税筹划的具体目标不是截然分开的，不同企业可以有不同的具体目标，同一企业在同一时期可能有几种具体目标，其不同时期的具体目标也可能有所不同、有所侧重。

1.4 纳税筹划的分类

1.4.1 按纳税筹划需求主体的不同分类

按纳税筹划需求主体的不同，纳税筹划可分为法人纳税筹划和自然人纳税筹划两大类。

法人纳税筹划主要是对法人的组建、分支机构的设立、筹资、投资、运营、核算、分配等活动进行的纳税筹划。由于我国现阶段的税制模式是以货物劳务税和所得税为主，企业是货物劳务税和所得税的纳税主体，是税收的主要缴纳者。因此在法人纳税筹划中，企业纳税筹划是主体部分，其需求量最大。

自然人纳税筹划主要在个人投资理财领域进行。自然人数量众多，西方许多国家以个人所得税或财产税为主体税种，而且税制设计复杂，因而自然人纳税筹划的需求量也有相当规模。目前我国税制模式决定了自然人不是税收的主要缴纳者，虽然涉及自然人的税种不少，但纳税总量并不大，因此自然人的纳税筹划需求规模相对企业纳税筹划要小一些。随着经济的发展、个人收入水平的提高和个人收入渠道的增多以及我国税制改革的完善，我国自然人纳税筹划的需求会有一定程度的增长。

1.4.2 按纳税筹划所涉及的区域分类

按纳税筹划所涉及的区域，纳税筹划可分为国内（境内）纳税筹划和国际（境外）纳税筹划。

国内（境内）纳税筹划是指从事生产经营、投资理财活动的非跨国（境）纳税人在国（境）内进行的纳税筹划。国内（境内）纳税筹划主要依据的是国内（境内）的税收法律法规，为企业谋取正当合法的税收利益。

国际（境外）纳税筹划是跨国（境）纳税主体利用国家（地区）与国家（地区）之间的税收政策差异和国际税收协定的条款进行的纳税筹划。随着我国对外开放的进一步扩大，我国纳税人所涉及的国际（境外）纳税筹划需求越来越多，目前主要是在对外贸易和对外投资活动领域，可以预见，随着“一带一路”建设的日渐深入和对外开放新格局的逐渐完善，更多真正的国际化企业将会在我国涌现，它们在国外（境外）从事的投资和贸易活动日益频繁，会真正需要国际（境外）纳税筹划，这也将是税务师事务所的重要业务领域。

1.4.3 按纳税筹划供给主体的不同分类

按纳税筹划供给主体的不同进行分类，纳税筹划可以分为自行纳税筹划和委托纳税筹划两大类。

自行纳税筹划是指由纳税筹划需求主体自身为实现纳税筹划目标所进行的纳税筹划。自行纳税筹划要求需求主体拥有掌握纳税筹划业务技能、具备纳税筹划能力的专业人员，能够满足自行纳税筹划的要求。对于企业而言，自行纳税筹划的供给主体一般以财务部门及财务人员为主。目前，由于我国税收法规和税收政策的复杂性，需求主体很难精通和准确把握税法规定，自行纳税筹划的成本与风险是比较大的，而且成本与风险自担，因此自行纳税筹划的效果不是很理想，一般采用得比较少，主要适用于较为简单和可以直接运用税收优惠的纳税筹划项目。

委托纳税筹划是指需求主体委托税务代理人或纳税筹划专家进行的纳税筹划。由于税务代理人或纳税筹划专家具有丰富的税收专业知识和较强的纳税筹划技能，制订的纳税筹划方案的成功率相对较高。虽然委托纳税筹划需支付一定的费用，承担一定的风险，但成本与风险相对自行纳税筹划要低，并且即使有风险，也能通过事前约定由委托方与受托方共同分担，因此委托纳税筹划是效率比较高、效果比较好的一种纳税筹划形式。这种形式主要适用于企业大型纳税筹划项目和业务复杂、难度较大的纳税筹划专门项目。目前我国受托提供纳税筹划服务的主要是税务师事务所、会计师事务所以及提供税务代理服务的其他中介机构。

1.4.4 按纳税筹划所适用的企业生产经营的不同阶段分类

按纳税筹划所适用的企业生产经营的不同阶段来划分，纳税筹划可分为企业投资决策中的纳税筹划、企业生产经营中的纳税筹划、企业成本核算中的纳税筹划和企业成果分配中的纳税筹划。

1.4.4.1 企业投资决策中的纳税筹划

企业投资决策中的纳税筹划是指企业将税收作为投资决策中的一个重要因素，在投资活动中充分考虑税收影响，从而选择税负最合理的投资方案的行为。企业为了获得更多的利润，总会不断地扩大再生产，进行投资。投资影响因素的复杂多样决定了投资方案的非唯一性，而不同的投资方案显然有不同的税收待遇。因此，企业就拥有衡量税负轻重、选择最优纳税方案的机会。

1.4.4.2 企业生产经营中的纳税筹划

企业生产经营中的纳税筹划是指企业在生产经营过程中充分考虑税收因素，从而选择最有利于自己的生产经营方案的行为。企业生产经营中的纳税筹划主要是通过企业从事产业的选择、产品价格的确定、生产经营方式的选择来达到生产经营效果最理想的状态。应纳税额的一般计算公式是：应纳税额＝计税依据（税基）×税率。当税基一定时，税率越低，应纳税额就越少；反之，税率越高，应纳税额越多。因而在进行纳税筹划时，要周密计算因产业选择、经营方式选择而产生的税率变化或因税基的调整而产生的税负变化，再做出生产经营决策。

1.4.4.3 企业成本核算中的纳税筹划

企业成本核算中的纳税筹划是指企业通过对经济形势的预测及对其他因素的综合考虑，选择恰当的会计处理方式以获得税收利益的行为。能对税收缴纳产生重要影响的会计方法，主要有固定资产折旧方法和存货计价方法。就存货计价方法而言，目前主要有先进先出法、加权平均法和个别计价法等，企业可自己选择，但一经选定后不得随意变更。先进先出法以存货的流出与流入的时间同向为前提，在存货价格下降时，采用这一方法可使前期所耗用存货的成本增大，使所得税税款减少，从而少缴税款。

1.4.4.4 企业成果分配中的纳税筹划

企业成果分配中的纳税筹划是指企业在分配经营成果时充分考虑各种方案的税收影响，选择税负最轻的分配方案的行为。它主要通过合理归属所得年度来进行。合理归属所得年度是指利用合理手段将所得归属在税负最低的年度里。其途径是合理提前所得年度或合理推迟所得年度，从而起到减轻税负或延期纳税的作用。另外，调整收入实现时间有助于调节当期应纳税所得税，从而影响应纳所得税税额。

1.4.5 按纳税筹划所涉及的不同税种分类

一般将各个税种按照不同的征税对象分为货物劳务税、所得税、财产税、资源税、行为目的税等几大类。与之相对应，以纳税筹划所涉及税种的不同类别为分类标准，可将其分为货物劳务税的纳税筹划、所得税的纳税筹划、财产税的纳税筹划、资源税的纳税筹划、行为目的税的纳税筹划等。货物劳务税和所得税是我国目前税制结构中最主要的两大税种，也是纳税人纳税筹划需求最大的两个税种。

货物劳务税纳税筹划主要是围绕纳税人身份、销售方式、货款结算方式、销售额、适用税率、税收优惠等纳税相关项目所进行的纳税筹划。虽然货物劳务税是企业缴纳最多的税，但由于其是可以转嫁的间接税，加之货物劳务税的税收弹性相对较小，因此其纳税筹划的空间相对于所得税比较小。

所得税纳税筹划主要是围绕收入实现、经营方式、成本核算、费用列支、折旧方法、捐赠、筹资方式、投资方向、设备购置、机构设置等涉税项目所进行的纳税筹划，所得税的税收弹性相对较大，其纳税筹划的空间也相对较大，效果往往比较明显。目前这类纳税筹划的需求较大。

1.4.6 按纳税筹划所采用的减轻纳税人税负的手段分类

根据纳税筹划所采用的减轻纳税人税负的手段进行分类，纳税筹划可分为政策派纳税筹划与漏洞派纳税筹划。就目前情况而言，世界各国通过逃税手段来减少纳税人税负的情况较以往大为减少，一般都会通过合法手段进行纳税筹划。

政策派纳税筹划又被称为节税派纳税筹划，该纳税筹划学派认为纳税筹划必须在遵循税法的前提下合理地运用国家政策，其实质是通过节税手段减少纳税人的总纳税义务。漏洞派纳税筹划也被称为避税派纳税筹划，该纳税筹划学派认为利用税法漏洞进行纳税筹划，进而谋取税收利益不违法。既然进行纳税筹划不违法，那么企业的这种经济行为也就合法。按照这个逻辑，纳税筹划是纳税人与政府之间的博弈，政府可以通过立法堵塞这个税收漏洞，纳税人可以通过纳税筹划钻那个税收漏洞。从根本上看，纳税人就是要通过节税和避税两种手段来减少总纳税义务。

1.5 纳税筹划的成本收益分析

1.5.1 纳税筹划的成本

纳税筹划的成本是指企业因进行纳税筹划而失去或放弃的资源。纳税筹划的成本包括以下几个方面的内容。

1.5.1.1 制订和执行纳税筹划方案而新增的成本

纳税筹划方案的制订和执行成本是指纳税筹划方案在制订和执行过程中发生的支出，具体包括：收集和保存与纳税筹划相关信息的耗费；从事纳税筹划方案制订和执行工作的纳税筹划人员的工资、薪金；对纳税筹划人员进行纳税筹划培训的费用；委托税务代理机构进行纳税筹划的全部费用；按照纳税筹划方案安排生产、经营等活动而发生的筹建或改建成本、沟通及协作成本、制订计划的成本、谈判成本、监督成本和管理成本等。需要注意的是，制订和执行纳税筹划方案而新增的成本指的是纳税筹划方案与原纳税方案相比，制订和执行成本的增加值。

1.5.1.2 进行纳税筹划而新增的纳税成本

纳税成本是指纳税人在纳税过程中发生的直接或间接费用，包括经济、时间等方面的损失。

进行纳税筹划而新增的纳税成本也是一个增加值，它是与原纳税方案相比纳税成本的增加值，具体包括：一是新增正常税负，指按照税法规定计算得出的纳税筹划方案下税款总额较之原纳税方案下税款总额的增加额，是纳税筹划方案的正常税负，是必须支付的，是一项法定义务。纳税筹划并非总是以减少税负为目的，有时税负增加同样会带来经济利益。二是新增办税费用，指与原纳税方案相比增加的办税费用。办税费用包括办税人员费用、资料费用、差旅费用、邮寄费用、利息等。三是新增税收滞纳金和罚款，指的是纳税筹划被认定为偷税（逃避缴纳税款）等违法行为而缴纳的罚款及滞纳金。四是为取得税务机关对纳税筹划方案的认可而加强沟通、游说等的支出。五是因不服税务机关对纳税筹划方案的认定而发生的行政复议、行政诉讼费用支出（如因行政复议、行政诉讼而发生的律师费、差旅费、误工损失等）等。

1.5.1.3 纳税筹划的心理成本

纳税筹划的心理成本是指纳税人因担心纳税筹划失败而产生的与焦虑相关的损失。心理成本很难测量，也很少有人进行深入研究，但这并不意味着心理成本不重要。许多人在处理纳税筹划事项时都要经历相当大的焦虑和挫折，这会影响他们的工作效率。对于心理承受能力差的人，这甚至会影响他们的身体健康，使他们付出更大的心理成本作为进行纳税筹划的代价。心理成本的高低取决于纳税筹划的复杂程度、纳税人的心理承受力、当地税务机关对纳税筹划的态度、政府对税收违法行为处罚的严厉程度等。

1.5.1.4 纳税筹划的机会成本

纳税筹划的机会成本，也就是纳税筹划的隐性成本，是指纳税人由于采用拟订的纳税筹划方案而放弃的潜在利益。纳税筹划本身是一个决策过程，即在众多方案中选择一个最佳方案，但选定一个方案必然要舍弃其他方案。纳税筹划的机会成本在纳税筹划实务中往往被忽视。

1.5.1.5 纳税筹划的风险成本

纳税筹划的风险成本是指由于纳税筹划风险的存在而发生的成本，主要包括：企业因纳税筹划方案设计失误或实施不当造成筹划目标落空而发生的经济损失，税收政策的变化导致纳税筹划方案失败而发生的损失，企业经营活动的变化导致纳税筹划方案无法实现既定目标而发生的损失，税务机关工作人员对纳税筹划方案的认定与企业存在差异而发生的损失，等等。

1.5.1.6 纳税筹划的非税成本

纳税筹划的非税成本是指企业因实施纳税筹划所产生的连带经济行为的经济后果。它是一个内涵丰富的概念，有可量化的内容，也有不可量化的内容。由于信息不对称、隐藏行为和隐藏信息的存在，非税成本有时很大，甚至大大超过节省的税收利益。例如，如果一个企业多年亏损，积累有大量的税收损失，那么另一盈利企业这时兼并这家企业就会产生很大的节税收益，但不能忽视的是，兼并后管理费用、协调费用都会大大增加。而且，由于信息不对称，盈利企业对被兼并企业其他方面（如资产状况、员工素质）的情况可能不是很了解，种种非税成本加起来可能会抵消所产生的节税收益。

上述纳税筹划的成本分类并不是非常严格，有些纳税筹划的成本可能同时属于其中的两类或多类。例如，纳税筹划被认定为偷税（逃避缴纳税款）等违法行为而缴纳的罚款及滞纳金，既属于因进行纳税筹划而新增的纳税成本，又属于纳税筹划的风险成本。

1.5.2　纳税筹划的收益

纳税筹划的收益指企业进行纳税筹划而获得的各种利益。纳税筹划的收益包括以下几个方面的内容。

1.5.2.1　进行纳税筹划新增的收入

在数量上，新增收入等于纳税筹划后企业各项收入大于纳税筹划前各项收入的部分。需要注意的是，这里所说的新增收入均是由纳税筹划活动直接或间接引起的，企业发生的与纳税筹划活动无关的新增收入不包括在内。

1.5.2.2　进行纳税筹划减少的纳税成本

与纳税筹划成本中的新增纳税成本相对应，纳税成本的减少额主要包括与原纳税方案相比纳税筹划方案引起的税负的减少额、办税费用的节约额以及行政处罚的减少额等。其中，税负的减少额是主要部分，是指实施纳税筹划方案的全部税负与原纳税方案全部税负的差额。

1.5.2.3　进行纳税筹划新增的涉税资金时间价值

进行纳税筹划新增的涉税资金时间价值主要是通过延期纳税实现的。通过延期纳税，企业当期的总资金会增加，不仅可以用来清偿债务，而且可以用来进行持续的生产经营。

1.5.2.4　涉税零风险筹划带给企业的利益

涉税零风险筹划虽然不能为纳税人带来直接经济利益的增加，但却能够为纳税人创造一定的间接经济利益。实现涉税零风险，一方面有利于企业形成较好的纳税信誉，树立良好的形象，从而更好地经营；另一方面会使税务机关对企业留下良好的印象，从而使企业获得税收优惠政策等。

1.5.2.5　纳税筹划提高企业整体管理水平和核算水平使企业增加的收益

企业进行纳税筹划时会聘用高素质的财税人才，规范自己的财务会计处理、财务管理、内部纳税控制和纳税申报行为，这可以提高企业的整体管理水平和核算水平，为企业带来收益。类似于纳税筹划的成本分类，上述纳税筹划的收益分类并不是非常严格，有些纳税筹划的收益可能同时属于其中的两类或多类。

1.5.3　纳税筹划成本与收益分析法的应用

纳税筹划成本与收益分析法，是指在纳税筹划方案的制订和执行过程中，比较纳税筹划方案带来的收益与耗费的成本，只有当纳税筹划方案的成本小于取得的收益时，该纳税筹划方案才是可行的；反之则不可行。

借鉴财务管理中投资决策的分析方法，在进行成本与收益分析时，可以把能够量化的纳税筹划成本和收益折现，然后进行大致的比较，具体步骤如下。

（1）确定比较期限。纳税筹划一般是为了企业的长远发展，因而纳税筹划的成本与收益分析不能仅仅局限于某个纳税年度。企业可根据自身实际，确定比较年限为 n 年。

（2）将纳税筹划的成本折现。即把前 n 年的所有纳税筹划成本依次折现到纳税筹划方案执行的起始日，并求和得出 C。

(3) 将纳税筹划的收益折现。即把前 n 年的所有纳税筹划收益依次折现到纳税筹划方案执行的起始日，并求和得出 R。

(4) 比较成本和收益的大小。若 $R>C$，则此纳税筹划方案是可行的；若 $R<C$，则此纳税筹划方案不可行。

上述步骤中第(2)、(3)步的计算公式为：

$$C=\sum_{t=1}^{n} C_t \times (P/S,i,t)$$

$$R=\sum_{t=1}^{n} R_t \times (P/S,i,t)$$

式中，C 是总的纳税筹划成本；C_t是第 t 年的纳税筹划成本；R 是总的纳税筹划收益；R_t是第 t 年的纳税筹划收益；$(P/S,i,t)$是第 t 年的复利现值系数；i 是折现率；n 是比较期限(年)。

1.6 纳税筹划与偷税、欠税、抗税、骗税、避税的区别

纳税筹划的基本特点之一是合法性，而偷税、逃税、抗税、骗税等则是违反税法的。各国对违反税法的行为根据其情节轻重均规定了相应的处理办法。我国对违法行为较轻者，根据 1992 年 9 月 4 日通过、2015 年 4 月 24 日第四次修订的《中华人民共和国税收征收管理法》(以下简称《税收征管法》)给予行政处罚，处以罚款；情节严重、触犯刑律的属于涉税犯罪，要追究刑事责任，除了依法判刑外，还要认定附加刑处以罚金。要正确进行纳税筹划，一定要能识别偷税、欠税、抗税、骗税等违法行为，要认识其界定依据及相关的处罚规定。

1.6.1 偷税

偷税是指纳税人伪造、变造、隐匿、擅自销毁账簿和记账凭证，或者在账簿上多列支出或者不列、少列收入，或者经税务机关通知申报而拒不申报或进行虚假的纳税申报，不缴或者少缴应纳税款的行为。对纳税人偷税的，由税务机关追缴其不缴或少缴的税款、滞纳金，并处不缴或少缴的税款 50%以上 5 倍以下的罚款；构成犯罪的，依法追究刑事责任。扣缴义务人采取前述所列手段，不缴或者少缴已扣、已收税款，由税务机关追缴其不缴或者少缴的税款，并处不缴或少缴的税款 50%以上 5 倍以下的罚款；构成犯罪的，依法追究刑事责任。

《中华人民共和国刑法》(以下简称《刑法》)第二百零一条规定，纳税人采取欺骗、隐瞒手段进行虚假纳税申报或者不申报，逃避缴纳税款数额较大并且占应纳税额百分之十以上的，处三年以下有期徒刑或者拘役，并处罚金；数额巨大并且占应纳税额百分之三十以上的，处三年以上七年以下有期徒刑，并处罚金。扣缴义务人采取前款所列手段，不缴或者少缴已扣、已收税款，数额较大的，依照前款的规定处罚。对多次实施前两款行为，未经处理的，按照累计数额计算。有第一款行为，经税务机关依法下达追缴通知后，补缴应纳税款，缴纳滞纳金，已受行政处罚的，不予追究刑事责任；但是，五年内因逃避缴纳税款受过刑事处罚或者被税务机关给予二次以上行政处罚的除外。

【案例 1-7】 纳税筹划与偷税

某纳税人新购进一项固定资产，假如按照税法的规定既可以采用直线折旧法，

也可以采用加速折旧法。该纳税人根据生产经营情况预计，未来所适用的所得税边际税率将会上升，因此纳税人选择了直线折旧法，平均每年计提折旧，以享受折旧抵税所带来的所得税节税效应。纳税人因折旧方法的选择而引起的应缴税款的减少属于纳税筹划的范围。如果该纳税人将购买固定资产的资本性支出作为费用性支出一次性在所得税前扣除(国家另有特殊规定允许一次性扣除的情况除外)，以加大当期费用扣除的金额，则属于偷税的行为。

【解析】

第一，折旧方法的合理选择。纳税人根据税法的规定所做的折旧方法的选择并未违反税法的规定，因此该行为属于纳税筹划的范围。纳税人之所以做出这种选择，是因为当边际税率上升时，费用的抵税效应会更大。假设该项固定资产原价为300万元，折旧年限为3年，净残值为0。采取直线折旧法，每年的折旧费用为100万元；若采取加速折旧法，假设第一年的折旧费用为150万元，第二年的折旧费用为100万元，第三年的折旧费用为50万元。假设该纳税人预计第一、二年的所得税税率为20%，第三年的所得税税率将上升为25%，则(在不考虑货币时间价值的情况下)：

$$\text{采用直线折旧法将产生的抵税金额} = 100\times2\times20\%+100\times25\% = 65(\text{万元})$$

$$\text{采用加速折旧法将产生的抵税金额} = 150\times20\%+100\times20\%+50\times25\% = 62.5(\text{万元})$$

采用直线折旧法比采用加速折旧法节税的金额＝65－62.5＝25(万元)

因此，在预计边际税率会上升时，纳税人会选择能得到最大抵税效果的费用计算方法，以享受费用抵税的节税收益。

第二，资本性支出费用化。根据《企业所得税法》的规定，固定资产的支出作为资本性支出，不得一次性在税前扣除，按照规定计算的固定资产折旧准予在税前扣除。企业把资本性支出作为费用性支出，加大了当期的费用扣除金额，属于多列支出的行为(国家另有规定的情况除外)，该行为是违反税法规定的，属于偷税的行为。

1.6.2 欠税

欠税是指纳税人、扣缴义务人超过税收法律法规规定或税务机关依照税收法律法规规定的纳税期限，未缴或少缴税款的行为。纳税人、扣缴义务人欠缴应纳税款，采取转移或者隐匿财产的手段，妨碍税务机关追缴欠缴的税款的，由税务机关追缴欠缴的税款，并处罚款；构成犯罪的，依法追究刑事责任。欠缴税款数额较大的纳税人在处分其不动产或者大额资产之前，应当向税务机关报告。其中，欠缴税款数额较大，是指欠缴税款5万元以上。欠缴税款的纳税人因怠于行使到期债权，或者放弃到期债权，或者无偿转让财产，或者以明显不合理的低价转让财产而受让人知道该情形，对国家税收造成损害的，税务机关可以依照《中华人民共和国合同法》(简称《合同法》)第七十三条、第七十四条的规定行使代位权、撤销权。

税务机关依照前款规定行使代位权、撤销权的，不免除欠缴税款的纳税人尚未履行的纳税义务和应承担的法律责任。欠缴税款的纳税人或者其法定代表人在出境前未按照规定结清应纳税款、滞纳金或者提供纳税担保的，税务机关可以通知出入境管理机关阻止其出境。阻止出境的具体办法由国家税务总局会同公安部制定。县级以上各级税务机关应当将纳税人的欠税情况，在办税场所或者广播、电视、报纸、期刊、网络等新闻媒体上定期公告。

《刑法》规定，纳税人欠缴应纳税款，采取转移或者隐匿财产的手段，致使税务机关无法追缴欠缴的税款，数额在一万元以上不满十万元的，处三年以下有期徒刑或者拘役，并处或者单处欠缴税款一倍以上五倍以下罚金；数额在十万元以上的，处三年以上七年以下有期徒刑，并处欠缴税款一倍以上五倍以下罚金。对于单位犯有前述规定之罪的，对单位判处罚金，并对其直接负责的主管人员和其他直接责任人员，依照前述规定处罚。

欠税是指纳税人超过税务机关核定的纳税期限而发生的拖欠税款行为。例如，根据增值税法律制度的规定，增值税的计税期间分别为十日、十五日、一个月、一个季度或半年。纳税人的具体计税期间由主管税务机关根据纳税人应纳税额的大小分别核定；自然人不能按照固定期限纳税的，可以按次纳税。纳税人以一个月、一个季度或者半年为一个计税期间的，自期满之日起十五日内申报纳税；以十日或者十五日为一个计税期间的，自期满之日起五日内预缴税款，于次月一日起十五日内申报纳税并结清上月应纳税款。假设某纳税人被主管税务机关核定的增值税计税期间为一个月，则该纳税人必须在次月十五日内申报纳税，缴纳增值税税款。如果该纳税人十五日内尚未缴纳或未足额缴纳税款，则构成欠税行为。

与欠税不同，纳税筹划是指通过不违法的筹划手段实现少缴税款或递延缴纳税款的行为。通过实施纳税筹划方案，可使某项涉税行为免于应税义务，或产生较小的应税义务，或推迟其纳税义务发生时间等。而欠税是指已经发生了应税义务而未按期履行缴纳税款的行为。

1.6.3 抗税

抗税是指纳税人以暴力、威胁方法拒不缴纳税款的行为。除由税务机关追缴其拒缴的税款、滞纳金外，还要依法追究刑事责任。情节轻微，未构成犯罪的，由税务机关追缴其拒缴的税款、滞纳金，并处拒缴税款一倍以上五倍以下的罚款。

抗税的目的是为了减轻税收负担，与偷税和逃税一样，不顾及后果和影响。而纳税筹划的目的是为了实现企业价值的最大化。抗税是违法的，严重的抗税行为还要被追究刑事责任。而纳税筹划是非违法行为，是为社会所接受并认可的。

1.6.4 骗税

骗税是采取弄虚作假和欺骗手段，将本来没有发生的应税(应退税)行为虚构成发生了的应税行为，将小额的应税(应退税)行为伪造成大额的应税(应退税)行为，即事先根本未向国家缴过税或未缴足税声称已纳的税款，而从国库中骗取了退税款。这是一种非常恶劣的违法行为。

《税收征管法》第六十六条规定，以假报出口或者其他欺骗手段，骗取国家出口退税款的，由税务机关追缴其骗取的退税款，并处骗取税款一倍以上五倍以下的罚款；构成犯罪的，依法追究刑事责任。对骗取国家出口退税款的，税务机关可以在规定期间内停止为其办理出口退税。

1.6.5 避税

避税是指纳税人利用税法漏洞或者缺陷，通过对经营及财务活动的精心安排，以期达到纳税负担最小的经济行为。比如20世纪六七十年代，美国的企业所得税税负较重，不少企业就通过“避税地”进行避税，把利润通过关联交易转移到“避税地”企业的账户上，从而大大减少了美国本土总机构的账面利润，减少了纳税。这当然损害了美国的财政利益，但在当时缺乏反避税法律约束的环境下，政府也只好默认。

避税作为市场经济的特有现象，会随着经济的发展而发展。随着各国法制建设的不断完善，避税将逐渐演变成一种高智商的经济技巧和经营艺术。

从某种意义上说，只要存在税收，就会有避税。随着税收法规制度的不断完善、国际协调的加强，避税技术也在不断发展和深入，有的文献甚至将纳税筹划和避税画等号。而在纳税筹划实践中，有时也确实难以分清两者的关系。在不同的国家，政府对两者的态度有所不同，有的在法律上努力将避税纳入打击范围，而对纳税筹划是允许的。我国倾向于将正常的避税行为与纳税筹划放在一起考虑。

1.7 纳税筹划的基本步骤

1.7.1 全面了解纳税人的情况

纳税人是纳税筹划的主体，任何纳税筹划活动都是围绕纳税人进行的。因此，在进行纳税筹划之前，全面了解纳税人的情况十分必要。

(1) 基本情况。企业的基本情况包括企业的组织形式、成立日期、经营范围、经营规模、关联关系和股权架构等。企业的组织形式、经营范围不同，其缴纳的税种也不尽相同。如果企业是股份有限公司，其取得收入后除了要缴纳流转税外，还要缴纳企业所得税。如果企业是个人独资企业或合伙企业，则不需要缴纳企业所得税，只需要由个人投资者缴纳个人所得税(法人合伙人需要缴纳企业所得税)。了解了企业的基本情况后，可以做到心中有数，以便抓住主要税种进行纳税筹划。

(2) 财务情况。企业的纳税筹划要求合法地节税，只有在全面和详细了解纳税人财务情况的基础上，才能制订出针对纳税人的税务计划，使纳税筹划方案切实可行。

(3) 风险态度。节税与风险并存，节税越多的方案往往也是风险越大的方案，两者的权衡取决于多种因素，包括纳税人对风险的厌恶和偏好程度。了解纳税人对风险的态度及对风险的承受程度，可以更好地按纳税人的要求进行纳税筹划方案的设计。

1.7.2 分析纳税人的现行纳税情况

在全面了解纳税人情况的基础上，进一步分析其现行纳税情况对于发现纳税筹划空间和设计纳税筹划方案是至关重要的。企业的纳税情况主要包括涉及的税种、纳税人的类型、计税方式、适用税率、纳税申报、纳税金额、税负状况、减免税情况以及历史上是否存在违反税法的情况等，这对纳税筹划方案的制订具有很大的借鉴作用。

1.7.3 熟练掌握税收相关法律规定

进行纳税筹划是在税法允许的范围内，选择少缴、免缴或递延缴纳税款的行为。由于税法的内容相当复杂又经常修订，而纳税人的自身条件也在不断变化，所以要想有效地运用纳税筹划策略实现节税目标，必须了解并熟练掌握税收法规。除此之外，纳税人还要具备投资、生产、销售、财务、会计等方面的法律知识，懂得合法与违法的界限，从而确保纳税筹划行为的合法性。

需要注意的是，了解主管部门对纳税筹划行为合法的界定也是极为重要的。理解法律精神，掌握政策尺度，在着手进行纳税筹划之前，首先学习和掌握国家税法精神，全面了解税务机关对合法纳税的法律解释和执法实践是纳税筹划重要的前提工作。不同国家或地区对同一种纳税筹划行为是否合法存在不同的看法。有些国家或地区的执法偏于宽松，没明确禁止的即合法；有些国家或地区的执法相对偏于严格，法律没有明确规定可以做的都视为违法。因此，纳税人在进行纳税筹划时只能根据法律条文和法律实践做出判断。就中国的法律环境来看，由于税法规定过于笼统、概括，税务机关存在一定的“自由裁量权”。因此，对纳税筹划来说，熟悉税法的执法环境非常重要。纳税人可以通过税务机关组织和管理税收活动及对税法纠纷的裁决来理解税法的尺度，通过税法执行过程中若干有代表性的案例来把握执法的界限，将其用于纳税筹划的实施过程。

1.7.4 制订并选择纳税筹划方案

制订并选择纳税筹划方案应在前期的准备工作基础之上，梳理相关税收法律法规，结合纳税人实际生产经营状况寻求纳税筹划空间。分析纳税人所处的行业、从事的业务以及应该缴纳的税种是否存在享受税收优惠的可能性；分析纳税人现存的采购、销售结算方式是否可以进一步优化，进而是否存在提前确认成本与费用、延后确认收入的可能性；分析纳税人目前的商业行为模式是否可以通过合理合法的转化以规避相关税种的纳税义务等。

在一般情况下，需要制订出几套备选筹划方案以供企业选择，这实际上是由税收法规的差异性和税收优惠政策的多样化决定的。纳税筹划方案的内容应包括：纳税筹划的具体步骤、方法、注意事项，纳税筹划所依据的税收法律法规，纳税筹划预期能够实现的效果以及在纳税筹划过程中可能面临的风险等。

在筛选纳税筹划方案的过程中应充分考虑纳税筹划方案实施的可行性，听取相关人员意见，并不断调整和修改，从而形成最优纳税筹划方案，即最终纳税筹划方案。

1.7.5 纳税筹划方案的实施与反馈

在确定最终纳税筹划方案之后，最关键的一步就是将纳税筹划方案付诸实践，只有将方案落到实处，才能实现节税的目的。在纳税筹划方案的实施过程中，可能会遇到很多问题和阻碍，比如纳税筹划方案执行不到位，或者税收法规在纳税筹划方案实施的过程中发生变动，这不仅会使纳税筹划的效果大打折扣，甚至会导致纳税筹划方案完全失效。因此，在纳税筹划方案的实施过程中，还要定期通过一定的信息反馈渠道了解纳税筹划方案的执行情况，以保证方案的顺利进行并取得预期的纳税筹划效果。当反馈信息表明纳税筹划方案有不足之处或者与最新税收政策之间存在偏差时，应及时进行修订、调整和完善。纳税人在经营中出现新的情况时，应及时开展研究并判断是否改变、调整原有的纳税筹划方案等。

本章小结

在纳税行为发生之前，在不违反法律法规（税法及其他相关法律法规）的前提下，通过对纳税主体（法人或自然人）经营活动或投资行为等涉税事项做出的事先安排，以实现优化纳税、减轻税负或延期纳税为目标的一系列谋划活动，称为纳税筹划。

纳税筹划在国际上已有相当长的历史，并日益得到我国社会各界的普遍重视，但仍然存在着巨大的发展空间。

纳税筹划具有合法性、筹划性、风险性、目的性、综合性、专业性等特点。

偷税、欠税、抗税、骗税等是违反税法的，与纳税筹划有着本质的区别。避税与纳税筹划的关系越来越难以区分。

为了研究的方便，需要对纳税筹划进行分类。根据不同的标准可以对纳税筹划进行各种分类。

进行纳税筹划时应遵循一定的原则，包括系统性原则、预见性原则、合法性原则、时效性原则和保护性原则。

纳税筹划的产生需要一定的基本条件，如市场经济体制、税收制度的非中性和真空地带的存在、完善的税收监管体系等。纳税筹划是纳税人应有的权利。它的产生还具有主观和客观原因。国际和国内纳税筹划产生的原因也略有不同。

实施纳税筹划需要一定的条件，如具备必要的法律知识、具备相当的收入规模等。

纳税筹划的实施需要一定的流程，一般可以分为主体选择，收集信息与目标确定，方案列示、分析与选择，实施与反馈等。

纳税筹划具有积极意义，主要体现在：有助于提高纳税人的纳税意识；有助于税收法律法规的完善；有助于实现纳税人利益最大化等。

思考题

1. 什么是纳税筹划？
2. 纳税筹划的特点有哪些？
3. 纳税筹划与偷税有何区别？纳税筹划与避税有什么关系？
4. “纳税筹划可以促进纳税人依法纳税”，你同意这种说法吗？
5. 为什么说纳税筹划是纳税人应有的权利？

第2章 纳税筹划的基本原理与方法

2.1 纳税筹划的基本原理

2.1.1 根据收益效应分类

当存在多种纳税方案可供选择时，纳税人以减轻税负为目的，选择税负最低的方案，无论是节税还是避税，都是为了取得最大的税后收益。根据收益效应分类，可以将纳税筹划原理基本归纳为两大类：绝对收益筹划原理和相对收益筹划原理。

绝对收益筹划原理是指使纳税人的纳税总额绝对减少，从而取得绝对收益的原理。它又分为直接收益筹划原理和间接收益筹划原理。直接收益是指直接减少了一个纳税人的纳税绝对额而取得的收益；间接收益是指一个纳税人的纳税绝对额并没有减少，但减少了同一税收客体的纳税绝对总额而取得的收益。

相对收益筹划原理是指纳税人一定时期内的纳税总额并没有减少，但某种（些）税的纳税义务递延到以后的纳税期缴纳，因此，取得了递延纳税额的时间价值，从而取得了相对收益。该原理主要考虑了货币的时间价值。

2.1.2 根据着力点分类

对影响纳税额的因素进行分析，从而决定如何进行纳税筹划。根据筹划的着力点不同，可以把纳税筹划原理分为税基筹划原理、税率筹划原理和税额筹划原理。

税基筹划原理是指纳税人通过缩小税基减轻税收负担甚至解除纳税义务的原理。税基可以看作应纳税所得，即扣除额已经包括在税基之内。税基是计税的基数，在适用税率一定的条件下，税额的大小与税基的大小成正比。税基越小，纳税人承担的纳税义务越轻。

税率筹划原理是指纳税人通过降低适用税率的方式来减轻税收负担的原理。

税额筹划原理是指纳税人通过直接减少应纳税额的方式来减轻税收负担或者解除纳税义务的原理。它常常与税收优惠中的全部免征或部分免征（减征）相联系。

2.2　纳税筹划的方法

2.2.1　纳税人的筹划

2.2.1.1　纳税人

纳税人又称纳税义务人，是指税法规定的直接负有纳税义务的单位和个人，有时又称纳税主体。纳税人可以是法人，也可以是自然人。每一种税都有关于纳税人的规定，如果纳税人不履行纳税义务，就应由该行为当事人承担法律责任。纳税人是税制的一个基本要素。

代扣代缴义务人又称扣缴义务人，是指根据税法规定，有义务从其持有的纳税人收入中扣除应纳税款并代为缴纳税款的企业或单位。代扣代缴义务人必须严格履行扣缴义务。

代收代缴义务人是指经济活动中有义务在收取款项时向纳税人收取应纳税款并代为缴纳的单位或个人。

负税人是一个与纳税人紧密联系但又相互区别的概念。纳税人是税法规定的直接负有纳税义务的单位和个人，其直接向税务机关缴纳税款。负税人是实际负担税款的单位和个人。纳税人不一定是负税人。如果纳税人能够通过一定途径把税款转嫁或转移出去，那么纳税人就不是负税人；否则，纳税人同时是负税人。在通常情况下，个人所得税和企业所得税的纳税人同时是负税人，但增值税和消费税等流转税的纳税人不是负税人。

2.2.1.2　纳税人进行纳税筹划的一般原理与方法

（1）纳税人进行纳税筹划的一般原理。

纳税人进行纳税筹划的实质是对纳税人身份的合理界定或转化，使纳税人承担的税收负担尽量减少或降低到最小限度，或者是避免成为某税种的纳税人。纳税人进行纳税筹划可以合理降低税收负担，并且方法简单、易于操作。

纳税人进行纳税筹划的关键是准确把握纳税人的内涵和外延，合理确定纳税人的范围。例如，我们对增值税、消费税等流转税的纳税人进行比较，见表 2-1。

表 2-1　增值税和消费税纳税人的比较

税种	纳税人	备　注
增值税	在中华人民共和国境内发生应税交易且销售额达到增值税起征点的单位和个人，以及进口货物的收货人，为增值税的纳税人	按纳税人经营规模大小及会计核算健全与否，把增值税纳税人划分为简易计税方法纳税人和一般计税方法纳税人
消费税	在中华人民共和国境内销售、委托加工和进口应税消费品的单位和个人，为消费税的纳税人	消费税是对特定消费品和特定消费行为征税，一般选择特定环节征税，通常是生产、加工或零售环节 在通常情况下，消费税的纳税人又是增值税的纳税人

（2）纳税人进行纳税筹划的一般方法。

纳税人的纳税筹划与税收制度有紧密联系，不同的税种有不同的纳税筹划方法。总体而言，纳税人进行纳税筹划一般包括以下几种方法。

① 对纳税人类型的选择。

从纳税人类型的角度分析，现阶段我国有多种不同性质的纳税人，如个体工商户、个人独资企业、合伙企业和公司制企业等。不同性质的纳税人所适用的税收政策存在很大差异，这给纳税筹划提供了广阔空间。

【案例 2-1】 选择纳税人类型的筹划

王某拟成立一家企业，预计每年生产经营所得为 400 000 元。在考虑企业组织形式的时候，王某有两个方案可以选择：方案 1 是投资成立一家一人有限责任公司，方案 2 是投资成立一家个人独资企业。一人有限责任公司和个人独资企业在所得税方面是否存在区别呢？

【解析】

自 2000 年 1 月 1 日起，对个人独资企业停止征收企业所得税，其投资者的生产经营所得比照经营所得征收个人所得税。将个人独资企业每一纳税年度的收入总额减除成本、费用以及损失后的余额，作为投资者个人的经营所得，比照《中华人民共和国个人所得税法》(以下简称《个人所得税法》)的“经营所得”应税项目，适用5%～35%的五级超额累进税率，计算征收个人所得税。因此

每年应缴纳的个人所得税＝(400 000－60 000)×30%－40 500＝61 500(元)

税后净利润＝400 000－61 500＝338 500(元)

按照《中华人民共和国公司法》(以下简称《公司法》)的规定，一人有限责任公司是指只有一个自然人股东或者一个法人股东的有限责任公司。一人有限责任公司作为一种特殊的有限责任公司，是企业法人，有独立的法人财产，享有法人财产权。按照《企业所得税法》的规定，在中华人民共和国境内，企业和其他取得收入的组织为企业所得税的纳税人，应当依照规定缴纳企业所得税。因此，一人有限责任公司属于企业所得税的纳税人。这意味着王某如果选择投资成立一家一人有限责任公司，那么就需要缴纳企业所得税，但根据小微企业所得税优惠政策，从 2019 年 1 月 1 日至 2021 年 12 月 31 日，对小微企业年应纳税所得额不超过 100 万元的部分，减按 25%计入应纳税所得额，按 20%的税率缴纳企业所得税，因此

每年应缴纳的企业所得税＝400 000×25%×20%＝20 000(元)

另外，需要注意的是，成立一人有限责任公司还会涉及个人所得税问题，当一人有限责任公司将税后净利润分配给投资者时还需要缴纳个人所得税。根据《个人所得税法》的规定，投资者从被投资企业分得的股息、红利所得属于个人所得税的应税所得，适用 20%的比例税率缴纳个人所得税。这意味着如果王某投资成立一人有限责任公司，那么当公司将缴纳企业所得税之后的利润分配给王某的时候，还需要代扣代缴个人所得税。假设公司将所有税后利润都分配给王某，那么应当缴纳的个人所得税为 76 000 元[＝(400 000－20 000)×20%]。综合起来看，成立一人有限责任公司应当缴纳的所得税合计 96 000 元(＝20 000＋76 000)，王某最终获得的收益为 304 000 元(＝400 000－96 000)，小于成立个人独资企业的税后

净收益338 500元。

② 不同纳税人之间的转化。

由于不同纳税人之间存在税负差异，因而可以采取转变纳税人身份的办法合理节税。

根据税法的规定，增值税纳税人分为一般计税方法纳税人和简易计税方法纳税人。这两类纳税人在征收增值税时，其计税方法和征管要求不同。现行税法规定，年应税销售额超过简易计税方法纳税人标准的自然人按简易计税方法纳税，对于非企业性单位以及不经常发生应税行为的企业，可以选择按简易计税方法纳税。年应税销售额未超过标准的纳税人，若账簿健全，能准确核算并提供销项税额、进项税额，并能按规定报送有关税务资料的，可作为一般计税方法纳税人。一般计税方法实行进项税额抵扣制，而简易计税方法必须按照适用的征收率计算增值税，不实行进项税额抵扣制。

在一般情况下，简易计税方法纳税人的税负略重于一般计税方法纳税人，其原因是一般计税方法纳税人可以抵扣进项税额，尤其是当应税销售额增值率较小时，一般计税方法纳税人的税负明显低于简易计税方法纳税人。但这也不是绝对的，简易计税方法纳税人的税负不一定在任何情况下都比一般计税方法纳税人重，这需要比较两类纳税人的应税销售额增值率与税负平衡点的关系，合理合法地选择税负较轻的纳税人身份。关于税负平衡点的计算和具体纳税筹划，请参阅本书增值税筹划部分，这里不再赘述。

③ 避免成为纳税人。

纳税人可以通过灵活运作，使得企业不符合某税种纳税人的条件，从而彻底规避税收。例如，在企业内部设立的一些内部组织或附属组织不属于纳税人，不具有独立法人资格的分公司或分支机构也不是企业所得税的纳税人，但具备独立法人资格的子公司则属于企业所得税的纳税人。

【案例2-2】 避免业务属于征税范围的筹划

甲公司是一家餐饮店，主要为乙公司提供餐饮服务。甲公司每年的营业额（不含税）为500 000元，发生的总费用为200 000元。如何避免缴纳增值税？

【解析】

由于甲公司的年销售额低于500万元，因而符合简易计税方法纳税人的标准。

在现方案下，甲公司缴纳的增值税为：

$$500\,000\times3\%=15\,000(元)$$

如果甲、乙双方进行纳税筹划，由乙公司对甲公司进行兼并，那么兼并之后双方之间原本存在的服务行为就变成了企业内部行为，而这种内部行为是不需要缴纳增值税的。因此，甲公司的该项业务就不再属于增值税的征税范围，从而节约了税金15 000元。

避免成为纳税人的另一种办法，是通过纳税筹划安排，使纳税人发生的经济业务不属于某些税的征税范围，因而该经济业务就无须纳税。我国税法对征税范围有明确的界定，在一定条件下合理安排经营活动和纳税事项，避免其进入征税范围，就可以彻底免除纳税义务。

考虑征税范围的纳税筹划方法是逆向思维，即反其道而行之，目的是找出不属于征税范围的业务内容。例如，《个人所得税法》规定，个人将财产出租给承租人在中国境内使用而取得的所得才属于来源于中国境内的财产租赁所得，才负有个人所得税的纳税义务，才需要缴纳个人所得税。如果个人将财产出租给承租人在境外使用，那么取得的财产租赁所得就不属于来源于中国境内的所得，从而不需要缴纳个人所得税。我国现行消费税的征税范围比较窄，仅对15类消费品征税，因此在征税范围方面可以进行纳税筹划，即企业在做投资决策时，可避开上述消费品，而选择投资其他符合国家产业政策且未征收消费税的产品进行投资。实际上，很多高档消费品并没有被纳入消费税的征税范围，在市场前景看好的情况下，企业可以优先考虑选择这类项目投资，以规避消费税。

2.2.2 计税依据的筹划

计税依据又称税基，是计算税款的基本依据。不同税种的计税依据大不相同，税法对计税依据做出了明确规定。

2.2.2.1 增值税的计税依据

销售额是指纳税人发生应税交易取得的与之相关的对价，包括全部货币或者非货币形式的经济利益，不包括按照一般计税方法计算的销项税额和按照简易计税方法计算的应纳税额。

（1）销售货物。凡随同销售货物收取的价外费用，无论其会计制度如何核算，均应并入销售额计算应纳税额。

纳税人销售货物的价格明显偏低且无正当理由的，以及单位和个体工商户发生的视同应税交易货物行为（如将自产、委托加工或购买的货物无偿赠与他人等），在作为视同应税交易处理时无法获得销售额的，按组成计税价格确定其销售额。

（2）销售服务、无形资产或不动产。凡随同销售服务、无形资产、不动产收取的价外费用，无论其会计制度如何核算，均应并入销售额计算应纳税额。

纳税人发生应税行为的价格明显偏低或者偏高且不具有合理商业目的的，以及视同发生应税行为而无销售额的，按组成计税价格确定销售额。

2.2.2.2 消费税的计税依据

（1）从价计税的计税依据。采用从价计税方法征收消费税的计税依据为应税消费品的销售额。销售额是指纳税人销售应税消费品取得的与之相关的对价，包括全部货币或者非货币形式的经济利益。实行从价计税方法计算消费税的计税依据与增值税的计税依据基本相同。

（2）从量计税的计税依据。从量计税的计税依据是应税消费品的销售数量，适用定额税率。

销售数量是指纳税人生产、委托加工和进口应税消费品的数量。

2.2.2.3 企业所得税的计税依据

企业所得税的计税依据为应纳税所得额，即

$$应纳税所得额=收入总额-不征税收入-免税收入-准予扣除项目-以前年度允许税收弥补的亏损$$

2.2.2.4　计税依据的筹划原理和方法

计税依据的筹划是指纳税人通过控制计税依据的方式来减轻税收负担的筹划方法。

（1）计税依据的筹划原理。计税依据是计税的基础，通常被称为税基。在税率一定的情况下，应纳税额的大小与计税依据的大小成正比，即税基越小，纳税人负担的纳税义务越轻。大部分税种都采用计税依据与适用税率的乘积来计算应纳税额。应纳税额的控制是通过计税依据的控制来实现的。这就是计税依据的筹划原理。

（2）计税依据的筹划方法。计税依据是影响税收负担的直接因素，对不同的税种进行计税依据的筹划需要从不同的角度入手。计税依据的筹划一般从以下三个方面切入。

① 控制和安排税基的实现时间。这种纳税筹划方法主要分为三种情况：

第一，税基总量不变，合法推迟税基的实现时间。税基推迟可以实现递延纳税。在通货膨胀的环境下，税基推迟实现的效果更为明显，能够降低未来支付税款的购买力。

第二，税基总量不变，税基在各个纳税期间均衡实现。在适用累进税率的情况下，这可实现边际税率的最小化，从而大幅降低税负。

第三，税基总量不变，税基合法提前实现。在减免税期间，税基提前实现可以享受更多的税收减免额。

② 合理分解税基。合理分解税基就是把税基进行合理分解，使税基从税负较重的形式转化为税负较轻的形式。例如，把适用不同税率的应税货物和应税服务分开核算，避免从高适用税率。

③ 实现税基最小化。税基最小化就是将税基总量合法降低，从而减少应纳税额或者避免多缴税。这是个人所得税、企业所得税和增值税筹划常用的方法。

2.2.3　税率的筹划

2.2.3.1　税率

税率是应纳税额与计税依据之间的比例，是计算应纳税额的尺度，体现着税收的深度。税法明确规定各个税种适用的税率。在现实经济生活中，税率的类型主要有比例税率、累进税率、定额税率三种。

（1）比例税率是对同一征税对象或税目，不论其数额大小，都规定按同一比例计算应纳税额的税率。目前，我国绝大部分税种都采用比例税率，如企业所得税的税率为 25%，增值税的税率为 13%、9%、6%，车辆购置税的税率为 10%等。

（2）累进税率是随着征税对象或税目数额的增大而逐级递增的税率，按累进税率结构的不同，又可分为以下三类：

① 全额累进税率，即将征税对象的全部数额设计逐级递增的税率。在每次征税时，按与征税对象总额相对应的最高一级税率计算应纳税额。

② 超额累进税率，即将征税对象划分为若干等级，对每个等级部分分别规定相应税率。在每次征税时，将征税对象的全部数额分级次按其相应等级的税率计算应纳税额后汇总征收，如个人所得税的综合所得适用七级超额累进税率。

③ 超率累进税率。它与超额累进税率在原理上是相同的，不过，其税率累进的依据是销售利润率或资金率的高低，比如土地增值税采用四级超率累进税率。

（3）定额税率是按单位征税对象直接规定一定数量的税额，这是税率的一种特殊形式，一般适用于从量征收，比如消费税中的黄酒、啤酒和成品油税目采用的是定额税率。

2.2.3.2 税率筹划的原理和方法

（1）税率筹划的原理。

税率筹划是指纳税人通过降低适用税率的方式来减轻税收负担的筹划方法。在计税依据一定的情况下，应纳税额与税率呈现正向变化关系，即降低税率就等于降低了税收负担。在税前利润一定的情况下，税率低，应纳税额少，税后利润就多。

不同的税种适用不同的税率，纳税人可以利用征税对象界定上的含糊性进行筹划。即使是同一税种，适用的税率也会因税基或其他假设条件不同而发生相应的变化，纳税人可以通过改变税基分布调整适用的税率，从而达到降低税收负担的目的。

（2）税率筹划的一般方法。

① 比例税率的筹划。针对同一税种对不同征税对象实行不同的税率政策，分析产生差距的原因及对税后利益的影响，可以寻找实现税后利益最大化的最低税负点或最佳税负点。例如，我国增值税有 13%、9% 和 6% 多档税率，对简易计税方法纳税人规定的征收率为 3%。对上述比例税率进行筹划，可以寻找到最低税负点或最佳税负点。消费税、个人所得税、企业所得税等税种都存在多种不同的比例税率，纳税人可以通过筹划，尽量使用较低的税率以实现节税。

② 累进税率的筹划。各种形式的累进税率都存在一定的筹划空间，累进税率筹划的主要目标是防止税率的爬升。其中，适用全额累进税率的纳税人的税率筹划效果最佳。

我国个人所得税中的综合所得以及个体工商户的经营所得等分别适用不同的超额累进税率，采用税率筹划方法可以取得较好的筹划效果。

2.2.4 税收优惠政策的筹划

税收优惠政策是指国家为了支持某个行业或针对某一特殊时期，经常出台一些包括减免税在内的优惠性规定或条款。税收优惠政策是一定时期国家的税收导向，纳税人可以充分利用这些税收优惠政策来依法节税。

2.2.4.1 税收优惠政策的形式

（1）免税。免税是国家对特定的地区、行业、企业或特定的纳税人、应税项目等给予完全免税的照顾或奖励措施。免税属于国家的税收照顾方式，同时也是国家出于政策需要的一种税收奖励方式。它是贯彻国家政治、经济和社会政策的重要手段，也是采用免税政策依法节税的法律依据。我国对从事农、林、牧、渔业生产经营的企业给予免税待遇，就属于一种行业性照顾或激励。

对于免税优惠，纳税人应考虑以下操作技巧：第一，在合理合法的前提下，尽量争取更多的免税待遇。免征的税收越多，节减的税收也越多。第二，在合理合法的情况下，尽量使免税期最长化。许多免税都有期限规定，免税期越长，节税越多。

（2）减税。减税是对某些纳税人或征税对象给予鼓励或照顾的一种特殊措施。减税与免税类似，实质上也相当于一种财政补贴。政府主要给予纳税人两类减税办法：一是出于税收照顾目的的减税。例如，国家对遭受自然灾害地区企业、残疾人企业等的减税。这类减税是一种税收照顾，是国家对纳税人因各种不可抗力造成的损失进行补偿。二是出于税收奖励目的的减税。例如，对产品出口企业、高科技企业、环境保护项目等的减税。这类减税是一种税收奖励,是政府对纳税人贯彻国家政策的一种奖励。

(3) 免征额。免征额又称扣除额,是指在征税对象全部数额中免予征税的数额。它是按照一定标准,从征税对象全部数额中预先扣除的数额。免征额部分不征税,只对超过免征额的部分征税。

(4) 起征点。起征点又称征税起点,是根据征税对象的数量规定一个标准,达到这个标准就征税,未达到这个标准就不征税。

(5) 退税。退税是指国家按规定对纳税人已纳税款的退还,即国家为鼓励纳税人从事或扩大某种经济活动而给予的税款退还。在国际贸易中,退税是鼓励出口的一种有效措施。

(6) 优惠税率。优惠税率是指对符合条件的产业、企业或项目课以较低的税率。优惠税率有利于吸引外部投资、加快该优惠产业的发展。

(7) 税收抵免。国家在对纳税人的境内外全部所得计征所得税时,准予在税法规定的限度内以其国外已纳税款抵减其应纳税款,以避免重复课税。

2.2.4.2 优惠政策的筹划原理与方法

优惠政策体现了国家对某些产业或领域的税收照顾。优惠政策的筹划可以使纳税人轻松地享受低税负待遇。其关键是寻找合适的优惠政策并把它运用在纳税实践中,在一些情况下还表现为创造条件去享受优惠政策,以获得税收负担的降低。

优惠政策多表现为行业性、区域性优惠政策或特定行为、特殊时期的优惠政策,如福利企业的减免税政策,软件企业的税收优惠政策,环保、节能节水项目的税收优惠政策,鼓励科技发展的税收优惠政策等。

《企业所得税法》第二十七条规定,企业的下列所得,可以免征、减征企业所得税:

(1) 从事农、林、牧、渔业项目的所得。

(2) 从事国家重点扶持的公共基础设施项目投资经营的所得。

(3) 从事符合条件的环境保护、节能节水项目的所得。

(4) 符合条件的技术转让所得。

【案例 2-3】 优惠政策的筹划

八方建设集团公司是一家以建筑施工为主的工程施工企业。自2018年起,八方建设集团公司从传统的商品房建筑装修逐渐转向国家重点扶持的公共基础设施项目的建设施工,主要是港口码头、机场、铁路、公路、水利等项目的工程施工。八方建设集团公司应如何利用税收优惠政策进行筹划?

【解析】

《企业所得税法实施条例》第八十七条规定,企业从事国家重点扶持的公共基础设施项目的投资经营的所得,自项目取得第一笔生产经营收入所属纳税年度起,第一年至第三年免征企业所得税,第四年至第六年减半征收企业所得税。

按照上述税收政策,自2018年起,八方建设集团公司所从事的公共基础设施项目的建设施工业务收入可以享受企业所得税"三免三减半"的优惠政策,即享受2018年、2019年、2020年免征企业所得税,2021年、2022年、2023年减半征收企业所得税的优惠。这一税收优惠可以为企业节约大笔税款。

2.2.5 会计政策的筹划

会计政策是在会计核算时所遵循的基本原则以及所采纳的具体处理方法和程序，不同的会计政策必然会形成不同的财务结果，也必然会导致不同的税收负担。

会计政策在形式上表现为会计核算过程中的一种技术规范，但其本质是社会经济和政治利益的博弈规则及制度安排。企业选择不同的会计政策会导致不同的财务结果和纳税结果，同时也会对利益相关者产生不同的影响。当企业存在多种可供选择的会计政策时，选择税后收益最大化的会计政策也是纳税筹划的基本方法。

2.2.5.1 分摊筹划法

对于一项费用，如果涉及多个分摊对象，那么分摊依据的不同就会造成分摊结果的不同。对于一项拟摊销的费用，如果摊销期限和摊销方法不相同，摊销结果则不相同。分摊的处理会影响企业损益计量和资产计价，进而影响到企业的实际税负。

分摊筹划法涉及的主要会计事项有无形资产摊销、待摊费用摊销、固定资产折旧、存货计价方法选择以及间接费用的分配等。

例如，存货计价方法会对企业纳税造成影响。在会计实务中，存货计价方法主要有先进先出法、月末一次加权平均法、移动加权平均法、个别计价法等。在不同经济形势下，应根据存货市场价格的变动趋势合理选择存货计价方法。表 2-2 给出了不同情况下选择存货计价方法的基本规律。

表 2-2 存货计价方法的选择

项目	比例税率			累进税率
价格变动趋势	物价上涨	物价下跌	物价波动	物价波动
存货计价方法	加权平均法	先进先出法	加权平均法	加权平均法
选择理由	多计发出存货成本，少计期末存货成本，减少当期所得税支出	提高本期发出存货成本，减少当期收益，减轻所得税负担	避免各期利润忽高忽低及企业各期应纳所得税上下波动，有利于企业资金的安排与管理	使计入成本的存货价格比较均衡，进而使各期利润比较均衡，避免因适用较高的税率而加重税负

2.2.5.2 会计估计筹划法

由于企业生产经营中存在诸多不确定因素，一些项目不能精确计量，往往只能估计，因此在会计核算中，对尚在延续中、仍未确定结果的交易或事项需要估计入账。这种会计估计会影响计入特定会计期间的收益或费用的数额，进而影响到企业的税收负担。

会计估计筹划法涉及的主要会计事项有折旧年限估计、固定资产净残值估计、无形资产使用寿命估计等。

2.2.6 税负转嫁的筹划

在市场经济环境下，由于利益机制的驱动，纳税人会通过种种途径和方式将税负部分或全部转移给他人，因此税负转嫁行为可视为市场主体之间的一种博弈行为。

2.2.6.1　税负转嫁的筹划原理

税负转嫁筹划的基本操作原理是利用价格浮动、价格分解来转移或规避税收负担。税负转嫁筹划能否通过价格浮动实现，关键取决于商品的供给弹性与需求弹性的大小。

税负转嫁意味着税负的实际承担者不是直接纳税人，而是背后的隐匿者或潜在的替代者。在不违法的情况下，税款的直接纳税人通过将税负转嫁给他人，自己不承担纳税义务，充当了税务部门与实际纳税人之间的中介。

2.2.6.2　税负转嫁的筹划方法

(1) 税负顺转筹划法。

纳税人将其负担的税款通过提高商品或生产要素价格的方式转移给购买者或最终消费者承担，是最典型、最具普遍意义的税负转嫁形式。例如，对于在生产环节课征的税收，生产企业可以通过提高商品出厂价格而把税负转嫁给批发商，批发商再以类似的方式转嫁给零售商，零售商最终将税负转嫁给最终消费者。税负顺转筹划法一般适用于市场紧俏的生产要素或知名品牌的商品。

(2) 税负逆转筹划法。

税负逆转筹划法多与商品和劳务有关，纳税人通过降低生产要素购进价格、压低工资或其他转嫁方式，将其负担的税收转移给提供生产要素的企业；或者纳税人已纳税款因种种原因不能转嫁给购买者和消费者，而是转嫁给货物的供给者和生产者。例如，一个批发商纳税后，因为商品价格下降，已纳税款难以加在商品价格上转移给零售商，于是批发商就向厂家要求退货或要求厂家承担全部或部分已纳税款，此时就会发生税负逆转。税负逆转筹划法一般适用于生产要素或商品积压时的买方市场。

2.2.7　递延纳税的筹划

2.2.7.1　递延纳税的筹划原理

递延纳税可以获取资金的时间价值，相当于获得了一笔无息贷款的资助，这给纳税人带来的好处是不言而喻的。《国际税收词汇》对延期纳税条目做了精辟的阐述。递延纳税的好处有：有利于资金周转，节省利息支出，以及由于通货膨胀的影响，延期以后缴纳的税款币值下降，从而降低了实际纳税额。

2.2.7.2　递延纳税的筹划方法

纳税环节、抵扣环节、纳税时间、纳税地点是递延纳税的关键。纳税人可以通过合同控制、交易控制及流程控制延缓纳税时间，也可以合理安排进项税额的抵扣时间，以及企业所得税预缴、汇算清缴的时间及额度，从而合理推迟纳税。

由于税收的重点是流转税以及所得税，而流转税的计税依据是收入，所得税的计税依据是应纳税所得额，即纳税人的收入减去费用后的余额。因此，递延纳税的本质是推迟收入或应纳税所得额的确认时间，可以采用的筹划方法有很多，但概括起来主要有两个：一是推迟收入的确认；二是尽早确认费用。

税法对不同销售行为的纳税义务发生时间做出了明确的法律规定。对于纳税人采用的不同收款方式，纳税义务发生时间差别很大。如果纳税人合理利用这些具体规定，就可以签订对自己有利的销售合同。例如，企业可采取委托代销方式实现递延纳税。在委托代销方式下，委托方先将商品交给受托方，受托方应根据合同要求，将商品出售后给委托方开具代销清单，而委托方收到代销清单后才确认销售收入的实现。按照这一原理，如果企业的产品销售对象是商业企业，并且产品以销售后付款结算方式销售，则可以采用委托代销结算方式，根据实际收到的货款分期计算销项税额，从而延缓纳税时间。

本章小结

纳税筹划是指在纳税行为发生之前，在税法允许的范围内，通过对纳税主体的经营活动或投资行为等涉税事项做出事先安排，以达到少缴税或递延缴纳税收的一系列谋划活动。

纳税筹划具有合法性、事先性、风险性的特点，与偷税、欠税、骗税等违法行为有着本，质的区别。国家间税收管辖权及各国税收制度的不同以及各种税收制度定义上的可变通性为纳税筹划提供了空间。根据不同的划分标准，纳税筹划可以分为不同种类。纳税筹划应遵循法律原则、财务原则和经济原则。在纳税筹划方案制订之前，应熟练掌握有关法律规定，了解纳税人的情况和纳税筹划要求，并在纳税筹划方案实施过程中不断根据情况变化对方案进行适时修正和调整。

纳税筹划方法主要有纳税人的筹划、计税依据的筹划、税率的筹划、税收优惠政策的筹划和其他纳税筹划方法等。

纳税筹划不但可以实现纳税人财务利益的最大化，而且可以提高纳税人的纳税意识，促进税制的不断完善以及国家政策目标的实现等。

在进行纳税筹划时，应考虑到纳税筹划对交易各方税负的影响，时刻关注税收法律的变化，正视纳税筹划风险等。

思考题

1. 为什么有效的纳税筹划和税负最小化不同？
2. 为什么纳税筹划者不仅要知道某特定交易对其本身的税收影响，还要知道对其他交易方的税收影响？请举例说明。
3. 你认为税后收益总是低于税前收益吗？请举例说明。
4. 请举例说明纳税筹划、避税与逃税的区别。
5. 进行纳税筹划应注意哪些问题？
6. 税负转嫁筹划法和递延纳税筹划法能否最终降低应纳税额？为什么？

第 3 章　增值税的纳税筹划

3.1　增值税纳税人的纳税筹划

3.1.1　纳税人的法律界定

增值税是对在我国境内销售货物或者提供加工、修理修配劳务，销售服务、无形资产、不动产以及进口货物的单位和个人，就其销售货物、劳务、服务、无形资产、不动产的销售额以及进口货物金额计税并实行税款抵扣制的一种流转税。

(1) 销售服务，是指提供交通运输服务、邮政服务、电信服务、建筑服务、金融服务、现代服务、生活服务。

交通运输服务，是指利用运输工具将货物或者旅客送达目的地，使其空间位置得到转移的业务活动。交通运输服务包括陆路运输服务、水路运输服务、航空运输服务和管道运输服务。

邮政服务，是指中国邮政集团公司及其所属邮政企业提供邮件寄递、邮政汇兑和机要通信等邮政基本服务的业务活动。邮政服务包括邮政普遍服务、邮政特殊服务和其他邮政服务。

电信服务，是指利用有线、无线的电磁系统或者光电系统等各种通信网络资源，提供语音通话服务，传送、发射、接收或者应用图像、短信等电子数据和信息的业务活动。电信服务包括基础电信服务和增值电信服务。

建筑服务，是指各类建筑物、构筑物及其附属设施的建造、修缮、装饰，线路、管道、设备、设施等的安装以及其他工程作业的业务活动。建筑服务包括工程服务、安装服务、修缮服务、装饰服务和其他建筑服务。

金融服务，是指经营金融保险的业务活动。金融服务包括贷款服务、直接收费金融服务、保险服务和金融商品转让。

现代服务，是指围绕制造业、文化产业、现代物流产业等提供技术性、知识性服务的业务活动。现代服务包括研发和技术服务、信息技术服务、文化创意服务、物流辅助服务、租赁服务、签证咨询服务、广播影视服务、商务辅助服务和其他现代服务。

生活服务，是指为满足城乡居民日常生活需要提供的各类服务活动。生活服务包括文化体育服务、教育医疗服务、旅游娱乐服务、餐饮住宿服务、居民日常服务和其他生活服务。

(2) 销售无形资产，是指转让无形资产所有权或者使用权的业务活动。无形资产是指不具实物形态，但能带来经济利益的资产，包括技术、商标、著作权、商誉、自然资源使用权和其他权益性无形资产。

(3) 销售不动产,是指转让不动产所有权的业务活动。不动产是指不能移动或者移动后会引起性质、形状改变的财产,包括建筑物、构筑物等。

根据《中华人民共和国增值税暂行条例》(以下简称《增值税暂行条例》)和《营业税改征增值税试点实施办法》(财税〔2016〕36 号)的规定,在中华人民共和国境内销售货物或者加工、修理修配劳务,销售服务、无形资产、不动产以及进口货物的单位和个人,为增值税的纳税人。

由于增值税的征收管理制度不同,增值税的纳税人又分为一般纳税人和小规模纳税人。不同的纳税人,计税方法和征管要求也不同。这两类纳税人的划分标准为:一是定量标准——经营规模。增值税小规模纳税人划分标准为年应征增值税销售额 500 万元及以下。二是定性标准——纳税人性质和会计核算程度。

年应税销售额超过规定标准的其他个人不属于一般纳税人。年应税销售额超过规定标准但不经常发生应税行为的单位和个体工商户可选择按照小规模纳税人纳税。

年应税销售额未超过规定标准的纳税人,会计核算健全、能提供准确税务资料的,可以向主管税务机关办理一般纳税人资格登记,成为一般纳税人。

销售货物或者提供加工、修理修配劳务、有形动产租赁服务的一般纳税人的增值税基本适用税率为 13%,少数几类货物适用 9%的低税率;提供交通运输、邮政、基础电信、建筑、不动产租赁服务,销售不动产,转让土地使用权,税率为 9%;境内单位和个人发生的跨境应税行为,税率为零;纳税人发生应税行为,除上述规定外,税率为 6%。小规模纳税人适用 3%的征收率。一般纳税人允许进项税额抵扣,小规模纳税人不得抵扣进项税额。

3.1.2 纳税人的纳税筹划

由于不同类别纳税人的税率和征收方法不同,产生了进行纳税人纳税筹划的空间。纳税人可以根据自己的具体情况,在一般纳税人或小规模纳税人之间做出选择。

一般纳税人与小规模纳税人的适用税率和计税方法是不同的。那么,在销售收入相同的情况下,究竟是一般纳税人比小规模纳税人多纳税,还是小规模纳税人比一般纳税人多纳税呢?从上述税法规定可以看出,在销售额既定的情况下,小规模纳税人的应纳税款即已确定;但一般纳税人的应纳税款还需依据其可抵扣的进项税额而定,可抵扣的进项税额越大,应纳税款越少,可抵扣的进项税额越小,应纳税款越多。或者说,纳税人的增值率越高,应纳税款越多。在一般纳税人与小规模纳税人进行税负比较时,增值率就是一个关键因素。在一个特定的增值率下,一般纳税人与小规模纳税人应纳增值税数额相同,我们把这个特定的增值率称为无差别平衡点增值率。当增值率低于这个点时,增值税一般纳税人的税负低于小规模纳税人;当增值率高于这个点时,增值税一般纳税人的税负高于小规模纳税人。

无差别平衡点增值率的计算可分为含税销售额无差别平衡点增值率的计算与不含税销售额无差别平衡点增值率的计算。

3.1.2.1 含税销售额无差别平衡点增值率的计算

设 X 为增值率,S 为含税销售额,P 为含税购进额,并假定一般纳税人的适用税率为 13%,小规模纳税人的适用税率为 3%。

一般纳税人增值率为:$X=(S-P)/S$

一般纳税人应纳增值税 $=S/(1+13\%)\times13\%-P/(1+13\%)\times13\%$

$=S\times X/(1+13\%)\times13\%$

小规模纳税人应纳增值税 $=S/(1+3\%)\times3\%$

两种纳税人纳税额相等时,即

$$S\times X/(1+13\%)\times13\%=S/(1+3\%)\times3\%$$

$$X=25.32\%$$

当增值率低于无差别平衡点增值率25.32%时,一般纳税人的税负低于小规模纳税人,即成为一般纳税人可以节税。当增值率高于无差别平衡点增值率25.32%时,一般纳税人的税负高于小规模纳税人,即成为小规模纳税人可以节税。企业可以按照本企业的实际购销情况做出选择。

同理,可计算出一般纳税人销售或提供税率为9%或6%的商品或服务与小规模纳税人销售或提供税率为3%或5%的商品或服务的无差别平衡点增值率,见表3-1。

表3-1 无差别平衡点增值率(含税销售额) 单位:%

一般纳税人税率	小规模纳税人征收率	无差别平衡点增值率
13	3	25.32
9	3	35.28
6	3	51.46
13	5	41.39
9	5	57.67
6	6	84.13

3.1.2.2 不含税销售额无差别平衡点增值率的计算

设 X 为增值率,S 为不含税销售额,P 为不含税购进额,并假定一般纳税人适用的税率为13%,小规模纳税人适用的税率为3%。

一般纳税人增值率为:$X=(S-P)/S$

一般纳税人应纳增值税 $=S\times13\%-P\times13\%=S\times X\times13\%$

小规模纳税人应纳增值税 $=S\times3\%$

两种纳税人纳税额相等时,即

$$S\times X\times13\%=S\times3\%$$

$$X=23.08\%$$

当增值率低于无差别平衡点增值率23.08%时,一般纳税人的税负低于小规模纳税人,即成为一般纳税人可以节税。当增值率高于无差别平衡点增值率23.08%时,一般纳税人的税负高于小规模纳税人,即成为小规模纳税人可以节税。企业可以按照本企业的实际购销情况做出选择。

同理,可计算出一般纳税人销售税率为9%或6%的商品或应税劳务与小规模纳税人销售征收率为3%或5%的商品或应税劳务的无差别平衡点增值率,见表3-2。

表 3-2　无差别平衡点增值率(不含税销售额)　　单位:%

一般纳税人税率	小规模纳税人征收率	无差别平衡点增值率
13	3	23.08
9	3	33.33
6	3	23.33
13	5	50.00
9	5	55.56
6	5	83.33

纳税人可以计算企业产品的增值率,按适用的税率及销售额是否含税查表。若增值率高于无差别平衡点增值率,可以通过企业分立选择成为小规模纳税人;若增值率低于无差别平衡点增值率,可以通过企业合并选择成为一般纳税人。

【案例 3-1】 增值税纳税人身份的选择(1)

某食品企业年零售含税销售额为 600 万元,会计核算制度比较健全,符合一般纳税人条件,适用 13%的税率。该企业年购货金额为 300 万元(不含税),可取得增值税专用发票。该企业如何进行增值税纳税人身份的筹划?

【解析】

该企业支付购进食品价税合计=300×(1+13%)=339(万元)。

销售食品价税合计=600 万元。

应纳增值税=600/(1+13%)×13%-300×13%=30.03(万元)。

销售利润=600/(1+13%)-300=230.97(万元)。

增值率(含税)=(600-339)/339=76.99%。

查表 3-1 发现该企业的增值率较高,超过无差别平衡点增值率 25.32%(含税增值率),因此成为小规模纳税人可比一般纳税人减少增值税税款缴纳。该企业可以分设成两个零售企业,各自作为独立核算单位。假定分设后两企业的年销售额均为 300 万元(含税销售额),都符合小规模纳税人条件,适用 3%的征收率。此时,

两个企业支付购入食品价税合计=300×(1+13%)=339(万元)。

两个企业收取销售食品价税合计=600(万元)。

两个企业共应缴纳增值税=600/(1+3%)×3%=17.48(万元)。

分设后两个企业销售利润合计=600/(1+3%)-339=243.52(万元)。

经过纳税人身份的转变,该企业销售利润增加了 12.55 万元(=243.52-230.97)。

【案例 3-2】 增值税纳税人身份的选择(2)

甲、乙两个企业均为小规模纳税人,加工生产机械配件。甲企业的年销售额为 220 万元,年可抵扣购进货物金额 200 万元;乙企业年销售额为 450 万元,年可抵

扣购进货物金额 400 万元（以上金额均为不含税金额，进项可取得增值税专用发票）。由于两个企业的年销售额均达不到一般纳税人标准，税务机关对两个企业均按小规模纳税人简易方法征税，征收率为 3%。甲企业年应纳增值税 6.6 万元（=220×3%），乙企业年应纳增值税 13.5 万元（=450×3%），两个企业年应纳增值税共为 20.1 万元（=13.5+6.6）。

【解析】

根据无差别平衡点增值率原理，甲企业的增值率（不含税增值率，下同）为 10%[=(220−200)÷200×100%]，小于无差别平衡点增值率 23.08%（不含税增值率，下同），选择作为一般纳税人税负较轻。乙企业的增值率为 12.5%[=(450−400)÷400×100%]，同样小于无差别平衡点增值率 23.08%，选择作为一般纳税人税负较轻。因此，甲、乙两个企业可通过合并方式组成一个独立核算的纳税人，年应税销售额为 670 万元，符合一般纳税人的认定资格。企业合并后，年应纳增值税为 9.1 万元 [=(220+450)×13%−(200+400)×13%]，可减轻税负11 万元（=20.1−9.1）。

如果不通过合并，也可以通过申请成为一般纳税人来减少缴纳的税款。

另外，在进行增值税一般纳税人与小规模纳税人身份筹划时，还必须注意几个相关问题：

第一，税法对一般纳税人的认定要求。根据现行税法的规定，对符合一般纳税人条件但未在规定期限内向主管税务机关办理一般纳税人资格登记手续的纳税人，应按照销售额依照增值税税率计算应纳税额，不得抵扣进项税额，也不得使用增值税专用发票。

第二，企业财务利益最大化要求。企业经营的目标是追求利润最大化，这就决定了企业必须根据市场需求不断扩大生产和经营规模。在这种情况下，这一目标限制了企业选择成为小规模纳税人的空间。另外，一般纳税人要有健全的会计核算制度，需要培养和聘用专业会计人员，这将会增加企业财务核算成本；一般纳税人的增值税征收管理制度复杂，需要投入的财力、物力和精力也多，这将会增加纳税人的纳税成本。

第三，企业产品的性质及客户的类型。企业产品的性质及客户的类型决定了企业进行纳税人筹划空间的大小。如果企业产品的销售对象多为一般纳税人，企业将受到开具增值税专用发票的制约，因为该企业必须选择成为一般纳税人才有利于产品的销售。如果企业生产、经营的客户多为小规模纳税人或者消费者个人，不受发票类型的限制，筹划的空间就较大。

3.2 增值税计税依据的纳税筹划

3.2.1 计税依据的法律界定

3.2.1.1 一般纳税人应纳税额的计算

一般纳税人应纳税额的计算公式为：

应纳税额＝当期销项税额－当期进项税额

(1) 销项税额

销项税额是按税率计算的增值税额。其计算公式为：

销项税额＝销售额×税率

销售额是纳税人发生应税销售行为收取的全部价款和价外费用。

价外费用是指价外向购买方收取的手续费、补贴、基金、集资费、返还利润、奖励金、违约金（延期付款利息）、包装费、包装物租金、储备费、优质费、运输装卸费、代收款项、代垫款项及其他各种性质的价外收费。上述价外费用无论其会计制度如何核算，均应并入销售额计税。但下列项目不包括在内：

第一，受托加工应征消费税的消费品所代收代缴的消费税。

第二，同时符合以下两个条件的代垫运费：

① 承运部门的运费发票开具给购买方的；

② 纳税人将该项发票转交给购买方的。

第三，同时符合以下条件的代为收取的政府性基金或者行政事业性收费：

① 由国务院或者财政部批准设立的政府性基金，由国务院或者省级人民政府及其财政、价格主管部门批准设立的行政事业性收费；

② 收取时开具省级以上财政部门印制的财政票据；

③ 所收款项全额上缴财政。

第四，销售货物的同时代办保险等而向购买方收取的保险费，以及向购买方收取的代购买方缴纳的车辆购置税、车辆牌照费。

第五，以委托方的名义开具发票代委托方收取的款项。

这里的销售额是指不包含增值税的销售额，纳税人销售货物或者应税劳务采用销售额和销项税额合并定价方法的，应当按照以下公式计算不含税销售额：

$$不含税销售额=\frac{含税销售额}{1+税率}$$

应当注意的是，根据国家税务总局的规定，对增值税一般纳税人向购买方收取的价外费用，应视为含税收入，在征税时将其换算成不含税收入再并入销售额。

销售额以人民币计算。纳税人以外币结算销售额的，应当按外汇市场价格折合成人民币计算。

纳税人发生应税销售行为的价格明显偏低并且无正当理由的，税务机关按下列顺序确定销售额：

第一，按纳税人最近时期同类货物的平均销售价格确定；

第二，按其他纳税人最近时期同类货物的平均销售价格确定；

第三，按组成计税价格确定，计算公式为：

组成计税价格＝成本×(1＋成本利润率)

属于应征消费税的货物，其组成计税价格应加计消费税税额。计算公式为：

组成计税价格＝成本×(1＋成本利润率)＋消费税税额

或者

$$组成计税价格=\frac{成本\times(1+成本利润率)+从量计征的消费税税率}{1-消费税税率}$$

在上式中，成本分为两种情况：属于销售自产货物的为货物的实际生产成本；属于销售外购货物的为货物的实际采购成本。

成本利润率为10%，但属于应从价定率征收消费税的货物，其组成计税价格公式中的成本利润率为《消费税若干具体问题的规定》中规定的成本利润率。

根据《增值税暂行条例》及其实施细则和营改增税收政策的规定，销售额要以人民币计算。纳税人以人民币以外的货币结算销售额的，应当折合成人民币计算，其销售额的人民币折合率可以选择销售额发生的当天或者当月1日的人民币汇率中间价。纳税人应事先确定采用何种折合率，确定后12个月内不得变更。

【知识点提醒】 视同销售货物与视同销售服务、无形资产或者不动产。

① 单位或者个体工商户的以下行为，应当视同销售货物缴纳增值税：

A. 将货物交付其他单位或者个人代销；

B. 销售代销货物；

C. 设有两个以上机构并实行统一核算的纳税人，将货物从一个机构移送其他机构用于销售，但相关机构设在同一县（市）的除外；

D. 将自产或者委托加工的货物用于非增值税应税项目；

E. 将自产、委托加工的货物用于集体福利或者个人消费；

F. 将自产、委托加工或者购进的货物作为投资，提供给其他单位或者个体工商户；

G. 将自产、委托加工或者购进的货物分配给股东或者投资者；

H. 将自产、委托加工或者购进的货物无偿赠送其他单位或者个人；

I. 财政部和国家税务总局规定的其他情形。

②单位和个体工商户的下列情形，视同销售服务、无形资产或者不动产缴纳增值税：

A. 单位或者个体工商户向其他单位或者个人无偿提供服务，但用于公益事业或者以社会公众为对象的除外；

B. 单位或者个人向其他单位或者个人无偿转让无形资产或者不动产，但用于公益事业或者以社会公众为对象的除外；

C. 财政部和国家税务总局规定的其他情形。

（2）进项税额。

进项税额是指纳税人购进货物和提供加工、修理修配劳务、服务、无形资产或者不动产，支付或者负担的增值税额。

① 下列进项税额准予从销项税额中抵扣：

A. 从销售方取得的增值税专用发票（含税控机动车销售统一发票，下同）上注明的增值税额。

B. 从海关取得的海关进口增值税专用缴款书上注明的增值税额。

C. 购进农产品，取得一般纳税人开具的增值税专用发票或海关进口增值税专用缴款书的，以增值税专用发票或海关进口增值税专用缴款书上注明的增值税额为进项税额；从按照简易计税方法依照3%征收率计算缴纳增值税的小规模纳税人取得增值税专用发票的，以增值税专用发票上注明的金额和10%的扣除率计算进项税额；取得（开具）农产品销售发票或收购发票的，以农产品销售发票或收购发票上注明的农产品买价和10%的扣除率计算进项税额。

计算公式为：

$$进项税额=买价\times扣除率$$

纳税人购进用于生产销售或委托受托加工13%税率货物的农产品，扣除率为10%。

购进农产品，按照《农产品增值税进项税额核定扣除试点实施办法》(财税〔2012〕38号文件印发)抵扣进项税额的除外。纳入农产品增值税进项税额核定扣除试点范围①的纳税人购进农产品，按照《农产品增值税进项税额核定扣除试点实施办法》规定的方法核定增值税进项税额。

D. 从境外单位或者个人购进服务、无形资产或者境内的不动产，自税务机关或者扣缴义务人取得的代扣代缴税款的完税凭证上注明的增值税额。

② 不允许从销项税额中抵扣进项税额的项目包括：

A. 纳税人购进货物、劳务、服务、无形资产、不动产，取得的增值税扣税凭证(即增值税专用发票、海关进口增值税专用缴款书、农产品收购发票、农产品销售发票和税收缴款凭证)不符合法律、行政法规或者国家税务总局有关规定的，其进项税额不得从销项税额中抵扣。纳税人凭税收缴款凭证抵扣进项税额的，应当具备书面合同、付款证明和境外单位的对账单或者发票；资料不全的，其进项税额不得从销项税额中抵扣。

B. 用于简易计税方法计税项目、免征增值税项目、集体福利或者个人消费的购进货物、劳务、服务、无形资产和不动产。其中涉及的固定资产、无形资产、不动产，仅指专用于上述项目的固定资产、无形资产(不包括其他权益性无形资产)、不动产。

C. 非正常损失的购进货物，以及相关的劳务和交通运输服务。

D. 非正常损失的在产品、产成品所耗用的购进货物(不包括固定资产)、劳务和交通运输服务。

E. 非正常损失的不动产，以及该不动产所耗用的购进货物、设计服务和建筑服务。

F. 非正常损失的不动产在建工程所耗用的购进货物、设计服务和建筑服务。

G. 购进的旅客运输服务、贷款服务、餐饮服务、居民日常服务和娱乐服务。

H. 纳税人接受贷款服务向贷款方支付的与该笔贷款直接相关的投融资顾问费、手续费、咨询费等费用，其进项税额不得抵扣。

I. 财政部和国家税务总局规定的其他情形。

需要说明的是：

E.和F.项所称货物，是指构成不动产实体的材料和设备，包括建筑装饰材料和给排水、采暖、卫生、通风、照明、通信、煤气、消防、中央空调、电梯、电气、智能化楼宇设备及配套设施。

固定资产，是指使用期限超过12个月的机器、机械、运输工具以及其他与生产经营有关的设备、工具、器具等有形动产。

非正常损失，是指因管理不善造成货物被盗、丢失、霉烂变质，以及因违反法律法规造成货物或者不动产被依法没收、销毁、拆除的情形。

纳税人的交际应酬消费属于个人消费。

纳税人新建、改建、扩建、修缮、装饰不动产，均属于不动产在建工程。

在特定情况下，为了减轻纳税人的负担，方便纳税人纳税，对一些特定的经营行为，一般纳税人同样可适用简易办法征税。

以建筑业为例,《财政部国家税务总局关于全面推开营业税改征增值税试点的通知》(财税〔2016〕36号)中规定:一般纳税人为甲供工程提供的建筑服务,可以选择适用简易计税方法计税。甲供材,是指由工程发包方(甲方)自行采购,提供给建筑施工企业(乙方)用于建筑、安装、装修和装饰的设备、材料、动力。甲供工程,是指全部或部分设备、材料、动力由工程发包方自行采购的建筑工程。为甲供工程提供建筑服务的建筑施工企业在增值税计税方法上具有一定的选择性,既可以选择增值税一般计税方法,也可以选择增值税简易计税方法,即存在选择的税负临界点。

假设"甲供材"合同中约定的工程价税合计(不含甲方购买的材料和设备)为A(含税),则"甲供材"中建筑企业选择一般计税方法和简易计税方法的增值税计算如下。

一般计税方法下的应纳增值税为:

$$\begin{aligned}\text{应纳增值税} &= A \div (1+9\%) \times 9\% - \text{建筑企业采购材料物资的进项税额} \\ &= 8.26\% \times A - \text{建筑企业采购材料物资的进项税额}\end{aligned}$$

简易计税方法下的应纳增值税为:

$$\text{应纳增值税} = A \div (1+3\%) \times 3\% = 2.91\% \times A$$

两种方法下税负相同的临界点为:

$$8.26\% \times A - \text{建筑企业采购材料物资的进项税额} = 2.91\% \times A$$

推导出:

$$\text{建筑企业采购材料物资的进项税额} = 5.35\% \times A$$

在一般情况下,由于建筑企业采购材料物资的适用税率均是13%,于是,推导出临界点:

$$\text{建筑企业采购材料物资价税合计} = 46.50\% \times \text{A}$$

因此,在"甲供材"模式下,建筑企业选择一般计税方法还是简易计税方法的临界点参考值是:建筑企业采购材料物资价税合计等于46.50%×"甲供材"合同中约定的工程价税合计。

结论如下:① 若建筑企业采购材料物资价税合计大于46.50%×"甲供材"合同中约定的工程价税合计,则选择一般计税方法有利。② 若建筑企业采购材料物资价税合计小于46.50%×"甲供材"合同中约定的工程价税合计,则选择简易计税方法有利。

因此,建筑企业采购材料物资占整个工程造价的比例,或者说"甲供材"占整个工程造价的比例,是选择计税方法的关键。

3.2.1.2 小规模纳税人应纳税额的计算

小规模纳税人计算应纳税额时所用的计算公式为:

$$\text{应纳税额} = \text{计税销售额} \times \text{征收率}$$

其中,计税销售额不包括应纳税额本身,即为不含税销售额。如果小规模纳税人销售货物或者应税劳务采用销售额和应纳税额合并定价方法,则按下列公式将含税销售额换算成不含税销售额:

$$\text{计税销售额} = \text{含税销售额} \div (1 + \text{征收率})$$

小规模纳税人增值税征收率为3%,国务院另有规定的除外。

例如,小规模纳税人转让其取得(不含自建)的不动产,以取得的全部价款和价外费用扣除不动产购置原价或者取得不动产时的作价后的余额为销售额，按照5%的征收率计算应纳税额。

3.2.1.3 进口货物应纳增值税的计算

纳税人进口货物，按照组成计税价格和《增值税暂行条例》规定的税率计算应纳税额。下面分两种情形讨论：

（1）对于不同时征收消费税的货物，计算公式为：

组成计税价格＝关税完税价格＋关税

应纳税额＝组成计税价格×税率

（2）对于同时征收消费税的货物，计算公式为：

组成计税价格＝关税完税价格＋关税＋消费税税额

应纳税额＝组成计税价格×税率

3.2.2 销项税额的纳税筹划

3.2.2.1 销售方式的纳税筹划

销售方式是指企业以何种形式将产品销售出去。产品的销售方式多种多样，而且随着经济的发展，产品的销售方式会越来越多。在产品销售过程中，纳税人对销售方式有自主选择权，这为利用不同销售方式进行纳税筹划提供了可能。销售方式不同，往往适用不同的税收政策，也就存在着税收待遇差别的问题。

（1）折扣销售。

折扣销售是指销售方为达到促销的目的，在向购买方销售货物、劳务或服务时，因为购买方信誉较好、购买数额较大等原因而给予购买方一定的价格优惠的销售形式。折扣销售分为现金折扣、商业折扣和销售折让三种方式。

现金折扣是指企业在销售货物、劳务或服务的行为发生后，为尽快收回资金而给予购买方价格上的优惠形式。例如，10天内付款，给予价款折扣2%；20天内付款，给予价款折扣1%；30天内全价付款；等等。现金折扣发生在销货之后，是一种融资性质的理财费用，因此现金折扣不得从销售额中减除。

商业折扣是指企业在销售货物、劳务或服务的行为发生后，为鼓励对方多购买而给予购买方价格上的优惠形式。根据税法的规定，采取商业折扣方式，如果销售额和折扣额在同一张发票上注明，那么可以以销售额扣除折扣额后的余额作为计税金额；如果销售额和折扣额不在同一张发票上体现，那么无论企业在财务上如何处理，均不得将折扣额从销售额中扣除。

商业折扣一般都从销售价格中直接扣减，即购买方所付的价款和销售方所收的货款，都是按打折以后的售价来计算的。

销售折让是指货物销售后，由于产品质量、性能或规格等方面的原因，购货方虽没有退货，但要求给予的一种价格上的优惠。根据税法的规定，销售折让可以从货物或应税劳务的销售额中扣除，以其余额计缴增值税。

（2）还本销售。

还本销售是指销货方将货物出售之后，按约定的时间一次或分次将购货款部分或全部退还给购货方，退还的货款即为还本支出。这种方式实际上是一种以货物换取资金的使用价值，到期还本不付息的筹集资金方式。税法规定：纳税人采取还本方式销售货物的，不得从销售额中减除还本支出。

（3）以旧换新。

以旧换新是指纳税人在销售货物时，以一定的价格同时回收相关的旧货，以达到促销目的。根据税法的规定，纳税人采取以旧换新方式销售货物的，应按新货物的同期销售价格计缴税款。无论纳税人在财务上怎样处理，旧货物的支出均不得从销售额中扣除。

（4）以物易物。

以物易物是一种较为特殊的购销活动，是指购销双方不是以货币结算，而是以同等价款的货物相互交换，实现货物购销的一种方式。税法规定：以物易物双方都应进行购销处理，以各自发出的货物核算销售额并计算销项税额，以各自收到的货物按规定核算购货额并计算进项税额。

（5）包装物押金。

纳税人为销售货物而出租出借包装物收取的押金，单独记账核算的，时间在 1 年以内，又未过期的，不并入销售额征税，但对因逾期未收回包装物不再退还的押金，应按所包装货物的适用税率计算销项税额。其中，"逾期"是指按合同约定实际逾期，或以 1 年为期限，对收取的 1 年以上押金，无论是否退还均并入销售额征税。

【案例 3-3】 销售方式的纳税筹划

假设某服装经销公司为庆祝建厂 10 周年，决定在春节期间开展一次促销活动，现有两种方案可供选择。方案 1，打 8 折，即按现价折扣 20%销售，原 100 元商品以 80 元售出；方案 2，赠送购货价值 20%的礼品，即购 100 元商品，可获得 20 元礼品。不同促销方案下公司的税后利润（暂不考虑城市维护建设税和教育费附加，商品及礼品毛利率均为 30%，以上价格均为含税价格）。

【解析】

方案 1　相关计算如下：

应纳增值税：80÷(1+13%)×13%－70÷(1+13%)×13%＝1.15(元)。

企业利润额：80÷(1+13%)－70÷(1+13%)＝8.85(元)。

应纳企业所得税：8.85×25%＝2.21(元)。

税后净利润：8.85－2.21＝6.64(元)

方案 2　销售 100 元商品时，应纳增值税：

100÷(1+13%)×13%－70÷(1+13%)×13%－14÷(1+13%)×13%
＝1.84(元)。

企业利润额为：100÷(1+13%)－70÷(1+13%)－14÷(1+13%)＝14.16(元)。

应纳企业所得税为：＝14.16×25%＝3.54(元)。

税后净利润为：14.16－3.54＝10.62(元)。

以上两个方案的结果见表 3-3。

表 3-3　两个方案的相关数据　　单位:元

应纳税金	八折销售	附送礼品
增值税	1.15	1.84
企业所得税	2.21	3.54
税后净利润	6.64	10.62

3.2.2.2　结算方式的纳税筹划

销售结算方式通常有直接收款、委托收款、托收承付、赊销或分期收款、预收款销售、委托代销等。不同的销售方式,其纳税义务发生的时间是不相同的。

《中华人民共和国增值税暂行条例实施细则》(以下简称《增值税暂行条例实施细则》)规定,按销售结算方式的不同,销售货物或应税劳务的纳税义务发生时间分别为:采取直接收款方式销售货物,不论货物是否发出,均为收到销售款或者取得索取销售款凭据的当天;采取托收承付和委托银行收款方式销售货物,为发出货物并办妥托收手续的当天;采取赊销和分期收款方式销售货物,为书面合同约定的收款日期的当天,无书面合同的或者书面合同没有约定收款日期的,为货物发出的当天;采取预收货款方式销售货物,为货物发出的当天;委托其他纳税人代销货物,为收到代销单位的代销清单或者收到全部或者部分货款的当天。未收到代销清单及货款的,为发出代销货物满 180 天的当天;销售应税劳务,为提供劳务同时收讫销售款或者取得索取销售款凭据的当天;纳税人的视同销售行为,为货物移送的当天。销售服务、无形资产或不动产的纳税义务发生时间为:纳税人发生应税行为并收讫销售款项或者索取销售款项凭据的当天,先开具发票的,为开具发票的当天,其中取得索取销售款项凭据的当天是指书面合同确定的付款日期,未签订书面合同或者书面合同未确定付款日期的,为服务、无形资产转让完成的当天或者不动产权属变更的当天;纳税人提供建筑服务、租赁服务采取预售款方式的,其纳税义务发生时间为收到预收款的当天;纳税人从事金融商品转让的,为金融商品所有权转移的当天。由此可见,不同结算方式的纳税义务发生时间是不同的。企业选择合理的结算方式,不仅可以拖延入账时间,达到延缓税款缴纳、获得资金时间价值的目的,而且可以避免不必要的税收损失。

增值税销售结算方式的筹划就是在税法允许的范围内,尽量采取有利于本企业的结算方式,推迟纳税时间,获得纳税期的递延。例如,在不能及时收到货款的情况下,采用赊销或分期收款结算方式,避免垫付税款。

(1) 赊销和分期收款方式的筹划。

赊销和分期收款结算方式都是以合同约定日期为纳税义务发生时间。因此,企业在产品销售过程中,在应收货款一时无法收回或部分无法收回的情况下,可以选择赊销或分期收款结算方式。

(2) 委托代销方式销售货物的筹划。

委托代销是指委托方将商品交付给受托方,受托方根据合同的要求,将商品出售后开具销货清单并交给委托方,此时委托方才确认销售收入的实现。因此,根据这一原理,如果企业的产品销售对象是商业企业,并且产品以商业企业再销售后付款结算方式销售,则可以采用委托代销结算方式,根据实际收到的货款分期计算销项税额,从而延缓纳税时间。

【案例 3-4】 结算方式的纳税筹划

甲企业 9 月 1 日销售机床一台，价值 2 000 万元，产品成本为 1 500 万元，适用 13%的增值税税率。因为购货企业的资金困难，货款无法一次收回。如何签订收款协议才能节税？

【解析】

如果按照直接收款方式销售产品，甲企业 9 月份实现的该机床的销项税额为 260 万元；如果甲企业与购货企业达成分期收款的协议，协议中注明 10 个月收回货款，每月 30 日前购货企业支付货款 200 万元，则每个月的销项税额为 26 万元。显然，采用分期收款的方式能使企业实现分期纳税，减轻企业的税收压力，使增值税税负趋于均衡。

3.2.2.3　销售价格的纳税筹划

产品的销售价格对企业来说至关重要。在市场经济条件下，纳税人有自由定价权。纳税人可以利用自由定价权制定合理的价格，从而获得更多的收益。

与纳税筹划有关的定价策略有两种表现形式：一种是与关联企业合作定价，目的是减轻企业的整体税负；一种是主动制定一个稍低一点的价格，以获得更大的销量，从而获得更多的收益。

【案例 3-5】

甲、乙、丙为集团公司内部三个独立核算的企业，彼此存在着购销关系：甲企业为乙企业提供原材料，乙企业生产的产品是丙企业的半成品，丙企业进一步加工为成品后向市场销售。

有关资料见表 3-4，请比较不同结算价格下的增值税税负。

表 3-4　数据列表

企业名称	增值税税率/%	生产数量/件	正常价格/元	转让价格/元	所得税税率/%
甲	13	1 000	500	400	25
乙	13	1 000	600	500	25
丙	13	1 000	700	700	25

注：表中价格均为含税价格。

【解析】

假设甲企业的进项税额为 40 000 元，如果三个企业均按正常市场价结算货款，应纳增值税税额为：

甲企业应纳增值税税额＝500÷(1＋13%)×13%×1 000－40 000

=57 522.12－40 000=17 522.12(元)

乙企业应纳增值税税额=600÷(1+13%)×13%×1 000－57 522.12

=69 026.55－57 522.12=11 504.43(元)

丙企业应纳增值税税额=700÷(1+13%)×13%×1 000－69 026.55

=80 530.97－69 026.55=11 504.42(元)

集团公司合计应纳增值税税额=17 522.12+11 504.43+11 504.42

=40 530.97(元)

但是,当三个企业采用转让价格时,应纳增值税情况如下:

甲企业应纳增值税税额=400÷(1+13%)×13%×1 000－40 000

=46 017.70－40 000=6 017.70(元)

乙企业应纳增值税税额=500÷(1+13%)×13%×1 000－46 017.70

=57 522.12－46 017.70=11 504.42(元)

丙企业应纳增值税税额=700÷(1+13%)×13%×1 000－57 522.12

=80 530.97－57 522.12=23 008.85(元)

集团公司合计应纳增值税税额=6 017.70+11 504.42+23 008.85

=40 530.97(元)

如果从静态总额看,前后应纳的增值税是完全一样的,但考虑到税款的支付时间,两者的税额便存在差异。由于三个企业的生产有连续性,这使得本应由甲企业当期缴纳的增值税税款相对减少 11 504.42 元(=17 522.12－6 017.70),即递延至第二期缴纳(通过乙企业);乙企业原应缴纳的税款又通过转让价格递延至第三期并由丙企业缴纳。如果考虑到贴现因素,则集团公司的整体税负相对下降。

3.2.3 进项税额的纳税筹划

3.2.3.1 进项税额抵扣时间的筹划

我国增值税法对允许抵扣的当期进项税额在时间上有严格的规定。其进项税额申报抵扣的时间为:

自 2017 年 7 月 1 日起,增值税一般纳税人取得的 2017 年 7 月 1 日及以后开具的增值税专用发票和机动车销售统一发票,应自开具之日起 360 日内认证或登录增值税发票选择确认平台进行确认,并在规定的纳税申报期内,向主管国税机关申报抵扣进项税额。

增值税一般纳税人取得的 2017 年 7 月 1 日及以后开具的海关进口增值税专用缴款书,应自开具之日起 360 日内向主管国税机关报送“海关完税凭证抵扣清单”,申请稽核比对。

纳税人取得的 2017 年 6 月 30 日前开具的增值税扣税凭证,仍按《国家税务总局关于调整增值税扣税凭证抵扣期限有关问题的通知》执行,认证期限为 180 天。根据进项税额抵扣时间的规定,对于取得的防伪税控系统开具的增值税专用发票,应在取得发票后尽快到税务机关进行认证。购进的多用途物资应先进行认证再进行抵扣,待转为非应税项目用物资时再做进项税额转出处理,以防止非应税项目用物资转为应税项目用物资时由于超过认证时间而不能抵扣其进项税额的情况。

3.2.3.2 供货方的选择

由于增值税实行凭增值税发票抵扣的制度，除特殊规定外只有一般纳税人才能使用增值税专用发票进行进项税额抵扣。一般情况下小规模纳税人不能开具增值税专用发票，但根据税法的规定，小规模纳税人可以到税务所申请代开小规模纳税人使用的专用发票，或者列入自开专票试点范围的满足条件的住宿业、鉴证咨询业和建筑业等小规模纳税人可以自行开具增值税专用发票。一般纳税人从小规模纳税人处认购的货物或接受的劳务可根据发票上的税额计提进项税额，抵扣率为3%；如果购货方取得的是小规模纳税人自己开具的普通发票，不能进行任何抵扣(农产品除外)。因此，企业在选择购货对象时，必然要考虑到以上税收规定的差异。

增值税一般纳税人从小规模纳税人处采购的货物或接受的劳务、服务、无形资产或者不动产不能进行抵扣，或只能抵扣3%或5%，为了弥补因不能取得专用发票而产生的损失，必然要求小规模纳税人在价格上给予一定程度的优惠。究竟多大的折让幅度才能弥补损失呢？这里就存在一个价格折让临界点。其计算公式的推理过程如下。

假设从一般纳税人处购进货物、接受应税劳务或服务、购进无形资产或不动产的价格(含税)为 A，从小规模纳税人处购进货物、接受应税劳务或服务、购进无形资产或不动产的价格(含税)为 B。为使两者扣除货物和劳务税后的销售利润相等，可设下列等式：

$$\text{销售额(不含税)} - \frac{A}{1+\text{增值税税率}} - \left[\text{销售额(不含税)} - \frac{A}{1+\text{增值税税率}}\right] \times$$
$$\text{增值税税率} \times (\text{城市维护建设税税率} + \text{教育费附加征收率})$$
$$= \text{销售额(不含税)} - \frac{B}{1+\text{征收率}} - \left[\text{销售额(不含税)} \times \text{增值税税率} - \frac{B}{1+\text{征收率}} \times \text{征收率}\right] \times$$
$$(\text{城市维护建设税税率} + \text{教育费附加征收率})$$

则

$$\frac{A}{1+\text{增值税税率}} - \frac{A}{1+\text{增值税税率}} \times \text{增值税税率} \times$$
$$(\text{城市维护建设税税率} + \text{教育费附加征收率})$$
$$= \frac{B}{1+\text{征收率}} - \frac{B}{1+\text{征收率}} \times \text{征收率} \times$$
$$(\text{城市维护建设税税率} + \text{教育费附加征收率})$$

当城市维护建设税税率为7%、教育费附加征收率为3%时，有：

$$\frac{A}{1+\text{增值税税率}} - \frac{A}{1+\text{增值税税率}} \times \text{增值税税率} \times (7\% + 3\%)$$
$$= \frac{B}{1+\text{征收率}} - \frac{B}{1+\text{征收率}} \times \text{征收率} \times (7\% + 3\%)$$

或者

$$\frac{A}{1+\text{增值税税率}} \times (1 - \text{增值税税率} \times 10\%) = \frac{B}{1+\text{征收率}} \times (1 - \text{征收率} \times 10\%)$$

$$B = \frac{(1+\text{征收率}) \times (1 - \text{增值税税率} \times 10\%)}{(1+\text{增值税税率}) \times (1 - \text{征收率} \times 10\%)} \times A$$

当增值税税率为13%、征收率为3%时，则有：

$$B=\frac{(1+3\%)\times(1-13\%\times10\%)}{(1+13\%)\times(1-3\%\times10\%)}\times A=A\times90.24\%$$

即当小规模纳税人的购进价格为一般纳税人的购进价格的90.24%时，或者说，当价格优惠幅度为90.24%时，无论是从小规模纳税人处购买还是从一般纳税人处购买，取得的收益都相等。当小规模纳税人的报价折扣率低于该比率时，向一般纳税人采购获得增值税专用发票可抵扣的税额将大于小规模纳税人的价格折扣；只有当小规模纳税人报价的折扣率高于该比率时，向小规模纳税人采购才可获得比向一般纳税人采购更大的税后利益（表3-5）。如果从小规模纳税人处不能取得增值税专用发票，则有：

$$B=A\times\frac{1-\text{增值税税率}\times10\%}{1+\text{增值税税率}}$$

表3-5　价格优惠临界点　　单位：%

一般纳税人的抵扣率	小规模纳税人的抵扣率	价格优惠临界点（含税）
13	3	90.24
13	0	87.35
9	3	93.93
9	0	90.92
6	3	96.88
6	0	93.77

【案例3-6】 进货渠道的纳税筹划

宏伟家具生产厂（增值税一般纳税人）外购木材作为加工产品原材料，现有两个供应商甲与乙。甲为增值税一般纳税人，可以开具税率为13%的增值税专用发票，该批木材报价50万元（含税价款）；乙为小规模纳税人，可以出具由其所在主管税务机关代开的征收率为3%的增值税专用发票，木材报价46.5万元（已知城市维护建设税税率为7%，教育费附加征收率为3%）。请为宏伟家具生产厂的材料采购事宜做出纳税筹划建议。

【解析】

从价格优惠临界点原理可知，当一般纳税人增值税税率为13%、小规模纳税人的征收率为3%时，价格优惠临界点为90.24%，或者说，价格优惠临界点的销售价格为451 200元（=500 000 ×90.24%）。从题中乙的报价看，4 650 00元大于价格优惠临界点451 200元，因此，应从甲（一般纳税人）处采购。

从企业利润核算的角度看，从甲处购进该批木材的净成本为：

$$500\ 000\div(1+13\%)-500\ 000\div(1+13\%)\times13\%\times(7\%+3\%)$$

$$=442\ 477.88-5\ 752.21-436\ 725.67(\text{元})$$

从乙处购进该批木材的净成本为：

$$465\ 000\div(1+3\%)-465\ 000\div(1+3\%)\times3\%\times(7\%+3\%)$$
$$=451\ 456.31-1\ 354.37=450\ 101.94(\text{元})$$

由此可以看出，从乙处购入该批木材的成本大于从甲处购进的成本，因此，应选择从甲处购买。

3.2.3.3　兼营简易计税方法计税项目、免征增值税项目进行税额核算的筹划

(1) 是否准确划分简易计税方法计税项目、免征增值税项目进项税额的选择。

增值税一般纳税人兼营简易计税方法计税项目、免征增值税项目，应当正确划分其不得抵扣的进项税额。应税项目与简易计税方法计税项目、免征增值税项目的进项税额可以划分清楚的，用于生产应税项目产品的进项税额可按规定进行抵扣；用于生产简易计税方法计税项目、免征增值税项目产品的进项税额不得抵扣。对不能准确划分进项税额的，按下列公式计算不得抵扣的进项税额：

$$\text{不得抵扣的进项税额}=\text{当期无法划分的全部进项税额}\times\frac{\text{当期简易计税方法计税项目销售额}+\text{免征增值税项目销售额}}{\text{当期全部销售额}}$$

纳税人可将按照上述公式计算出的不得抵扣的进项税额与实际简易计税方法计税项目、免征增值税项目不得抵扣的进项税额进行对比。如果前者大于后者，则应准确划分两类不同的进项税额，并按规定转出进项税额；如果前者小于后者，则无须准确划分，而是按公式计算结果确定不得抵扣的进项税额。

【案例 3-7】

某商贸公司(为增值税一般纳税人)销售应税货物，又兼营免税项目。本月购进原材料取得增值税专用发票上注明的价款为 100 万元，增值税税款为 13 万元。当月将该批材料的 80%用于销售，取得不含税收入 95 万元，另外 20%用于免征增值税项目，取得收入45 万元。

【解析】

应纳税额的计算包括如下两种情形：

① 不能准确划分不得抵扣进项税额的(在本题中，免征增值税项目取得收入 45 万元)，按上述公式确定不得抵扣进项税额：

$$\text{不得抵扣的进项税额}=13\times45\div(95+45)=4.18(\text{万元})$$

② 若能准确划分各自的进项税额，则

$$\text{不得抵扣的进项税额}=13\times20\%=2.60(\text{万元})$$

由此可见，若能正确划分进项税额，可以节省增值税 1.58 万元(=4.18－2.60)。

若当月是 60%用于销售、40%用于免征增值税项目，其销售收入不变，则情况正好相反。准确划分不得抵扣的进项税额应为：13×40%=5.20(万元)，与不能准

确划分进项税额相比，反而增加税负 1.02 万元(=5.20-4.18)。

(2) 兼营简易计税方法计税项目、免征增值税项目进项税额核算方式的筹划。

根据《增值税暂行条例》及其实施细则和营改增税收政策的相关规定，一般纳税人对用于简易计税方法计税项目、免征增值税项目的进项税额可以在其用于该类用途时，从原在购进时已做抵扣的进项税额中通过“应交税费——应交增值税(进项税额转出)”科目转出，即转入相关资产或产品成本。在实践中，有不少企业为避免进项税额核算出现差错，便通过设立“工程物资”“其他材料”等科目单独计算用于简易计税方法计税项目、免征增值税项目的进项税额，将其直接计入材料成本。

在一般情况下，材料从购进到生产领用都存在一个时间差，对用于简易计税方法计税项目、免征增值税项目进项税额的不同核算方法决定了企业能否充分利用这个时间差。如果单独设立相关科目直接计算该类进项税额，直接计入材料成本，说明在原材料购入时未做进项抵扣，该期缴了增值税；反之，如果在材料购进时并不做区分，与应税项目的进项税额一并做抵扣，直到领用原材料用于简易计税方法计税项目、免征增值税项目时再做进项转出，则会产生递延缴纳增值税的效果。

【案例 3-8】

一大型煤炭生产企业设有医院、食堂、宾馆、浴池、学校、工会、物业管理等常设非独立核算的单位和部门，另外还有一些在建工程项目和日常维修项目。这些单位、部门及项目耗用的外购材料金额较大，为了保证正常的生产、经营，必须不间断地购进材料以补充被领用的部分，保持一个相对平衡的余额。假设企业购买这部分材料的平均金额为 1 130 万元，如果单独设立“其他材料”科目记账，将取得的进项税额直接计入材料成本，就不存在进项税额转出的问题，从而简化了财务核算。但是，如果所有材料都不单独记账，而是准备用于增值税应税项目，在取得进项税专用发票时就可以申报从销项税额中抵扣，在领用时再做进项税额转出，这样做虽然在核算时较为复杂，但企业在生产、经营中却能有一部分税款向后递延。

假如上述单位、部门及项目耗用的材料不间断地被购进、领用，形成一个滚动链，始终保持 1 130 万元的余额，这样就可以申报抵扣进项税额 130 万元，少缴增值税 130 万元、城建税 9.1 万元、教育费附加 3.9 万元。显然，当这部分资金作为税款缴纳时，企业如需流动资金，就需向金融机构申请贷款。假设以贷款年利率 9%计算，需增加财务费用 12.87 万元[=(130+9.1+3.9)×9%]。

由此可见，对简易计税方法计税项目、免征增值税项目进项税额采用不同的核算方式就会产生递延税款缴纳的效应，可使企业获得递延缴纳税款的资金的货币时间价值。

[资料来源] 蔡昌：《最优纳税方案设计：税收筹划思想与实践》，中国财政经济出版社 2007 年版。本书编者依实际情况做了修改。

3.3　增值税税率的纳税筹划

3.3.1　税率的法律界定

我国现行增值税有六个档次的税率：销售货物或者提供加工、修理修配劳务和有形动产租赁劳务的一般纳税人适用税率13%，销售特殊商品的一般纳税人以及销售交通运输服务、邮政服务、基础电信服务、建筑服务、不动产租赁服务、不动产、转让土地使用权的一般纳税人适用税率9%，销售现代服务（有形动产租赁服务除外）、增值电信服务、金融服务、生活服务、无形资产（土地使用权除外）的一般纳税人适用税率6%，一般纳税人选择简易计税方法计税的不动产销售等特殊项目适用5%的征收率，出口货物、跨境应税行为适用零税率，以及小规模纳税人适用征收率3%（表3-6）。

表3-6　增值税税率表

适用范围	税率	备　注
1. 销售货物、劳务、有形动产租赁或者进口货物	13%	另有规定的除外
2. 销售或进口特定货物 3. 销售交通运输、邮政、基础电信、建筑、不动产租赁、转让土地使用权	9%	特定货物包括： ① 粮食等农产品、食用植物油、食用盐； ② 自来水、暖气、冷气、热水、石油液化气、天然气、二甲醚、沼气、居民用煤炭制品； ③ 图书、报纸、杂志、音像制品、电子出版物； ④ 饲料、化肥、农药、农机、农膜； ⑤ 国务院规定的其他货物
4. 销售服务（有形动产租赁服务除外）和无形资产（土地使用权除外）	6%	研发和技术服务、信息技术服务、文化创意服务、物流辅助服务、鉴证咨询服务、广播影视服务、商务辅助服务、增值电信服务、贷款服务、直接收费金融服务、保险服务、金融商品转让、文化体育服务、教育医疗服务、旅游娱乐服务、餐饮住宿服务、居民日常服务
5. 一般纳税人的一些特殊项目	5%	征收率
6. 出口货物 7. 跨境销售国务院规定范围内的服务、无形资产	0	国际运输服务，航天运输服务等
8. 小规模纳税人	3%	征收率

纳税人销售货物或者提供加工、修理修配劳务、服务、无形资产或者不动产适用不同税率或者征收率的，应当分别核算适用不同税率或者征收率的销售额，未分别核算销售额的，从高适用税率。

3.3.2 税率的纳税筹划

营业税改征增值税全面推开之后，纳税人的经营活动往往包含应纳增值税项目，但所对应的增值税税率可能会有所不同，如兼营和混合销售行为。在这种情况下，就要考虑缴纳何种增值税税率的筹划问题。

3.3.2.1 兼营

根据《增值税暂行条例》和营改增政策法规，纳税人销售货物、提供加工、修理修配劳务、服务、无形资产或者不动产适用不同税率或者征收率的，应当分别核算适用不同税率或者征收率的销售额；未分别核算销售额的，按照以下方法适用税率或者征收率：

(1) 兼营不同税率的应税项目，从高适用税率。

(2) 兼营不同征收率的应税项目，从高适用征收率。

(3) 兼营不同税率和征收率的应税项目，从高适用税率。

为了避免从高适用税率或征收率而加重税收负担的情况，兼营不同税率或征收率的货物、应税劳务或应税服务的企业，一定要将各自的销售额分别核算。例如，某处于城乡接合部的商店，既销售各类日用百货，又销售农药、农具、农膜等农业生产用品。如果该商店将这两类商品的销售额分别核算，则日用百货的销售额按13%计税，农药、农具、农膜等农业生产用品的销售额按9%计税。如果不能分别核算，后者也会一并按13%的高税率计税。显然，分别核算两类商品的销售额对该商店来讲是至关重要的纳税筹划思路。

【案例3-9】 增值税税率的筹划(1)

甲公司是一个化肥生产企业，为增值税一般纳税人，该企业除了生产销售化肥之外，还将空置的仓库用于提供仓储服务。某年甲公司取得的化肥销售收入为1 000万元，仓储服务收入为400万元。当年可抵扣的增值税进项税额为50万元。根据相关规定，销售化肥适用的税率为9%，仓储服务适用的税率为6%。假设上述收入均不含税。如何核算才能减轻税负？

【解析】

如果甲公司在进行会计核算时未对这两类收入分别核算，则应纳增值税税额=(1 000+400)×9%－50=76(万元)。

如果甲公司在进行会计核算时对这两类收入分别核算，则应纳增值税税额=1 000×9%+400×6%－50=64(万元)。

可见，甲公司分别核算两类收入要比未分别核算两类收入少交增值税12万元(=76－64)。因此，当纳税人兼有不同税率或者征收率的销售货物、提供应税劳务或者应税服务时，要完善自己的财务核算，对不同收入分类核算，避免从高适用税率或征收率而增加不必要的税收负担。

在增值税税率的筹划中，纳税人应准确理解和掌握低税率的适用范围。例如，适用9%低税率中的"农机"，是指农机整机，农机零部件不属于"农机"范围，因而生产农机零部件的企业可以通过与农机整机生产企业合并、组合的形式，使产品符合低税率的标准，实现节税的目标。此外,纳税人还可以通过转变经营模式,将适用高税率的应税项目转变为适用低税率的应税项目,以减轻税负,获取税收利益。

【案例 3-10】 增值税税率的筹划(2)

位于市区的乙公司为增值税一般纳税人,主要从事货物运输服务,此外还将本公司闲置的车辆用于对外经营租赁。假设可抵扣的进项税额为 500 万元,其他税费仅考虑城市维护建设税和教育费附加,以下两种经营模式发生的费用相等。哪种方式更有利于节税?

【解析】

(1) 如果某月取得不含税经营租赁业务收入 8 000 万元,则

租赁业务应纳增值税税额=8 000×13%-500=540(万元)。

应缴纳的城市维护建设税和教育费附加=540×(3%+7%)=54(万元)。

合计应纳税额=540+54=594(万元)。

(2) 如果乙公司在对外出租车辆的同时还为出租的车辆配备司机,并收取不含税收入8 000 万元,则此项收入由原来的有形动产租赁服务转变为交通运输服务缴纳增值税,适用的税率由原来的 13%降低为 9%,则

应纳增值税税额=8 000×9%-500=220(万元)。

应纳城市维护建设税和教育费附加=220×(3%+7%)=22(万元)。

合计应纳税额=220+22=242(万元)。

可见,第二种经营模式比第一种经营模式少缴税款 352 万元(=594-242)。同样的收入额,只需要对经营模式进行一些恰当合理的变换,就能够达到节约税款的目的。

3.3.2.2 混合销售

全面营改增后,一项销售行为如果既涉及货物又涉及服务,为混合销售。从事货物的生产、批发或者零售的单位和个体工商户的混合销售行为,按照销售货物缴纳增值税;其他单位和个体工商户的混合销售行为,按照销售服务缴纳增值税。上述从事货物的生产、批发或者零售的单位和个体工商户,包括以从事货物的生产、批发或者零售为主(指纳税人每年的货物销售额与服务销售额合计数中,货物的销售额超过 50%)并兼营销售服务的单位和个体工商户在内。

应注意,纳税人销售活动板房、机器设备、钢结构件等自产货物的同时提供建筑、安装服务,不属于《营业税改征增值税试点实施办法》第四十条规定的混合销售,应分别核算货物和建筑服务的销售额,分别适用不同的税率或者征收率。同时,一般纳税人销售自产机器设备的同时提供安装服务,应分别核算机器设备和安装服务的销售额,安装服务可以按照甲供工程选择适用简易计税方法计税。

【案例 3-11】 增值税税率的筹划(3)

某有限责任公司甲下设两个非独立核算的业务经营部门:供电器材加工厂和

工程安装施工队。供电器材加工厂主要生产和销售货物,工程安装施工队主要提供输电设备的安装服务。公司销售收入为2 800万元(不含税),销售货物的同时取得安装服务收入为2 200万元,购买生产用原材料1 500万元,可抵扣的进项税额为195万元。该公司为一般纳税人,因为货物销售额达到总销售额的50%,所以按照销售货物缴纳增值税。

增值税销项税额=(2 800+2 200)×13%=650(万元)。

增值税进项税额=195(万元)。

增值税应纳税额=650-195=455(万元)。

税收负担率=455÷5 000×100%=9.1%。

假设甲公司进行合理规划,避免以从事货物生产、批发或者零售为主,按照销售服务缴纳增值税。假设销售收入为2 200万元,安装服务收入为2 800万元。

增值税销项税额=(2 800+2 200)×6%=300(万元)。

增值税进项税额=195(万元)。

增值税应纳税额=300-195=105(万元)。

税收负担率=105÷5 000×100%=2.1%。

这会大大降低企业增值税税收负担率,但是下降幅度过大也会带来一定的税务风险,需要企业进行合理的税务规划。

或者将工程安装施工队单独组建成一个公司乙,独立核算,自行缴纳税款。工程安装服务收入适用6%的增值税税率。筹划后纳税情况如下:

甲公司应纳增值税=2 800×13%-195=169(万元)。

乙公司应纳增值税=2 200×6%=132(万元)。

合计应纳税额=169+132=301(万元)。

税收负担率=301÷5 000×100%=6.02%。

3.4 增值税减免税的纳税筹划

3.4.1 税收优惠的有关规定

3.4.1.1 免征增值税项目

免税项目主要包括以下几类:

(1) 农业生产者销售的自产农产品。

(2) 避孕药品和用具。

(3) 古旧图书。

(4) 直接用于科学研究、科学试验和教学的进口仪器、设备。

(5) 外国政府、国际组织无偿援助的进口物资和设备。

(6) 由残疾人的组织直接进口供残疾人专用的物品。

(7) 自然人销售的自己使用过的物品。

(8) 托儿所、幼儿园、养老院、残疾人福利机构提供的育养服务,婚姻介绍,殡葬服务。

(9) 残疾人员个人提供的服务。

（10）医院、诊所和其他医疗机构提供的医疗服务。

（11）学校和其他教育机构提供的教育服务，学生勤工俭学提供的服务。

（12）农业机耕、排灌、病虫害防治、植物保护、农牧保险以及相关技术培训业务，家禽、牲畜、水生动物的配种和疾病防治。

（13）纪念馆、博物馆、文化馆、文物保护单位管理机构、美术馆、展览馆、书画院、图书馆举办文化活动的门票收入，宗教场所举办文化、宗教活动的门票收入。

（14）境内保险机构为出口货物提供的保险产品。

3.4.1.2 增值税的即征即退优惠

对于软件产品，增值税一般纳税人销售其自行开发生产的软件产品，按13%的法定税率征收增值税后，对其增值税实际税负超过3%的部分实行即征即退政策。

在安置残疾人就业增值税优惠方面，对安置残疾人的单位和个体工商户（以下称纳税人），实行由税务机关按纳税人安置残疾人的人数，限额即征即退增值税。安置的每位残疾人每月可退还的增值税具体限额，由县级以上税务机关根据纳税人所在区县（含县级市、旗，下同）适用的经省（含自治区、直辖市、计划单列市，下同）人民政府批准的月最低工资标准的4倍规定。

对于动漫产品，已进行资格备案符合条件的一般纳税人销售其自行开发生产的动漫产品，按13%的法定税率征收增值税后，增值税实际税负超过3%的部分，可以享受增值税即征即退优惠政策。对于飞机维修劳务，飞机维修劳务增值税实际税负超过6%的部分实行即征即退。

对于光伏发电，对纳税人销售自产的利用太阳能生产的电力产品，实行增值税即征即退50%的政策。

对于资源综合利用产品和劳务，纳税人销售自产的资源综合利用产品和提供资源综合利用劳务可享受增值税即征即退政策，具体规定可参考《资源综合利用产品和劳务增值税优惠目录》。

全面营改增试点过渡政策中规定：① 一般纳税人提供管道运输服务，对其增值税实际税负超过3%的部分实行增值税即征即退政策。② 经人民银行、银监会（现为银保监会）或者商务部批准从事融资租赁业务的试点纳税人中的一般纳税人，提供有形动产融资租赁服务和有形动产融资性售后回租服务，对其增值税实际税负超过3%的部分实行增值税即征即退政策。商务部授权的省级商务主管部门和国家经济技术开发区批准的从事融资租赁业务和融资性售后回租业务的纳税人中的一般纳税人，2016年5月1日后实收资本达到1.7亿元的，从达到标准的当月起按照上述规定执行；2016年5月1日后实收资本未达到1.7亿元但注册资本达到1.7亿元的，在2016年7月31日前仍可按照上述规定执行，2016年8月1日后开展的有形动产融资租赁业务和有形动产融资性售后回租业务不得按照上述规定执行。

3.4.1.3 起征点

对于小规模纳税人中的个人（包括个体工商户和其他个人）来说，其销售货物、劳务或者服务的销售额未达到增值税起征点的，免征增值税；达到起征点的，按规定全额计算缴纳增值税。

现阶段增值税起征点的规定如下：

(1) 小规模纳税人发生增值税应税销售行为，合计月销售额未超过10万元(以1个季度为1个纳税期的，季度销售额未超过30万元，下同)的，免征增值税。

(2) 小规模纳税人发生增值税应税销售行为，合计月销售额超过10万元，但扣除本期发生的销售不动产的销售额后未超过10万元的，其销售货物、劳务、服务、无形资产取得的销售额免征增值税。

【案例3-12】 增值税免征额的纳税筹划

佳佳机械维修店从事维修业务，是增值税小规模纳税人，增值税征收率为3%。根据相关规定，月销售额未超过100 000元的，免征增值税。

现假设佳佳机械维修店的月销售额为100 000～200 000元，那么是不是说在这个区间内，销售额越多，可以获得的税收收益越高呢？

【解析】

根据增值税起征点的规定分析如下：

第一，若月含税销售额在100 000元以下，不用缴纳增值税，因此收入越多越好。

第二，若月含税销售额超过100 000元，则要考虑应负担的税收情况。由于超过100 000元要全额征税(同时，依据增值税税率征收7%的城市维护建设税及3%的教育费附加，综合税率为3.3%)，这里就存在一个节税点的问题。

第三，现在我们计算一下月销售额为多大时税后收益与取得100 000元销售额时相等，设两者税收收益相等时的营业额为X，即

$$X=\frac{X}{1+3\%}\times 3.3\%=100\ 000\text{元}$$

$$X=103\ 309.93(\text{元})$$

这就是说，当纳税人的月销售额为103 309.93元时，其税后收益为100 000元。若月销售额在100 000～103 309.93元之间，其税后收益小于100 000元，在这种情况下，纳税人应尽量将月销售额控制在100 000元以内；若月销售额大于103 309.93元，其税收收益大于100 000元，在这种情况下，月销售额越大，其税收收益越大。

3.4.2 减免税的纳税筹划

3.4.2.1 增值税免税的税负效应

免税是指国家对某种特定货物、劳务、服务或销售不动产、无形资产的全部或某一阶段的生产和流通过程不予课税。一般来说，免税意味着国家放弃一笔财政收入而给予纳税人优惠。然而，由于增值税具有环环相扣的特点，免税可能会造成链条的中断，进而会加重纳税人的税收负担。增值税应税货物从生产到流通要经过多个环节，对不同环节免税的结果不尽相同。

例如，某种货物经过最初生产环节A、中间环节B、零售环节C到达消费者手中。为了简化数据，便于分析，假定增值税税率为10%，销售价格均为不含税价格，并且销售价格不

随纳税情况的变化而变化。有关资料见表 3-7。

表 3-7　某货物销售各环节情况　　　单位:元

项目		不免税	环节 A 免税	环节 B 免税	环节 C 免税	全部免税
环节A	进项税额	0	0	0	0	0
	售价	200	200	200	200	200
	税率/%	10	免	10	10	免
	销项税额	20	0	20	20	0
	应纳税额	20	0	20	20	0
环节B	进项税额	20	0	0	20	0
	售价	300	300	300	300	300
	税率/%	10	10	免	10	免
	销项税额	30	30	0	30	0
	应纳税额	10	30	0	10	0
环节C	进项税额	30	30	0	0	0
	售价	400	400	400	400	400
	税率/%	10	10	10	免	免
	销项税额	40	40	40	0	0
	应纳税额	10	10	40	0	0
税款合计		40	40	60	30	0

(1) 最初生产环节 A 免税的影响。

对最初生产环节 A 的免税没有影响到国家的税收收入。原因在于这种免税不过是将税收链条的“链头”由环节 A 推至环节 B,并没有改变总体的税负水平。就环节 A 来看,虽然无须缴纳 20 元税金,但同样无法向中间环节 B 取得同等金额的销项税额,因而,免税并没有直接给环节 A 的纳税人带来实惠。由于上一环节免税,环节 B 在取得进货时可以少付出现金 20 元,同时该项货物在销售确认后,由于得不到进项抵扣,需按销售价格金额计算缴纳增值税 30 元,这样,环节 B 的现金流量并未受到影响。当然,由于存在购销时间差,纳税人可以获得资金时间价值所带来的好处,但这种好处不是因为免税,而是来源于对增值税按购货价款扣税的计征办法。当货物由环节 B 再向后推移时,由于税收链条已经接上,以后环节的纳税人不会再受到影响。

(2) 中间环节 B 免税的影响。

作为中间环节“享受”免税以后,一方面可以少交税金而节约现金流出,另一方面又会因为无法向下一环节收取销项税额而损失现金流入。如表 3-7 所列,环节 B 免税后的损失额是大于节约额的,这样就导致现金流量减少 10 元。免税反而加重了纳税人的负担。这是因为税收链条的中断使得前面各环节积累下来的增值税在本环节无法抵扣,只好计入成本,冲减了企业利润。如上所述,环节 C 不会因为上一环节免税而加重或减轻负担,同时需按售价金额计征增值税，这就造成了一部分税金的重复征收，使国家税收增加 10 元(＝30－20)，增加量客观上由环节 B 承担了。

(3) 最终环节 C 免税的影响。

零售环节作为最后一个环节，其免税会给消费者带来直接的影响。从表 3-7 中可以看出，由于最终消费者可以不再承担不免税时的 20 元税金，从而成为最大、最直接的受益者。消费者少负担的这部分支出，来源于两部分：其一是国家的财政补贴——税收收入由 20 元降至 15 元，5 元的差额可以看作政府用于鼓励消费的支出。另外，还有 15 元则由环节 C 承担，也就是由于无法抵扣而计入成本的那部分随同购货价款同期支付的税金。由此可见，由于这种免税而造成的链条中断点越向后推，积累的增值税税额就越大，给纳税人造成的损失也就越大。

(4) 全部环节免税。

如果国家放弃总共 20 元的税收收入，消费者则少负担 20 元的支出。对生产、流通各环节而言，免税并未直接给企业带来净现金流入，见表 3-8。

表 3-8　各环节现金流量　　单位：元

环节		现金流出			现金流入			现金流量
		购货价税合计	应交增值税	合计	售价（不含税）	销项税额	合计	
A	不免税	0	10	10	100	10	110	100
	免税	0	0	0	100	0	0	100
B	不免税	110	5	115	150	15	165	50
	免税	100	0	100	150	0	150	50
C	不免税	165	5	170	200	20	220	50
	免税	150	0	150	200	0	200	50

以上分析都是以销售价格不随纳税情况的变化而改变为前提条件的。在实际生活中，销售价格随供求状况的变化而上下波动，商品的税负亦成为影响价格的重要因素，免税造成的税负转嫁归宿呈现复杂的情况。在免税阶段经营者虽然不能抵扣进项税额，但可以通过商品或劳务的购销价格的调整将进项税额转移出去。税负转嫁的难易，则取决于商品供求弹性的大小。

3.4.2.2　利用增值税的免税规定节税

根据增值税减免税的有关规定，纳税人可以利用法定的免税规定以及机构的适当分立达到节税的目的。

【案例 3-13】　农产品免税优惠政策的纳税筹划

B 市茶叶生产公司主要生产流程如下：种植茶树来生产茶叶，将生产出来的初制茶叶经过风选、拣剔、碎块、干燥和匀堆等工序进一步加工精制而成精制茶，再将精制茶销售给各大商业公司，或直接通过销售网络转销给 B 市及其他地区的居民。按照现行增值税法的相关规定，精制茶适用的增值税税率为13%。该公司进项税额主要有两部分：一是购进农业生产资料的进项税额；二是公司水费、电费和修理用配件等按规定可以进行抵扣的进项税额。与销项税额相比，这两部分进项税额的比例很小。经过一段时间的运营，公司的增值税税负较高。该公司应如何进行筹划以减轻税收负担？（暂不考虑地方教育费附加）

【解析】

从公司的客观情况来看，税负高的原因在于公司可抵扣的进项税额比例太低。因此，公司进行纳税筹划的关键在于如何增加进项税额的抵扣。围绕进项税额，公司可以采取以下筹划方案：公司将整个生产流程分成茶叶种植园种植茶树生产茶叶和精制茶加工厂对初制茶叶进行精加工后再销售两部分，茶叶种植园和精制茶加工厂均实行独立核算。分开后，茶叶种植园属于农产品生产单位，其生产销售初制茶叶按规定可以免征增值税，精制茶加工厂从茶叶种植园购入的初制茶叶可以抵扣12%的进项税额。

筹划方案实施前，假定每年公司购进农业生产资料允许抵扣的进项税额为12万元，其他水电费、修理用配件等进项税额为8万元，全年精制茶不含税销售收入为500万元，则

应纳增值税税额＝销项税额－进项税额＝500×13%－(12＋8)＝45(万元)。

税负率＝45/500×100%＝9%。

方案实施后，独立出来的茶叶种植园销售自产的初制茶叶免征增值税，假定茶叶种植园销售给精制茶加工厂的初制茶叶售价为350万元，其他资料不变，则

应纳增值税＝销项税额－进项税额＝500×13%－(350×12%＋8)＝15(万元)。

税负率＝15/500×100%＝3%。

可见，筹划方案的实施取得了良好的收益，方案实施后比实施前节省增值税税额30万元(＝45－15)，节省城市维护建设税和教育费附加合计3[＝30×(7%＋3%)]万元，税收负担下降了6%(＝9%－3%)。

需要注意的是，由于茶叶种植园与精制茶加工厂存在关联关系，农产品生产单位(即茶叶种植园)必须按照独立企业之间的正常售价销售给精制茶加工厂，而不能一味地为增加精制茶加工厂的进项税额擅自抬高售价，否则税务机关将依法调整精制茶加工厂的原材料购进价和进项税额。

3.5　增值税出口退税的纳税筹划

3.5.1　出口退税的有关规定

目前，我国增值税出口货物、劳务及服务退税政策主要包括以下内容。

3.5.1.1　退税的形式

(1) 出口免税并退税，是指对货物在出口销售环节不征增值税，而对货物在出口前实际

承担的税收负担,按规定的退税率计算后予以退税。

(2) 出口免税不退税,是指对货物在出口销售环节不征增值税,而且因为这类货物在前一环节是免税的,因此出口时该货物的价格中是不含税的,也无须退税。

(3) 出口不免税也不退税。出口不免税是指国家限制或禁止出口的某些货物在出口环节视同内销,照常征税。出口不退税是指对这些货物不退还出口前实际负担的税款。

3.5.1.2　出口退税货物应具备的条件

第一,必须是属于增值税、消费税征收范围的货物。

第二,必须是报关离境的货物。这是区别货物是否应当退税的主要标志,凡是报关未离境的货物,不论出口企业以外汇结算还是以人民币结算,也不论企业在财务上和其他管理上做何处理,均不得视为出口货物予以退税。

第三,必须是在财务上做销售处理的货物。出口货物只有在财务上做销售处理后才能办理退税。

第四,必须是出口收汇并已核销的货物。

3.5.1.3　出口货物的退税率

出口货物的退税率是出口货物的实际退税额与退税计税依据的比例。除财政部和国家税务总局根据国务院的决定而明确的增值税出口退税率外,出口货物的退税率为其适用税率。国家税务总局根据上述规定将退税率通过出口货物、劳务退税率文库予以发布,供征纳双方执行。退税率有调整的,除另有规定外,其执行时间以货物(包括被加工、修理修配的货物)出口报关单(出口退税专用)上注明的出口日期为准。自 2019 年 4 月 1 日起,增值税出口退税率包括 13%、10%、9%、6%和 0。

3.5.1.4　出口货物退税的计算方法

(1) "免抵退"方法。其中,"免"税是指对生产企业出口的自产货物,免征本企业生产销售环节增值税。"抵"税是指生产企业出口的自产货物所耗用的原材料、零部件、燃料、动力等所含应予退还的进项税额,抵顶内销货物的应纳税额。"退"税是指生产企业出口的自产货物在当月内应抵顶的进项税额大于应纳税额时,对未抵顶完的部分予以退税。

(2) 外贸企业以及实行外贸企业财务制度的工贸企业收购货物出口,其出口销售环节的增值税免税;由于其收购货物的成本部分也承担了前面环节已纳的增值税税款,因此在货物出口后按收购成本与退税率计算应退税款退还给外贸企业,征退税率之差计入企业成本。

3.5.1.5　增值税零税率应税服务的相关规定

根据营改增税收政策的相关规定,增值税零税率应税服务退(免)税办法包括免抵退税办法和免退税办法。境内的单位和个人提供适用增值税零税率的应税服务,属于适用增值税一般计税方法的,生产企业实行免抵退税办法,外贸企业外购研发服务和设计服务出口实行免退税办法,外贸企业自己开发的研发服务和设计服务出口,视同生产企业连同其出口货物统一实行免抵退税办法。零税率应税服务的退税率为对应服务被提供给境内单位适用的增值税税率(9%或 6%)。

3.5.2 出口退税业务的纳税筹划

3.5.2.1　选择经营方式

现行的出口退税政策对不同的经营方式规定了不同的出口退税政策,纳税人可以利用政策之间的税收差异，选择合理的经营方式，降低自己的税负。

目前生产企业出口货物主要有两种方式，即自营出口（含进料加工）和来料加工，分别按“免抵退”方法和“不征不退”的免税方法处理。

（1）退税率小于征税率时的纳税筹划。

【案例 3-14】

某出口型生产企业采用进料加工方式为国外 A 公司加工化工产品一批，进口保税料件价值 1 000 万元，加工完成后返销 A 公司售价 1 800 万元，为加工该批产品耗用辅料、备品备件、动能费等的进项税额为 10 万元，该化工产品征税率为 13%，退税率为 10%。

【解析】

免抵退税额抵减额＝免税购进原材料价格×出口货物退税率＝1 000×10%＝100（万元）。

免抵退税额＝出口货物离岸价×外汇人民币折合率×出口货物退税率－免抵退税额抵减额＝1 800×10%－100＝80（万元）。

免抵退税不得免征和抵扣税额抵减＝免税购进原材料价格×（出口货物适用税率－出口货物退税率）＝1 000×（13%－10%）＝30（万元）。

免抵退税不得免征和抵扣税额＝当期出口货物离岸价×外汇人民币折合率×（出口货物适用税率－出口货物退税率）＝1 800×（13%－10%）－30＝54－30＝24（万元）。

当期期末应纳税额＝当期内销货物的销项税额－（进项税额－免抵退税不得免征和抵扣税额）＝0－（10－24）＝14（万元）。

企业应纳税额为正数，故当期应退税额为零。该企业应缴纳增值税 14 万元。

由于来料加工方式实行免税（不征税不退税）政策，如果该企业改为来料加工方式，则比进料加工方式少纳税 14 万元。有关涉税会计处理如下。

购进货物支付的进项税额：

借：应交税金——应交增值税（进项税额）100 000 元。

贷：银行存款等 100 000 元。

免抵退税不得免征和抵扣税额：

借：主营业务成本 240 000 元。

贷：应交税金——应交增值税（进项税额转出）240 000 元。

计算应纳税额：

借：应交税金——应交增值税（转出未交增值税）140 000 元。

贷：应交税金——未交增值税 140 000 元。

【案例 3-15】

若案例 3-14 中的出口销售价格改为 1 200 万元，其他条件不变，如何计算应纳税额。

【解析】

进料加工方式下：

免抵退税额抵减额＝免税购进原材料价格×出口货物退税率

＝1 000×10％＝100(万元)。

免抵退税额＝出口货物离岸价×外汇人民币折合率×出口货物退税率－免抵退税额抵减额＝1 200×10％－100＝20(万元)。

免抵退税不得免征和

抵扣税额抵减额＝免税购进原材料价格×出口货物适用税率－出口货物退税率)

＝1 000×(13％－10％)＝30(万元)。

免抵退税不得免征和

抵扣税额＝当期出口货物离岸价×外汇人民币折合率×(出口货物适用税率－出口货物退税率)

＝1 200×(13％－10％)－30

＝36－30＝6(万元)。

当期期末应纳税额＝当期内销货物的销项税额－(进项税额－免抵退税不得免征和抵扣税额)

＝0－(10－6)＝－4(万元)。

由于当期期末应纳税额为负数，因此为当期期末留抵税额。

若当期期末留抵税额≤当期免抵退税额，则当期应退税额＝当期期末留抵税额。因此，该企业的应收出口退税为4万元。

也就是说，采用进料加工方式可获退税4万元，比来料加工方式的不征不退方式更优惠，应选用进料加工方式。有关涉税会计处理如下。

购进货物支付的进项税额：

借：应交税金——应交增值税(进项税额)10万元。

贷：银行存款等10万元。

免抵退税不得免征和抵扣税额：

借：主营业务成本6万元。

贷：应交税金——应交增值税(进项税额转出)6万元。

计算应退税额：

借：应收补贴款——应收出口退税4万元。

贷：应交税金——应交增值税(出口退税)4万元。

【案例3-16】

若案例3-14中的出口退税率提高为12％，其他条件不变，如何计算应纳税额？

【解析】

进料加工方式下：

免抵退税额抵减额＝免税购进原材料价格×出口货物退税率

=1 000×12%=120(万元)。

免抵退税额=出口货物离岸价×外汇人民币折合率×出口货物退税率－免抵退税额抵减额=1 800×12%－120=96(万元)。

免抵退税不得免征和

抵扣税额抵减额=免税购进原材料价格×(出口货物适用税率－出口货物退税率)

=1 000×(13%－12%)=10(万元)。

免抵退税不得免征和

抵扣税额=当期出口货物离岸价×外汇人民币折合率×(出口货物适用税率－出口货物退税率)

=1 800×(13%－12%)－10

=18－10=8(万元)。

当期期末

应纳税额=当期内销货物的销项税额－(进项税额－免抵退税不得免征和抵扣税额)

=0－(10－8)=－2(万元)。

由于当期期末应纳税额为负数,因此为当期期末留抵税额。

若当期期末留抵税额≤当期免抵退税额,则当期应退税额=当期期末留抵税额。因此,该企业的应收出口退税为2万元。

也就是说,采用进料加工方式可获退税2万元,比来料加工方式的不征不退方式更优惠,应选用进料加工方式。

【案例3-17】

若案例3-14中消耗的国产料件的进项税额为30万元,其他条件不变,如何计算应纳税额?

【解析】

进料加工方式下:

免抵退税额抵减额=免税购进原材料价格×出口货物退税率

=1 000×10%=100(万元)。

免抵退税额=出口货物离岸价×外汇人民币折合率×出口货物退税率－免抵退税额抵减额=1 800×10%－100=80(万元)。

免抵退税不得免征和抵扣税额抵减额=免税购进原材料价格×(出口货物适用税率－出口货物退税率)

=1 000×(13%－10%)=30(万元)。

免抵退税不得免征和抵扣税额=当期出口货物离岸价×外汇人民币折合率×(出口货物适用税率－出口货物退税率)

=1 800×(13%－10%)－30

=54－30=24(万元)。

当期期末应纳税额＝当期内销货物的销项税额－

（进项税额－免抵退税不得免征和抵扣税额）

＝0－(30－24)＝－6(万元)。

由于当期期末应纳税额为负数，因此为当期期末留抵税额。

若当期期末留抵税额不大于当期免抵退税额，则当期应退税额＝当期期末留抵税额。因此，该企业的应收出口退税为6万元。

也就是说，采用进料加工方式可获退税6万元，比来料加工方式的不征不退方法更优惠，应选用进料加工方式。

通过以上案例可以看出，对于利润率较低、出口退税率较高及耗用的国产辅助材料较多（进项税额较大）的货物出口宜采用进料加工方式，对于利润率较高的货物出口宜采用来料加工方式。

目前在大幅提高出口退税率的情况下，选用“免抵退”方法还是“不征不退”的免税方法的基本思路就是：如果出口产品不得抵扣的进项税额小于为生产该出口产品而取得的全部进项税额，则应采用“免抵退”方法，否则应采用“不征不退”的免税方法。

（2）退税率等于征税率时的纳税筹划

对于退税率等于征税率的产品，无论其利润率高低，采用“免抵退”方法的自营出口方式均比采用来料加工等“不征不退”的免税方法更优惠，因为两种方式出口货物均不征税，但采用“免抵退”方式可以退还全部的进项税额，而免税方式则要把该进项税额计入成本。

3.5.2.2 选择出口方式

对于有出口经营权的企业来说，出口方式有两种：一种是自营出口；另一种是通过外贸企业代理出口自产货物。以这两种方式出口货物都可以获得免税并退税，但获得退税的数额却不尽相同。

【案例3-18】

某中外合资企业采购国内原材料生产产品并全部用于出口，某年自营出口产品的价格为100万元，当年可抵扣的进项税额为10万元，增值税税率为13%，无上期留抵税额。如何计算应纳税额？

【解析】

（1）当该企业的出口退税率为13%时

第一，企业自营出口：

免抵退税额＝出口货物离岸价×外汇人民币折合率×

出口货物退税率－免抵退税额抵减额

＝100×13%＝13(万元)。

当期期末应纳税额＝当期内销货物的销项税额－

（进项税额－免抵退税不得免征和抵扣税额）

＝0－(10－0)＝－10(万元)。

由于当期期末应纳税额为负数，因此为当期期末留抵税额。

若当期期末留抵税额不大于当期免抵退税额，则当期应退税额＝当期期末留抵税额。因此，该企业的应收出口退税为 10 万元。

第二，该合资企业通过关联企业——某外贸企业出口，合资企业将产品以同样的价格 100 万元（含税）出售给外贸企业，外贸企业再以同样的价格出口。应纳税额的计算如下：

合资企业应纳增值税税额为：

$$100\div(1+13\%)\times13\%-10=11.5-10=1.5(\text{万元})$$

外贸企业应收出口退税额为：

$$100\div(1+13\%)\times13\%=11.5(\text{万元})$$

两企业合计获得退税 10 万元（＝11.50－1.50）。

由此可以看出，在退税率与征税率相等的情况下，企业选择自营出口与委托外贸企业代理出口的税负相同。

(2) 当该企业的出口退税率为 12％时

第一，企业自营出口：

免抵退税额＝出口货物离岸价×外汇人民币折合率×出口货物退税率－免抵退税额抵减额

＝100×12％－0＝12（万元）。

免抵退税不得免征和抵扣税额＝当期出口货物离岸价×外汇人民币折合率×（出口货物适用税率－出口货物退税率）

＝100×（13％－12％）－0＝1（万元）。

当期期末应纳税额＝当期内销货物的销项税额－（进项税额－免抵退税不得免征和抵扣税额）

＝0－（10－1）＝－9（万元）。

由于当期期末应纳税额为负数，因此为当期期末留抵税额。

若当期期末留抵税额≤当期免抵退税额，则当期应退税额＝当期期末留抵税额。因此，该企业的应收出口退税为 9 万元。

第二，该合资企业通过关联企业——某外贸企业出口，合资企业将产品以同样的价格 100 万元（含税）出售给外贸企业，外贸企业再以同样的价格出口。应纳税额的计算如下：

合资企业应纳增值税税额为：

$$100\div(1+13\%)\times13\%-10=11.5-10=1.5(\text{万元})$$

外贸企业应收出口退税额为：

$$100\div(1+13\%)\times12\%=10.62(\text{万元})$$

两企业合计获得退税 9.12 万元（＝10.62－1.50）。

由此可以看出，在退税率与征税率不等的情况下，企业选择自营出口与委托外贸企业代理出口的税负是不同的，即选择自营出口收到的出口退税数额小于委托外贸企业代理出口应获得的出口退税数额，选择外贸企业出口有利于减轻增值税税负。

3.5.2.3 选择生产经营地

2000年5月，国务院正式下发《中华人民共和国海关对出口加工区监管的暂行办法》，国家决定在北京、深圳、天津等地设立15个出口加工区的试点。凡是进入出口加工区内的加工企业在购买国内生产设备和原材料时，这些设备和原材料均可以视同出口，享受有关出口退税政策。

因此，对于出口企业，要么在出口加工区建立关联企业，要么将出口加工业务从企业分离出去，要么将出口加工业务迁到出口加工区去。企业用来生产出口加工业务的机器、设备、办公用品都能够视同出口，享受退税的好处。

另外，充分利用出口加工区和保税区的税收优惠政策，获得递延纳税或提前退税的好处。在出口加工区或保税区设立关联企业，在进口料件时先由保税区企业进口，获得免税优惠，等"区外"企业实际使用时，即由"区内"转"区外"时再纳税。根据有关规定，保税区内所有进口料件免税，保税区内所有进口设备、原材料和办公用品也可免税，因此可获得递延纳税的好处。另外，"区外"企业可先将"产品"销售给"区内"企业，再由"区内"企业出口，根据有关税法的规定，进入出口加工区即视同出口，因此可获得提前退税的好处。

3.5.2.4 选择免税料件"免抵退税额"方法

实耗法与购进法都是企业计算当月免税进口料件"免抵退税额"的方法。采用恰当的方法可以产生递延纳税的效果。

【案例 3-19】

某生产型出口企业8月在海关办理进料加工贸易手册，备案进口材料1 000万元，出口额2 000万元。8月料件报关进口，同月实现出口1 200万元，取得国内进项税额94万元9月实现出口800万元(均在当月收齐所有单证)，取得国内进项税额18万元。8、9月份内销销售收入均为0，征税率为13%，退税率为10%。分别采用购进法和实耗法计算，哪种方法更有利于企业节税？

【解析】

(1) 采用购进法时，免抵退税的计算如下：

8月：

免抵退税不得免征和抵扣税额＝1 200×(13%－10%)－1 000×(13%－10%)＝6(万元)。

应纳税额(期末留抵税额)＝0－(94－6)＝－88(万元)。

免抵退税额＝1 200×10%－1 000×10%＝20(万元)。

因为期末留抵税额88万元＞免抵退税额20万元，所以

应退税额＝免抵退税额＝20(万元)。

免抵税额＝免抵退税额－应退税额＝20－20＝0。

期末留抵税额＝88－20＝68(万元)。

9月：

免抵退税不得免征和抵扣税额＝800×(13%－10%)－0＝24(万元)。

应纳税额(期末留抵税额)＝0－(18－24)－68＝－62(万元)。

免抵退税额＝800×10％－0＝80(万元)。

因为期末留抵税额 62 万元＜免抵退税额 80 万元,所以

应退税额＝期末留抵税额＝62(万元)。

免抵税额＝免抵退税额－应退税额＝80－62＝18(万元)。

期末留抵税额＝62－62＝0(万元)。

(2) 采用实耗法时,免抵退税的计算如下:

8 月:

出口耗用的进口料件＝1 200×1 000÷2 000＝600(万元)。

免抵退税不得免征和抵扣税额＝1 200×(13％－10％)－600×(13％－10％)
＝18(万元)。

应纳税额(期末留抵税额)＝0－(94－18)＝－76(万元)。

免抵退税额＝1 200×10％－600×10％＝60(万元)。

因为期末留抵税额 76 万元＞免抵退税额 60 万元,所以

应退税额＝期末留抵税额＝60(万元)。

免抵税额＝免抵退税额－应退税额＝60－60＝0(万元)。

期末留抵税额＝76－60＝16(万元)。

9 月:

出口耗用的进口料件＝800×1 000÷2 000＝400(万元)。

免抵退税不得免征和抵扣税额＝800×(13％－10％)－400×(13％－10％)
＝12(万元)。

应纳税额(期末留抵税额)＝0－(18－12)－16＝－22(万元)。

免抵退税额＝800×10％－400×10％＝40(万元)。

因为期末留抵税额 22 万元＜免抵退税额 40 万元,所以

应退税额＝期末留抵税额＝22(万元)。

免抵税额＝免抵退税额－应退税额＝40－22＝18(万元)。

期末留抵税额＝22－22＝0(万元)。

由上文的计算及分析可见,从两个月静态总额的角度看,购进法和实耗法的计算结果并无差别,即免抵退税额都为 100 万元(＝20＋80＝60＋40),实际应退税额都为 82 万元(＝20＋62＝60＋22),免抵税额都为 18 万元(＝0＋18＝0＋18);但从资金时间价值的角度考量,相对于购进法,本案例中该出口企业采用实耗法可以在 8 月多取得出口退税款 40 万元(＝60－20),有利于缓解该企业的资金压力。

[资料来源]　中华会计网校。

本章小结

增值税是对在我国境内销售货物或者加工、修理修配劳务,销售服务、无形资产、不动产以及进口货物的单位和个人,就其销售货物、劳务、服务、无形资产、不动产的销售额以及进

口货物金额计税并实行税款抵扣制的一种流转税。根据增值税的特点，其纳税筹划主要有以下几个方面：

一般纳税人与小规模纳税人的纳税筹划。根据无差别平衡点增值率的计算，选择纳税人类型。

兼营、混合销售应纳税种的纳税筹划。根据无差别平衡点增值率的计算，选择应纳哪种税。

销项税额的纳税筹划。通过选择合理的销售方式、结算方式及销售价格，获得递延纳税利益。

进项税额的纳税筹划。合理利用进项税额抵扣时间的规定，获得提前抵扣的利益；通过价格优惠临界点的计算，合理选择购货对象。

税率的纳税筹划。掌握低税率的适用范围，避免从高适用税率。

减免税的纳税筹划。充分利用增值税减免优惠政策，降低税负。

出口退税的纳税筹划。通过选择合理的经营方式、出口方式争取出口退税最大化。

思考题

1. 如何进行纳税人的纳税筹划？
2. 简述一般纳税人选择购货方的筹划原理。
3. 如何进行出口退税业务的纳税筹划？

第 4 章　消费税的纳税筹划

4.1　消费税纳税人的纳税筹划

4.1.1　纳税人的法律界定

《中华人民共和国消费税暂行条例》(以下简称《消费税暂行条例》)规定:在中华人民共和国境内生产、委托加工和进口应税消费品的单位和个人,以及国务院确定的销售应税消费品的其他单位和个人,是消费税的纳税人。我国现行消费税设置 15 个税目,具体包括烟、酒、高档化妆品(高档护肤类化妆品和高档美容修饰类化妆品)、贵重首饰及珠宝玉石、鞭炮焰火、成品油、摩托车、小汽车、高尔夫球及球具、高档手表、游艇、木制一次性筷子、实木地板、电池、涂料。有些税目还进一步划分了若干子目。

消费税纳税人具体包括以下几种情况:

(1) 生产销售应税消费品的纳税人,即从事应税消费品生产及销售的企业、单位和个体经营者。生产应税消费品并销售是消费税征收的主要环节。生产应税消费品并销售的,于销售时缴纳消费税。纳税人用生产的应税消费品换取生产资料、消费资料、投资入股、偿还债务都应视同销售缴纳消费税。另外,将生产的应税消费品用于继续生产应税消费品以外的其他方面都应计算缴纳消费税。

(2) 委托加工应税消费品的纳税人。委托加工的应税消费品是指由委托方提供原料和主要材料,受托方只收取加工费和代垫部分辅助材料加工的应税消费品。委托加工以委托方为纳税人,一般由受托方代收代缴消费税。但是,委托个人加工应税消费品的,一律于委托加工的应税消费品收回后,在委托方所在地缴纳消费税。委托加工的消费品在提货时已经缴纳消费税的,委托方收回后如以不高于受托方计税价格直接出售的,不再征收消费税;委托方以高于受托方计税价格出售的,不属于直接出售,需按规定申报缴纳消费税,在计税时准予扣除已代收代缴的消费税;用于继续生产应税消费品的,其所缴税款可按规定扣除。

需要注意的是,对于由受托方提供原材料生产的应税消费品,或者受托方先将原材料卖给委托方,然后再接受加工的应税消费品,以及由受托方以委托方的名义购进原材料生产的应税消费品,不论在财务上是否做销售处理,都不得作为委托加工应税消费品,而应当按照销售自制应税消费品缴纳消费税。

(3) 进口应税消费品的纳税人。对于进口应税消费品的情况,由货物进口人或代理人在进口报关时缴纳消费税。

(4) 国务院确定的销售应税消费品的其他单位和个人。经国务院批准,财政部和国家税务总局先后发布《关于调整金银首饰消费税纳税环节有关问题的通知》(财税〔1994〕095号)、《关于钻石及上海钻石交易所有关税收政策的通知》(财税〔2001〕177号)和《关于铂金及其制品税收政策的通知》(财税〔2003〕86号),将“贵重首饰及珠宝玉石”税目下的金银首饰、铂金首饰和钻石及钻石饰品,由生产环节、进口环节征收消费税改在零售环节征收消费税,所以零售金银首饰、铂金首饰和钻石及钻石饰品的单位和个人,是消费税的纳税人。此外,《财政部国家税务总局关于调整烟产品消费税政策的通知》(财税〔2009〕84号)规定:自2009年5月1日起在卷烟批发环节加征一道从价税,税率为5%,纳税人为在中华人民共和国境内从事卷烟批发业务的单位和个人。

《财政部 国家税务总局关于调整卷烟消费税的通知》(财税〔2015〕60号)规定:自2015年5月10日起,将卷烟批发环节从价税税率由5%提高至11%,并按0.005元/支加征从量税。经国务院批准,财政部和国家税务总局先后发布《财政部 国家税务总局关于对超豪华小汽车加征消费税有关事项的通知》(财税〔2016〕129号)和《关于超豪华小汽车消费税征收管理有关事项的公告》(国家税务总局公告2016年第74号)规定:自2016年12月1日起,对超豪华小汽车在零售环节加征10%的消费税。所以,零售超豪华小汽车的单位和个人也是消费税的纳税人。

4.1.2 纳税人的纳税筹划

由于消费税是针对特定的纳税人的,因此可以通过企业的合并,递延纳税时间。

(1) 合并会使原来企业间的购销环节转变为企业内部的原材料转让环节,从而递延部分消费税税款。如果两个合并企业之间存在着原材料供应的关系,则在合并前,该原材料的转让关系为购销关系,应该按照正常的购销价格缴纳消费税税款。而在合并后,企业之间的原材料供应关系转变为企业内部的原材料转让关系,因此这一环节不用缴纳消费税,而是递延到销售环节再征收。

(2) 如果后一环节的消费税税率较前一环节低,则可直接减轻企业的消费税税负。因为前一环节应该征收的税款延迟到后面环节再征收,如果后面环节税率较低,则合并前企业间的销售额因在合并后适用了较低的税率而减轻了税负。

【案例 4-1】

丙企业是一个药酒生产企业,过去一直从丁酒厂购进粮食白酒作为原料用于生产药酒。2018年丙企业从丁酒厂购进白酒200吨,不含税售价为4元/500克。2018年丙企业销售药酒150吨,取得不含税销售收入200万元。白酒适用的消费税比例税率为20%,定额税率为0.5元/500克;假设丙企业以白酒为原料生产的药酒适用10%的消费税税率。如何筹划才能减轻企业消费税税负?

【解析】

丙企业可以通过合并丁酒厂并将其作为白酒生产车间来实现降低消费税税负的目的。现行消费税法规定:纳税人生产的应税消费品,于纳税人销售时纳税;纳税人自产自用的应税消费品,用于连续生产应税消费品的,不纳税。因此,丙企业合并丁酒厂后,原来丙企业从丁酒厂购入白酒的行为将转变为企业内部原材料的转移行为，将自产自用的应税消费品用于连续生产应税消费品不需要缴纳消费税，可以实现递延缴纳消费税税款。同时由于流转环节的减少，白酒销售环节的消费税就免于缴纳了。

丙企业合并丁酒厂前：

丙企业应纳消费税＝200×10％＝20(万元)。

丁酒厂应纳消费税＝(200×2 000×0.5＋200×2 000×4×20％)÷10 000
＝52(万元)。

应纳消费税合计＝20＋52＝72(万元)。

丙企业合并丁酒厂后，丁酒厂作为丙企业的白酒生产车间：

丙企业应纳消费税＝200×10％＝20(万元)。

丁酒厂作为丙企业的白酒生产车间，生产的应税消费品白酒对于丙企业来说实际上是用于连续生产另一种应税消费品药酒，因此不需要缴纳消费税。

可见，通过合并丁酒厂可以节约消费税税款52万元(＝72－20)。

4.2 消费税计税依据的纳税筹划

4.2.1 计税依据的法律界定

计税依据是计算应纳税额的根据，是征税对象量的表现。正确掌握计税依据，可以使企业减少不必要的损失，合理、合法地承担税负。我国现行的消费税计税办法分为从价计征、从量计征和复合计征三种类型，不同的计税方法其计税依据的计算不同。

4.2.1.1 从价计征的应税消费品计税依据的确定

实行从价定率计征办法的应税消费品以销售额为计税依据。即

应纳税额＝应税消费品的销售额×消费税税率

由于增值税与消费税是交叉征收的税种，为了便于管理，消费税计税依据的销售额同增值税的规定是一样的，为不含增值税、含消费税税款的销售额，即纳税人销售应税消费品向购买方收取的除增值税税款以外的全部价款和价外费用。价外费用是指价外收取的基金、集资费、返还利润、补贴、违约金(延期付款利息)和手续费、包装费、储备费、优质费、运输装卸费、代收款项、代垫款项以及其他各种性质的价外收费，但下列款项不包括在内：

第一，同时符合以下条件的代垫运输费用：

① 承运部门的运费发票开具给购货方的；

② 纳税人将该项发票转交给购货方的。

第二，同时符合以下条件代为收取的政府性基金或者行政事业性收费：

① 由国务院或者财政部批准设立的政府性基金，由国务院或者省级人民政府及其财政、价格主管部门批准设立的行政事业性收费；

② 收取时开具省级以上财政部门印制的财政票据；

③ 所收款项全额上缴财政。

其他价外费用，无论是否属于纳税人的收入，均应并入销售额计算征税。

《中华人民共和国消费税暂行条例实施细则》(以下简称《消费税暂行条例实施细则》)规

则可以降低销售额，从而减少应纳消费税税额。而独立核算的销售部门由于处在销售环节，只缴增值税，不缴消费税，因而这样做可使集团的整体消费税税负下降，增值税税负保持不变。

由于消费税的课征只选择单一环节（卷烟和超豪华小汽车除外），而消费品的流通还存在着批发、零售等若干个流转环节，这在客观上为企业进行纳税筹划提供了可能。企业可以采用分设独立核算的经销部、销售公司的办法，降低生产环节的销售价格，经销部、销售公司再以正常价格对外销售。由于消费税主要在生产环节征收，企业的税务负担会因此而减轻。

应当注意的是，由于独立核算的销售部门与生产企业之间存在关联关系，按照《税收征管法》的有关规定，中国企业或者外国企业在中国境内设立的从事生产、经营的机构、场所与其关联企业之间的业务往来，应当按照独立企业之间的业务往来收取或者支付价款、费用。不按照独立企业之间的业务往来收取或者支付价款、费用，而减少其应纳税的收入或者所得额的，税务机关有权进行合理调整。因此，企业销售给下属销售部门的价格应当参照社会的平均销售价格确定。

【案例 4-2】

某酒厂主要生产粮食白酒，产品销往全国各地的批发商。按照以往的经验，本地的一些商业零售户、酒店、消费者每年到工厂直接购买的白酒大约为 1 000 箱（每箱 12 瓶，每瓶 500 克）。企业销售给批发商的价格为每箱（不含税）1 200 元，销售给零售商、酒店及消费者的价格为每箱（不含税）1 400 元。经过筹划，企业在本地设立了一个独立核算的经销部，企业按销售给批发商的价格销售给经销部，再由经销部销售给零售商、酒店及消费者。已知粮食白酒的消费税税率为 20% 加0.5 元/500 克。

【解析】

直接销售给零售商、酒店、消费者的白酒应纳消费税税额为：

$$1\,400\times1\,000\times20\%+12\times1\,000\times0.5=286\,000(\text{元})$$

销售给经销部的白酒应纳消费税税额为：

$$1\,200\times1\,000\times20\%+12\times1\,000\times0.5=246\,000(\text{元})$$

节约消费税税额：

$$286\,000-246\,000=40\,000(\text{元})$$

4.2.2.2 选择合理的销售方式

消费税的纳税义务发生时间依据应税行为性质和结算方式分别按不同方式确定：采取托收承付和委托银行收款方式销售货物，为发出货物并办妥托收手续的当天；采取赊销和分期收款方式销售货物，为按合同约定的收款日期的当天；采取预收货款方式销售货物，为货物发出的当天；销售应税劳务，为提供劳务同时收讫销售款或者取得索取销售款的凭据的当天；纳税人的视同销售行为，为货物移送的当天；纳税人自产自用的应税消费品，为移送使用的当天；纳税人委托加工的应税消费品，为纳税人提货的当天；纳税人进口的应税消费品，为报关进口的当天。

依企业在销售中采用的不同销售方式，纳税义务发生的时间是不同的。从纳税筹划的角度来看，选择恰当的销售方式可以使企业合理地推迟纳税义务的发生时间，递延税款缴纳。例如，甲公司销售一笔货物给乙公司，货款于货物发出的两个月后支付，这时，在合同上明确以赊销方式销售，就可以推迟纳税义务的发生时间。

4.2.2.3　以应税消费品抵债、入股的筹划

根据税法的规定，纳税人用于换取生产资料和消费资料、投资入股和抵偿债务等方面的应税消费品，应当以纳税人同类应税消费品的最高销售价格作为计税依据计算消费税。因此，如果企业存在以应税消费品抵债、入股的情况，最好先销售，再做抵债或入股的处理。

【案例 4-3】

某摩托车生产企业当月对外销售同型号的摩托车时共有三种价格，以 4 000 元的单价销售 50 辆，以 4 500 元的单价销售 10 辆，以 4 800 元的单价销售 5 辆。当月以 20 辆同型号的摩托车与甲企业换取原材料。双方按当月的加权平均销售价格确定摩托车的价格，摩托车的消费税税率为 10%。

【解析】

税法规定：纳税人自产的应税消费品用于换取生产资料和消费资料、投资入股或抵偿债务等，应当以纳税人同类应税消费品的最高销售价格作为计税依据。

应纳消费税为：

$$4\,800\times20\times10\%=9\,600(\text{元})$$

如果该企业按照当月的加权平均单价将这 20 辆摩托车销售后再购买原材料，则应纳消费税为：

$$(4\,000\times50+4\,500\times10+4\,800\times5)/(50+10+5)\times20\times10\%=8\,276.92(\text{元})$$

节税额为：

$$9\,600-8\,276.92=1\,323.08(\text{元})$$

4.2.2.4　外购应税消费品用于连续生产的筹划

用外购已缴税的应税消费品连续生产的应税消费品，在计算需征收的消费税时，按当期生产领用数量计算准予扣除外购的应税消费品已纳的消费税税款：

(1) 以外购的已税烟丝生产的卷烟；

(2) 以外购的已税高档化妆品为原料继续生产的高档化妆品；

(3) 以外购的已税珠宝玉石生产的贵重首饰及珠宝玉石；

(4) 以外购的已税鞭炮焰火生产的鞭炮焰火；

(5) 以外购的已税汽油、柴油、石脑油、燃料油、润滑油连续生产的应税成品油；

(6) 以外购的已税摩托车生产的摩托车(如用外购两轮摩托车改装三轮摩托车)；

(7) 以外购的已税杆头、杆身和握把为原料生产的高尔夫球杆；

(8) 以外购的已税木制一次性筷子为原料生产的木制一次性筷子；

(9) 以外购的已税实木地板为原料生产的实木地板。

上述当期准予扣除外购应税消费品已纳消费税税款的计算公式是：

外购已税消费品的买价是指购货发票上注明的销售额(不包括增值税税款)。

纳税人用外购的已税珠宝玉石生产的改在零售环节征收消费税的金银首饰(镶嵌首饰),在计税时一律不得扣除外购珠宝玉石的已纳税款。

对自己不生产应税消费品,而只是购进后再销售应税消费品的工业企业,其销售的化妆品、鞭炮焰火和珠宝玉石,凡不能构成最终消费品直接进入消费品市场,而需进一步生产加工的,应当征收消费税,同时允许扣除上述外购应税消费品的已纳税款。

生产企业用外购已税消费品连续加工应税消费品时,需要注意如下方面:

(1) 允许扣除已纳税款的应税消费品不仅限于从工业企业购进的应税消费品,也包括从符合条件的商业企业购进的消费品。所谓连续生产,是指应税消费品生产出来后直接转入下一生产环节,未经市场流通。

(2) 如果企业购进的已税消费品开具的是普通发票,在换算为不含税的销售额时,应一律按3%的征收率换算。

(3) 卷烟生产企业购进卷烟直接销售不再缴纳消费税。对既有自产卷烟同时又委托联营企业加工与自产卷烟牌号、规格相同的卷烟的工业企业(以下简称"卷烟回购企业"),从联营企业购进后直接销售的卷烟,对外销售时不论是否加价,凡符合下述条件的,不再缴纳消费税;不符合下述条件的,则缴纳消费税:

第一,回购企业在委托联营企业加工卷烟时,除提供给联营企业所需加工卷烟牌号外,还必须同时提供税务机关已公示的消费税计税价格。联营企业必须按照已公示的调拨价格申报缴纳消费税。

第二,回购企业将联营企业加工的卷烟回购后再销售的卷烟,其销售收入应与生产卷烟的销售收入分开核算,以备税务机关检查;如不分开核算,则一并计入自产卷烟销售收入征收消费税。

作为回购企业一定要注意享受这个政策时要符合以上两个条件,否则仍要缴纳消费税。

4.2.2.5 以外汇结算的应税消费品的筹划

纳税人销售的应税消费品,以外汇结算销售额时,应按外汇市场牌价折合成人民币销售额以后再按公式计算应纳税额。人民币折合汇率既可以采用结算当天的国家外汇牌价,也可以采用当月1日的外汇牌价。企业应从减轻税负的角度考虑根据外汇市场的变动趋势,选择有利于企业的汇率。在一般情况下,越是以较低的人民币汇率计算应纳税额,越有利于减轻税负;外汇市场波动越大,进行纳税筹划的必要性也越大。需要注意的是,根据税法的规定,汇率的折算方法一经确定,一年内不得随意变动。因此,在选择汇率折算方法时,需要纳税人对未来的经济形势及汇率走势做出恰当的判断。

4.2.2.6 包装物的筹划

根据《消费税暂行条例实施细则》的规定,实行从价定率办法计算应纳税额的应税消费品连同包装销售的,无论包装物是否单独计价,也不论在会计上如何核算,均应并入应税消费品的销售额中征收消费税。如果包装物不作价随同产品销售,而是收取押金,此项押金则不应并入应税消费品的销售额中征税。但对因逾期未收回的包装物不再退还的和已收取一年以上的押金,应并入应税消费品的销售额,按照应税消费品的适用税率征收消费税。

从1995年6月1日起,对酒类产品生产企业销售酒类产品(黄酒、啤酒除外)而收取的包装物押金,无论押金是否返还及在会计上如何核算,均应并入酒类产品销售额中征收消费税。

包装物的租金应视为价外费用。对增值税一般纳税人向购买方收取的价外费用和逾期未归还包装物的押金，应视为含税收入，在计征消费税时应首先换算成不含税收入，再并入销售额计税。

对包装物筹划的关键是企业可通过先销售、后包装的形式降低应税销售额，从而降低消费税税负。

【案例4-4】 对白酒业的税收政策分析

1994年税制改革以来，各地小酒厂纷纷停产，分析其原因，则是白酒消费税宏观调控的结果。

1994年白酒消费税政策出台后，小酒厂面临两种现实：一是原来的各种减免税政策没有了；二是小酒厂的产出率低。受这两种因素的影响，税改后的小酒厂酿酒费用平均增长了2倍多，但由于激烈的市场竞争，白酒价格却未同时上调。如目前散装白酒生产成本加税收，成本在3元/500克左右，可市场零售价却只有2.5元，加上税改前白酒可以在税前扣除包装物费用，现在则不允许，再考虑到目前出台的除了20%的比例税率外还加征白酒0.5元/500克的定额税率，小酒厂的亏损额日益增大。

小酒厂关门的另一个重要原因是地方政府办酒厂的积极性降低了。因为税改前酒厂能给地方政府带来一定的税源，各地的酒经济、酒财政、酒税收特征十分明显。但在税制改革后，白酒消费税成为中央收入，地方没了利益，地方政府发展小酒厂的积极性就下降了。缺少了地方政府的扶持，众多小酒厂于是纷纷败下阵来。

在众多小酒厂关门的同时，一批新兴的酒业集团却得以新生。其原因有两个：一是规模效应的影响。由于统一了税收政策，原来饱受小酒厂威胁的大中型酒厂终于发挥了规模效应，并由此有了竞争中的价格优势，从而在激烈的市场竞争中渐渐站稳了脚跟。二是政府有意识的引导。

对目前的白酒增值税和消费税政策，各酒厂反映税负较重。根据现行税收政策规定，白酒的增值税税率为13%，而酿酒所用原辅料大多属农副产品，其扣除率为10%，相差3个百分点，还有相当一部分农副产品等因无法取得增值税专用发票而不能抵扣，由此所增加的税额就需要企业自行消化，在一定程度上加重了企业的负担。

近年来，四川白酒行业曾流行一种说法，叫"旧瓶装新酒"，即一流产品，二流包装，三流价格。落后的白酒包装是我国产品缺乏国际市场竞争力的一个重要原因，这其中就有消费税的原因。根据消费税的有关规定，白酒包装物的成本不仅不允许税前扣除，而且要按20%的税率计征消费税，很不利于企业改进产品包装。

有关人士指出，现行的白酒消费税属于单一环节一次课征制税种，纳税环节确定在生产环节，导致在消费税政策执行中出现了一种现象：一些企业从本单位利益出发，往往人为改变原有经营方式，通过划小核算单位，成立专门销售机构，或者通过工商联营、商业返利等形式增加内部结算环节，降低出厂价格，将利润由征收消费税的工业生产领域转移到商业流通领域，以此减少应纳消费税税款。2009年7

月23日国家税务总局发布的《白酒消费税最低计税价格核定管理办法(试行)》以及2015年5月19日国家税务总局发布的《关于白酒消费税最低计税价格核定问题的公告》明确提出:白酒生产企业生产或委托加工收回的销售给销售单位的白酒,生产企业消费税计税价格低于销售单位对外销售价格(不含增值税)70%以下的,税务机关应核定消费税最低计税价格。

从总体上看,目前白酒的税负是较高的,但这是与国家的白酒产业政策相吻合的。国家之所以对白酒生产企业采取较高的消费税政策,其目的就是想通过税收政策促使白酒产品进行结构调整,限制高度酒、小酒厂、粮食酒,最终达到“寓禁于征”的目的。

4.3 消费税税率的纳税筹划

4.3.1 税率的法律界定

消费税的税率由《消费税暂行条例》所附的《消费税税目税率表》规定,每种应税消费品所适用的税率都有明确的界定,而且是固定的。消费税按不同的消费品划分税目,税率在税目的基础上采用“一目一率”的方法,每种应税消费品的消费税税率各不相同,这种差别为纳税筹划提供了客观条件。消费税的税率分为比例税率、定额税率和复合税率。现行消费税的比例税率最低为1%,最高为56%;定额税率最低为每征税单位0.5元,最高为每征税单位250元。

4.3.2 税率的筹划

纳税人应针对消费税的税率多档次的特点,根据税法的基本原则正确进行必要的合并核算与分开核算,以求达到节税目的。

由于应税消费品所适用的税率是固定的,只有在兼营不同税率应税消费品的情况下,纳税人才能选择合适的销售方式和核算方式,达到适用较低的消费税税率、减轻税负的目的。当企业兼营多种不同税率的应税消费品时,应当分别核算不同税率应税消费品的销售额、销售数量。因为税法规定,未分别核算销售额、销售数量,或者将不同税率的应税消费品组成成套消费品出售的,应从高适用税率,这无疑会增加企业的税收负担。

按照这一规定,一是消费税的纳税人同时经营两种以上税率的应税消费品,则应分别核算。如果某酒类综合生产企业既生产粮食白酒又生产其他酒,两种酒的比例税率分别为20%和10%,则企业应分别核算粮食白酒和其他酒的销售额。若未分别核算,那么在纳税时,要按0.5元/500克的定额税率征税,同时按照两种酒的销售额合计,用粮食白酒20%的税率计征消费税。二是消费税纳税人将两种不同税率的应税消费品组成套装销售,应尽量采取先销售后包装的形式。假如化妆品公司将其生产的高档化妆品和化妆工具包装在一起销售,高档化妆品的税率为15%,虽然化妆工具不征收消费税,但在计税时应将两种消费品的销售额合计,按高档化妆品15%的税率计征消费税。

【案例4-5】

某日用化妆品厂将生产的高档化妆品、护肤护发品、小工艺品等组成成套消费品销售。每套消费品由下列产品组成:高档化妆品包括一瓶香水30元、一瓶指甲油10元、一支口红15元;护肤护发品包括两瓶浴液33元,化妆工具及小工艺品10元、塑料包装盒5元。高档化妆品消费税税率为15%。假设题中化妆品达到了作为高档化妆品的条件且上述价格均不含税。

按照习惯做法,新产品包装后再销售给商家。有无更节税的方案?

答案是:若改变做法,将上述产品先分别销售给商家,再由商家包装后对外销售,可实现节税目的。

要注意,在实际操作中,只需换个包装地点,并将产品分别开具发票,在财务上分别核算销售收入即可。

改变前每套应纳消费税:(30+10+15+33+10+5)×15%=15.45(元)。

改变后每套应纳消费税:(30+10+15)×15%=8.25(元)。

每套化妆品的节税额为7.2元(=15.45−8.25)。

如果纳税人经营同一种消费品,但该消费品等级不同,可以使用的筹划方法是根据税法的有关规定对不同等级的应税消费品进行定价筹划。另一种税率的筹划方法是根据税法的有关规定对不同等级的应税消费品进行定价筹划。应税消费品的等级不同,消费税的税率不同。等级的税法确定标准是单位定价,即等级越高,单位定价越高,税率越高。纳税人可以根据市场供需关系和税负的多少制定合理的价格,以获得税收利益。

【案例4-6】 制定合理的销售价格

每吨啤酒出厂价格(含包装物及包装物押金)在3 000元以上(含3 000元,不含增值税)的,单位税额为每吨250元,在3 000元以下的,单位税额为每吨220元;卷烟的比例税率为每标准条(200支,下同)调拨价格在70元以上(含70元,不含增值税,下同)的卷烟的比例税率为56%,每标准条调拨价格不足70元的卷烟的比例税率为36%。

根据税法的有关规定,每吨啤酒出厂价格(含包装物及包装物押金)在3 000元以上(含3 000元,不含增值税)的,单位税额为每吨250元,在3 000元以下的,单位税额为每吨220元。纳税人可以通过制定合理的价格,适用较低的税率,达到减轻税负的目的。

价格的选择可以通过无差别价格临界点(即每吨价格高于3 000元时的税后利润与每吨价格等于2 999.99元时的税后利润相等时的价格)进行判别。

其计算过程如下:

设临界点的价格为X(由于其高于3 000元,故适用250元的税率),销售数量为Y,即

应纳消费税:$250\times Y$。

应纳增值税:$XY\times 13\%-$进项税额。

应纳城建税及教育费附加:$[250\times Y+(XY\times 13\%-\text{进项税额})]\times(7\%+3\%)$。

应纳所得税:$\{XY-\text{成本}-250\times Y-[250\times Y+(XY\times 13\%-\text{进项税额})]\times$

(7%+3%)}×所得税税率。

税后利润：

$$\{XY-成本-250\times Y-[250\times Y+(XY\times 13\%-进项税额)]\times(7\%+3\%)\}\times(1-所得税税率) \quad ①$$

每吨价格等于2 999.99元时税后利润为：

$$\{2\,999.99\times Y-成本-220\times Y-[220\times Y+(2\,999.99\times Y\times 13\%-进项税额)]\times(7\%+3\%)\}\times(1-所得税税率) \quad ②$$

当①式=②式时，则：

$$X=3\,033.42(元)$$

即当临界点的价格为3 033.42元时，两者的税后利润相同。当销售价格>3 033.42元时，纳税人才能获得节税利益。当3 000元<销售价格<3 033.42元时，纳税人取得的税后利润反而低于每吨价格为2 999.99元时的税后利润。

同理，可解得卷烟的无差别价格临界点。其计算过程如下：

按照税收政策的规定，卷烟消费税采取了复合计税的办法，即先从量每大箱征收150元，再从价对单条(200支，下同)调拨价为70元以上(含70元，不含增值税)的按56%的比例税率征收，对单条调拨价为70元以下的按36%的比例税率征收。因此企业如何定价对企业税负及利润的影响非常关键。

根据税收政策，从价定率征收消费税有个临界点，即单条调拨价在70元时税率发生变化，消费税税率由36%上升到56%，税负必然加重。而企业的财务目标为追求企业税后利润最大化，因此应根据税收政策的变化，筹划产品的价格定位。设临界点的价格为X，可得：

$$X-成本-X\times 56\%-从量税-[X\times 56\%+从量税+(X\times 13\%-进项税额)]\times(7\%+3\%)=69.99-成本-69.99\times 36\%-从量税-[69.99\times 36\%+从量税+(69.99\times 13\%-进项税额)]\times(7\%+3\%)$$

解得：

$$X=111.49(元)$$

本章小结

消费税是在对货物普遍征收增值税的基础上选择对少数消费品再征收的一道流转税。消费税大多数采用一次征收制。根据消费税的特点，消费税的纳税筹划主要侧重于改变经营方式，采取企业间合并的形式，减少纳税环节，降低税率，递延纳税时间；同时，侧重于通过设立关联企业，降低生产销售价格，减轻税收负担，取得节税利益。

思考题

1. 如何利用消费税纳税环节的特点进行纳税筹划？
2. 如何利用包装物的计税规定进行纳税筹划？

第 5 章　企业所得税的纳税筹划

5.1　企业所得税纳税人的纳税筹划

5.1.1　企业所得税的纳税人

5.1.1.1　*居民企业与居民企业纳税人*

（1）居民企业的概念。

《企业所得税法》规定：企业分为居民企业和非居民企业。居民企业，是指依法在中国境内成立，或者依照外国（地区）法律成立但实际管理机构在中国境内的企业。居民企业包括两大类：一类是依照中国法律、行政法规在中国境内成立的企业、事业单位、社会团体以及其他取得收入的组织；另一类是依照外国（地区）法律成立的企业和其他取得收入的组织。

（2）居民企业的税收政策。

居民企业负有全面的纳税义务。居民企业应当就其来源于中国境内、境外的所得缴纳企业所得税。居民企业承担全面的纳税义务，对其一切所得纳税，即居民企业应当就其在中国境内、境外的所得缴纳企业所得税。

这里所指的所得，包括销售货物所得、提供劳务所得、转让财产所得、股息红利等权益性投资所得、利息所得、租金所得、特许权使用费所得、接受捐赠所得和其他所得。

（3）属于居民企业的公司制企业的税收政策。

公司制企业属于法人实体，有独立的法人财产，享有法人财产权。公司以其全部财产对公司的债务承担有限责任。公司制企业一般分为有限责任公司和股份有限公司两大类。《公司法》还规定了两种特殊形式的有限责任公司：一人有限公司和国有独资公司。

无论是有限责任公司（包括一人有限责任公司和国有独资公司）还是股份有限公司，作为法人实体，我国税法都做了统一规定，即公司制企业应对其实现的利润总额做相应的纳税调整后缴纳企业所得税。如果向自然人投资者分配股利或红利，公司制企业还要代扣投资者 20％的个人所得税，其中上市公司派发股息、红利时，对个人持股 1 年以内（含 1 年）的，上市公司暂不扣缴个人所得税。待个人转让股票时，证券登记结算公司根据其持股期限计算应纳税额，由证券公司等股份托管机构从个人资金账户中扣收并划付证券登记结算公司。个人从公开发行和转让市场取得的上市公司股票，持股期限在 1 个月以内（含 1 个月）的，其股息、红利所得全额计入应纳税所得额；持股期限在 1 个月以上至 1 年（含 1 年）的，暂减按 50％计入应纳税所得额；持股期限超过 1 年的，股息、红利所得暂免征收个人所得税。

就税收负担而言，公司形式以股份有限公司为佳，其原因有二：其一，世界各国税法中鼓励投资的有关税收减免条款一般针对股份有限公司；其二，股份有限公司这一公司形式有利于股东降低税收。《国家税务总局关于股份制企业转增股本和派发红股征免个人所得税的通知》(国税发〔1997〕198 号)规定：股份制企业用资本公积金转增股本不属于股息、红利性质的分配，对个人取得的转增股本数额，不作为个人所得，不征收个人所得税。

5.1.1.2　非居民企业与非居民纳税人口

(1) 非居民企业的概念。

非居民企业，是指依照外国(地区)法律成立且实际管理机构不在中国境内，但在中国境内设立机构、场所的，或者在中国境内虽未设立机构、场所，但有来源于中国境内的所得的企业。

(2) 非居民纳税人的税收政策。

① 非居民企业在中国境内设立机构、场所的，应当就其所设机构、场所取得的来源于中国境内的所得，以及发生在中国境外但与其所设机构、场所有实际联系的所得，缴纳企业所得税。

这里所说的实际联系是指非居民企业在中国境内设立的机构、场所拥有据以取得所得的股权、债权，以及拥有、管理、控制据以取得所得的财产等。例如，韩国一个企业在中国设立营业机构(非实际管理机构)，属于中国的非居民企业。但是，如果该营业机构对中国境内的一个中国企业进行股权投资，其所获得的股息、红利等权益性收益就可以被认定为与该营业机构有实际联系的所得，应就其股息、红利所得缴纳企业所得税。

② 非居民企业在中国境内未设立机构、场所的，或者虽设立机构、场所但取得的所得与其所设机构、场所没有实际联系的，应当就其来源于中国境内的所得缴纳企业所得税。

由于非居民企业的税收政策相对复杂，且适用较为复杂的税率制度，这里仅对非居民企业适用的税率做一简单归纳，见图 5-1。

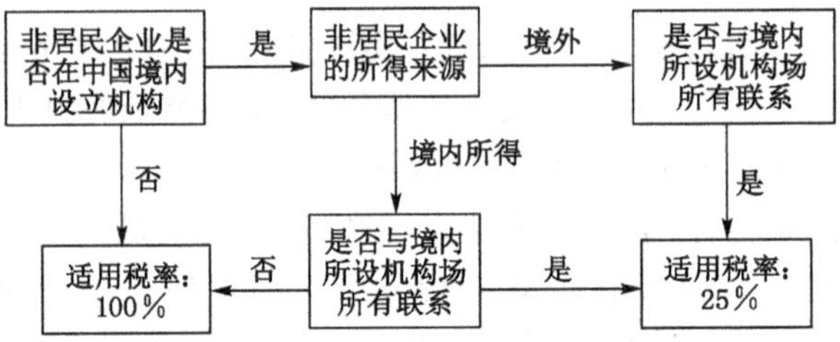

图 5-1　非居民企业适用的税率

居民企业和非居民企业都属于企业所得税的纳税人，我国之所以对居民企业与非居民企业进行合理划分，关键是为了区分纳税义务的不同。当然，这对纳税主体的税收实践将会产生深远影响。

5.1.1.3　子公司与分公司

《公司法》规定：分公司不具有法人资格，其民事责任由公司承担；子公司具有法人资格，依法独立承担民事责任。子公司和分公司存在较大差别，下面我们分析两者的特征及其税收政策。

（1）子公司是企业所得税的独立纳税人。

子公司是对应母公司而言的，是指被另一个公司（母公司）有效控制的下属公司或者是母公司直接或间接控制的一系列公司中的一个公司。子公司是一个独立企业，具有独立的法人资格。

子公司因其具有独立法人资格而被设立的所在国视为居民企业，通常要履行与该国其他居民企业一样的全面纳税义务，同时也能享受所在国为新设公司提供的免税期或其他税收优惠政策。但建立子公司一般需要复杂的手续，财务制度较为严格，必须独立开设账簿，并需要复杂的审计和证明，经营亏损不能冲抵母公司利润，与母公司的交易往往是税务机关反避税审查的重点内容。

（2）分公司不是企业所得税的独立纳税人。

分公司是指企业独立核算的、进行全部或部分经营业务的分支机构，如分厂、分店等。分公司是企业的组成部分，不具有独立的法人资格。

《企业所得税法》规定：居民企业在中国境内设立不具有法人资格的营业机构的，应当汇总计算并缴纳企业所得税。汇总纳税是指一个企业总机构和其分支机构的经营所得，通过汇总纳税申报的办法实现所得税的汇总计算和缴纳。我国实行法人所得税制度，不仅是引入和借鉴国际惯例的结果，也是实现所得税调节功能的必然选择。

5.1.2 企业所得税纳税人的纳税筹划方法

5.1.2.1 纳税主体身份的选择

企业在投资设立时，要考虑纳税主体的身份与税收之间的关系，因为不同身份的纳税主体会面对不同的税收政策。

（1）个人独资企业、合伙企业与公司制企业的选择。

企业可以划分为三类：个人独资企业、合伙企业和公司制企业。我国对个人独资企业、合伙企业从2000年1月1日起，比照个体工商户的生产、经营所得，适用五级超额累进税率仅征收个人所得税。而公司制企业需要缴纳企业所得税。公司制企业向个人投资者分配股息、红利的，还要代扣其个人所得税（投资者分回的股息、红利，税法规定适用20%的比例税率）。

一般来说，企业设立时应合理选择纳税主体的身份，选择的一般思路如下：

① 从总体税负角度考虑，个人独资企业、合伙企业的税负一般要低于公司制企业，因为前者不存在重复征税问题，而后者一般涉及重复征税问题。

② 在个人独资企业、合伙企业与公司制企业的决策中，要充分考虑税基、税率和税收优惠政策等多种因素，最终税负的高低是多种因素起作用的结果，不能只考虑一种因素。

③ 在个人独资企业、合伙企业与公司制企业的决策中，还要充分考虑可能出现的各种风险。

【案例5-1】

张某自办企业，年应纳税所得额为300 000元，该企业如按个人独资企业或合伙企业缴纳个人所得税，依据现行税制，税收负担实际为：

$$300\,000\times 20\%-10\,500=49\,500(\text{元})$$

若该企业为从事国家非限制和禁止行业的公司制企业，且同时满足从业人数不超过 300 人、资产总额不超过 5 000 万元、年度应纳税所得额不超过 300 万元等三个条件，则符合小型微利企业最新优惠条件的规定，其年度所得不超过 100 万元的部分，减按 25%计入应纳税所得额，按 20%税率计缴企业所得税；其年度所得大于 100 万元但小于等于 300 万元的部分，减按 50%计入应纳税所得额，按 20%税率计缴企业所得税。因此该企业当年应纳税所得 300 000 元实际适用税率为 5%（=25%×20%），企业所得税税收负担实际为：

300 000×5%=15 000(元)

若该企业将税后利润全部分配给投资者，则张某还应按“利息、股息、红利所得”缴纳个人所得税 57 000 元（=285 000×20%），张某的实际总税负为 72 000 元（=15 000+57 000）。

若该企业是不满足享受上述税收优惠条件的公司制企业，其适用的企业所得税税率为 25%，企业实现的税后利润全部作为股利分配给投资者，则该投资者的税收负担为：

300 000× 25%+300 000×(1-25%)×20%=120 000(元)

由上可见，投资于个人独资企业或合伙企业比投资于公司制企业至少承担所得税22 500元（=72 000-49 500）。在进行企业组织形式的选择时，应在综合权衡企业的经营风险、经营规模、管理模式及筹资额等因素的基础上，选择税负较小的组织形式。

（2）子公司与分公司的选择。

企业投资设立分支机构时，不同的组织形式各有利弊。子公司是以独立的法人身份出现的，因而可以享受子公司所在地提供的包括减免税在内的税收优惠。但设立子公司手续繁杂，需要具备一定的条件；子公司必须独立开展经营，自负盈亏，独立纳税；在经营过程中还要接受当地政府部门的监督管理等。

分公司不具有独立的法人身份，因而不能享受当地的税收优惠。但设立分公司手续简单，有关财务资料也不必公开，分公司不需要独立缴纳企业所得税，并且分公司这种组织形式便于总公司管理和控制。

设立子公司与设立分公司的税收利益孰高孰低并不是绝对的，它受到一国税收制度、经营状况及企业内部利润分配政策等多种因素的影响。通常而言，在投资初期分支机构发生亏损的可能性比较大，宜采用分公司的组织形式，其亏损额可以和总公司的损益合并纳税。当公司经营成熟后，宜采用子公司的组织形式，以便充分享受所在地的各项税收优惠政策。

【案例 5-2】

深圳新营养技术生产公司为扩大生产经营范围，准备在其他城市兴建一个芦笋种植和加工公司，在选择芦笋种植和加工公司的组织形式时，该技术生产公司进行了如下有关税收方面的分析：

芦笋是一种根茎类作物，在新的种植区域播种，达到初次具有商品价值的收获期需要4～5 年，这使企业在开办初期面临着很大的亏损，但亏损会逐渐减少。经估计，芦笋种植和加工公司第一年的亏损额为 200 万元，第二年的亏损额为 150 万元，第三年的亏损额为100万元，第四年的亏损额为50万元，自第五年开始盈利，盈利额为300万元。

深圳新营养技术生产公司总部设在深圳，属于国家重点扶持的高新技术公司，适用的企业所得税税率为15%。该公司除在深圳设有总部外，在外地还有一H子公司（全资），适用的税率为25%；经预测，未来五年内，深圳新营养技术生产公司总部的应税所得均为1 000万元，H子公司的应税所得分别为300万元、200万元、100万元、0万元、−150万元。

经分析，现有三种组织形式方案可供选择：

方案1　将芦笋种植和加工公司建成具有独立法人资格的M子公司（全资）。

因子公司具有独立法人资格，属于企业所得税的纳税人，故按其应纳税所得额独立计算缴纳企业所得税。

在这种情况下，深圳新营养技术生产公司包括三个独立纳税主体：深圳新营养技术生产公司总部、H子公司和M子公司。在这种组织形式下，因芦笋种植和加工公司M子公司是独立的法人实体，不能和深圳新营养技术生产公司或H子公司合并纳税，因此，其所形成的亏损不能抵消深圳新营养技术生产公司总部的利润，只能在其以后年度实现的利润中抵扣。

在前四年里，深圳新营养技术生产公司总部及其子公司的纳税总额分别为225万元（=1 000×15%+300×25%）、200万元（=1 000×15%+200×25%）、175万元（=1 000×15%+100×25%）、150万元（=1 000×15%）。四年间缴纳的企业所得税总额为750万元。

方案2　将芦笋种植和加工公司建成非独立核算的分公司。

分公司不同于子公司，它不具备独立法人资格，不独立建立账簿，只作为分支机构存在。按税法规定，分支机构的利润与其总部实现的利润合并纳税。深圳新营养技术生产公司仅有两个独立的纳税主体：深圳新营养技术生产公司总部和H子公司。

在这种组织形式下，因芦笋种植和加工公司作为非独立核算的分公司，其亏损可由深圳新营养技术生产公司用其利润弥补，不仅使深圳新营养技术生产公司的应纳所得税得以延缓，而且降低了深圳新营养技术生产公司第一年至第四年的应纳税所得额。

在前四年里，深圳新营养技术生产公司总部、子公司及分公司的纳税总额分别为195万元（=1 000×15%−200×15%+300×25%）、177.5万元（=1 000×15%−150×15%+200×25%）、160万元（=1 000×15%−100×15%+100×25%）、142.5万元（=1 000×15%−50×15%），四年间缴纳的企业所得税总额为675万元。

方案3　将芦笋种植和加工公司建成H子公司的分公司。

在这种情况下，芦笋种植和加工公司和H子公司合并纳税。此时深圳新营养技术生产公司有两个独立的纳税主体：深圳新营养技术生产公司总部和H子公司。在这种组织形式下，因芦笋种植和加工公司作为H子公司的分公司，与H子公司合并纳税，其前四年的亏损可由H子公司当年利润弥补，降低了H子公司第一年至第四年的应纳税所得额，不仅使H子公司的应纳所得税得以延缓，而且使得整体税负下降。

在前四年里，深圳新营养技术生产公司总部、子公司及分公司的纳税总额分别为175万元（=1 000×15%+300×25%−200×25%）、162.5万元（=1 000×15%+200×25%−150×25%）、150万元（=1 000×15%+100×25%−100×25%）、150万元（=1 000×15%），四年间缴纳的企业所得税总额为637.5万元。

通过对上述三种方案的比较，应该选择第三种组织形式，即将芦笋种植和加工公司建成H子公司的分公司，可以使整体税负最低。

(3) 私营企业与个体工商户的选择。

私营企业也称“私有企业”，是由私人投资经营的企业，有资本家私营企业、劳动者私营企业等类型。其生产资料和产品由私人所有，经营活动由自己或雇用管理人员管理，资金来源有私人独自集资、债券集资、贷款投资、发行股票等。我国现阶段允许私有企业的存在和发展，鼓励外国资本所有者依法在中国投资建立各种形式的私人联合企业。

个体工商户是个体经济单位，它以劳动者个人及其家庭成员为主体，用自有的劳动工具及生产资料、资金，经向国家有关部门登记，独立地从事生产、经营活动。它主要存在于各种小型手工业、零售商业、饮食业、服务业、运输业等生产、劳务部门。

按照现行税法的规定，我国的私营企业适用《企业所得税法》，其税率是25%。而个体工商户却适用《个人所得税法》，其税率见表5-1。

表5-1　个体工商户适用的所得税税率

级数	含税级距	税率/%	速算扣除数/元
1	不超过30 000元	5	0
2	超过30 000至90 000元的部分	10	1 500
3	超过90 000至300 000元的部分	20	10 500
4	超过300 000至500 000元的部分	30	40 500
5	超过500 000元的部分	35	65 500

从表5-1可以看出，当个体工商户的应税所得额为40万元时，适用的边际税率为30%，因为个体工商户适用的是累进税率，其实际税率应是9.937 5%[=(400 000×30%−40 500)×50%÷400 000×100%]。当个体工商户的应纳税所得额为60万元时，适用的边际税率为35%，其实际税率约为12.04%[=(600 000×35%−65 500)×50%÷600 000×100%]。当个体工商户的应税所得额为70万元时，适用的边际税率仍为35%，但其实际税率上升为12.82%[=(700 000×35%−65 500)×50%÷700 000×100%]。而一般情况下由于政策对于“大众创业、万众创新”的扶持，从事国家非限制和禁止行业，且同时符合年度应纳税所得额不超过300万元、从业人数不超过300人、资产总额不超过5 000万元等三个条件的私营企业也实际适用超额累进税率，对年应纳税所得额不超过100万元的部分实际执行税率为5%；对年应纳税所得额超过100万元但不超过300万元的部分实际执行税率为10%。而不满足上述条件的私营企业则适用25%的企业所得税税率。由此可

见，在同等盈利水平且均不考虑费用扣除因素情况下，小微企业主需要多承担一道个人所得税。除税收因素外，两者的选择还各有其利弊。例如，个体工商户存在生产经营规模小、难以扩展业务等缺点；而私营企业却具有组织严密，能多方聚集资源来扩展经营，在扩大规模的同时降低费用，提高盈利水平等优点。因此，私人投资者在投资前应对自身投资的盈利状况及发展前景做出仔细预测，综合考察各种因素，最终做出有利于自己的投资决策。

5.1.2.2　纳税主体身份的转变

纳税主体就是通常所称的纳税人，即法律、行政法规规定负有纳税义务的单位和个人。企业所得税的纳税义务人就是指在我国境内的企业和其他取得收入的组织。按照国际税收惯例，企业所得税强调法人税制，即企业所得税的纳税主体必须是独立的法人单位，只有具有法人资格的单位才能申报纳税。

而不构成法人主体的分支营业机构，必须与总机构汇总纳税。这样就可以通过一定的筹划方法，改变纳税主体的性质，使其不成为企业所得税的纳税人，于是企业所得税就可以降低乃至完全规避。

【案例5-3】

新华集团2018年新成立A公司，从事生物制药及高级投资等盈利能力强的项目，2013年盈利1 000万元，新华集团将其注册为独立法人公司。新华集团另有一法人公司B公司，常年亏损，但集团从整体利益出发不打算将其关闭，B公司2018年亏损300万元。

按照现有的组织结构模式，A公司、B公司都是法人单位，应独立缴纳企业所得税。

2018年A公司应纳企业所得税＝1 000×25%＝250(万元)，B公司亏损，应纳企业所得税为0元，A公司、B公司合计缴纳企业所得税250万元。

若新华集团进行筹划，将B公司变更登记为A公司的分支机构，则B公司不再是独立法人公司，就不再作为独立纳税人，而由A公司汇总纳税。2018年A公司、B公司合计缴纳企业所得税＝(1 000－300)×25%＝175(万元)，经过纳税筹划节省企业所得税75万元(＝250－175)。其实，现有企业集团也可参考上述思路，对成员内部公司进行身份变更，以实现公司之间盈亏互抵，降低集团整体税负。

5.2　企业所得税计税依据的纳税筹划

5.2.1　计税依据的法律界定

企业所得税的计税依据是应纳税所得额。应纳税所得额是指纳税人在一个纳税年度内的收入总额减除成本、费用和损失等后的余额。

5.2.1.1　应纳税所得额的计算

《中华人民共和国企业所得税法实施条例》规定：企业应纳税所得额的计算，以权责发生制为原则，属于当期的收入和费用，不论款项是否收付，均作为当期的收入和费用；不属于当期的收入和费用，即使款项已经在当期收付，均不作为当期的收入和费用。

《企业所得税法》规定:企业每一纳税年度的收入总额,减除不征税收入、免税收入、各项扣除以及允许弥补的以前年度亏损后的余额,为应纳税所得额。所以,应纳税所得额的计算公式可以表示如下:

应纳税所得额=收入总额－不征税收入－免税收入－各项扣除－允许弥补的以前年度亏损

在计算应纳税所得额时,企业财务、会计处理办法与税收法律、行政法规的规定不一致的,应当依照税收法律、行政法规的规定计算纳税。

5.2.1.2　收入项目

为防止纳税人将应征税的经济利益排除在应税收入之外,《企业所得税法》将企业以货币形式和非货币形式取得的收入,都作为收入总额来对待。

《企业所得税法实施条例》将企业取得收入的货币形式界定为取得的现金、存款、应收账款、应收票据、准备持有至到期的债券投资以及债务的豁免等;将企业取得收入的非货币形式界定为固定资产、生物资产、无形资产、股权投资、存货、不准备持有至到期的债券投资、劳务以及有关权益等。由于取得收入的货币形式的金额是确定的,而取得收入的非货币形式的金额不确定,企业在计算非货币形式的收入时,必须按一定标准折算为确定的金额,即企业以非货币形式取得的收入,按照公允价值确定收入额。

收入总额中的下列收入为不征税收入:财政拨款;依法收取并纳入财政管理的行政事业性收费、政府性基金;国务院规定的其他不征税收入。

企业的下列收入为免税收入:国债利息收入;符合条件的居民企业之间的股息、红利等权益性投资收益;在中国境内设立机构、场所的非居民企业从居民企业取得的与该机构、场所有实际联系的股息、红利等权益性投资收益;符合条件的非营利公益组织的收入。

5.2.1.3　税前扣除项目

(1) 税前允许扣除的项目。

① 企业实际发生的与取得收入有关的、合理的支出,包括成本、费用、税金、损失和其他支出,准予在计算应纳税所得额时扣除。

② 企业发生的公益性捐赠支出,在年度利润总额12%以内的部分,准予在计算应纳税所得额时扣除。自2017年2月24日起,企业发生的公益性捐赠支出超过年度利润总额12%的部分,准予结转以后三年内在计算应纳税所得额时扣除。

③ 企业按照规定计算的固定资产折旧,准予扣除。但下列固定资产不得计算折旧扣除:房屋、建筑物以外未投入使用的固定资产;以经营租赁方式租入的固定资产,以融资租赁方式租出的固定资产;已足额提取折旧但仍继续使用的固定资产,与经营活动无关的固定资产;单独估价作为固定资产入账的土地;其他不得计算折旧扣除的固定资产。

④ 企业按照规定计算的无形资产摊销费用,准予扣除。但下列无形资产不得计算摊销费用扣除:自行开发的、支出已在计算应纳税所得额时扣除的无形资产;自创商誉;与经营活动无关的无形资产;其他不得计算摊销费用扣除的无形资产。

⑤ 企业发生的下列支出,作为长期待摊费用,按照规定摊销的,准予扣除:已足额提取折旧的固定资产的改建支出;租入固定资产的改建支出;固定资产的大修理支出;其他应当作为长期待摊费用的支出。

⑥ 企业对外投资期间,投资资产的成本在计算应纳税所得额时不得扣除。

⑦ 企业使用或者销售存货，按照规定计算的存货成本，准予在计算应纳税所得额时扣除。

⑧ 企业转让资产，该项资产的净值，准予在计算应纳税所得额时扣除。

⑨ 企业纳税年度发生的亏损，准予向以后年度结转，用以后年度的所得弥补，但结转年限最长不得超过五年。

（2）不得扣除的项目。

① 向投资者支付的股息、红利等权益性投资收益款项。

② 企业所得税税款。

③ 税收滞纳金。

④ 罚金、罚款和被没收财物的损失。

⑤《企业所得税法》第九条规定以外的捐赠支出。

⑥ 赞助支出。

⑦ 未经核定的准备金支出。

⑧ 与取得收入无关的其他支出。

5.2.2　计税依据的筹划

5.2.2.1　收入的筹划

（1）应税收入确认金额的筹划。

收入总额是指企业以货币形式和非货币形式从各种来源取得的收入，包括纳税人来源于中国境内、境外的生产经营收入和其他收入。

收入确认金额即收入计量，是在收入确认的基础上解决金额多少的问题。商品销售收入的金额一般应根据企业与购货方签订的合同或协议的金额确定，无合同或协议的，应按购销双方都同意或都能接受的价格确定；提供劳务的总收入，一般应按照企业与接受劳务方签订的合同或协议的金额确定，如根据实际情况需要增加或减少交易总金额，企业应及时调整合同总收入；让渡资产使用权中的金融企业利息收入应根据合同或协议规定的存、贷款利息确定；使用费收入应按企业与其资产使用者签订的合同或协议确定。

但是，在收入的计量中，还经常存在着各种收入抵免因素，这就给企业在保证收入总体不受大影响的前提下提供了纳税筹划的空间。如各种商业折扣、销售折让、销售退回以及出口商品销售中的外国运费、装卸费、保险费、佣金等，应在实际发生时冲减销售收入；销售中的现金折扣应在实际发生时计入当期财务费用，也就等于抵减了销售收入。这些都减少了应纳税所得额，也就相应地减少了所得税，前者还减少了流转税的计税依据。

【案例 5-4】

某大型商场为增值税一般纳税人，企业所得税实行查账征收方式，适用税率为 25%。假定每销售 100 元商品，其平均商品成本为 60 元。2019 年 6 月商场决定开展促销活动，拟定“满 100 送 20”，即每销售 100 元商品，送出 20 元商品。具体方案如下：

方案 1　顾客购物满 100 元，商场送 8 折商业折扣的优惠。

这一方案企业销售 100 元商品收取 80 元，只需在销售票据上注明折扣额，销售收入可按折扣后的金额计算。假设商品增值税税率为13%，企业所得税税率为25%，则：

应纳增值税＝80÷(1＋13%)×13%－60÷(1＋13%)×13%
＝2.30(元)

销售毛利润＝800÷(1＋13%)－60÷(1＋13%)＝17.70(元)

应纳企业所得税＝17.70×25%＝4.425(元)

税后净收益＝17.70－4.425＝13.275(元)

方案2　顾客购物满100元，商场赠送折扣券20元(不可兑换现金，下次购物可代币结算)。

按此方案商场销售100元商品，收取100元，但赠送折扣券20元。如果规定折扣券占销售商品总价值不高于40%(该商场销售毛利率为40%，规定折扣券占商品总价40%以下，可避免收取款项低于商品进价)，则顾客相当于获得了下次购物的折扣期权，商场本笔业务应纳税及相关获利情况为：

应纳增值税＝100÷(1＋13%)×13%－60÷(1＋13%)×13%
＝4.60(元)

销售毛利润＝100÷(1＋13%)－60÷(1＋13%)＝35.4(元)

应纳企业所得税＝35.4×25%＝8.85(元)

税后净收益＝35.4－8.85＝26.55(元)

但当顾客下次使用折扣券时，商场就会出现按方案1计算的纳税及获利情况，因此与方案1相比，方案2仅比方案1多了流入资金增量部分的时间价值而已，也可以说是“延期”折扣。

方案3　顾客购物满100元，商场另行赠送价值20元的礼品。

在此方案下，商场赠送礼品的行为应视同销售行为，计算销项税额；同时由于属非公益性捐赠，赠送的礼品成本不允许税前列支(假设礼品的进销差价率与商场其他商品相同)。相关计算如下：

应纳增值税＝100÷(1＋13%)×13%－60÷(1＋13%)×13%＋
20÷(1＋13%)×13%－12÷(1＋13%)×13%
＝5.52(元)

销售毛利润＝100÷(1＋13%)－60÷(1＋13%)－
12÷(1＋13%)－20÷(1＋13%)×13%
＝22.48(元)

应纳企业所得税＝[22.48＋12÷(1＋13%)＋20÷
(1＋13%)×13%]×25%
＝8.85(元)

税后净收益＝22.48－8.85＝13.63(元)

方案4　顾客购物满100元，商场返还现金“大礼”20元。

商场返还现金的行为也属商业折扣，与方案1相比只是定率折扣与定额折扣的区别，相关计算同方案1。

方案5　顾客购物满100元，商场送加量，顾客可再选购价值20元的商品，实行捆绑式销售，总价格不变。

按此方案，商场为购物满100元的商品实行加量不加价的优惠。商场收取的销售收入没有变化，但由于实行捆绑式销售，避免了无偿赠送，因而加量部分成本可以正常列支，相关计算如下：

应纳增值税＝100÷(1＋13％)×13％－60÷(1＋13％)×13％－12÷(1＋13％)×13％＝3.22(元)

销售毛利润＝100÷(1＋13％)－60÷(1＋13％)－12÷(1＋13％)＝24.78(元)

应纳企业所得税＝24.78×25％＝6.2(元)

税后净收益＝24.78－6.2＝18.58(元)

在以上方案中，方案1与方案5相比，即再把20元商品进行正常销售并试做相关计算如下：

应纳增值税＝20÷(1＋13％)×13％－12÷(1＋13％)×13％＝0.92(元)

销售毛利润＝20÷(1＋13％)－12÷(1＋13％)＝7.08(元)

应纳企业所得税＝7.08×25％＝1.77(元)

税后净收益＝7.08－1.77＝5.31(元)

按上面的计算方法，方案1最终可获税后净利为18.585元(＝13.275＋5.31)，与方案5大致相等。若仍作折扣销售，则税后净收益还是有一定差距，所以方案5优于方案1。而且方案1的再销售能否及时实现具有不确定性，因此还得考虑存货占用资金的成本。

(2) 应税收入确认时间的筹划。

推迟应税所得的实现可以延迟纳税，相当于使用国家的一笔无息贷款。通过对销售结算方式的选择，控制收入确认的时间，企业可以合理归属所得年度，以达到减税或延缓纳税的目的，从而降低税负。

【案例5-5】

某企业属增值税一般纳税人，当月发生销售业务5笔，共计应收货款2 000万元。其中，有三笔共计1 200万元，10日内货款两清；一笔300万元，购销双方协商两年后一次付清；另一笔500万元，购销双方协商一年后付250万元，一年半后付150万元，余款100万元两年后结清。该企业增值税进项税额为150万元，毛利率为15％，所得税税率为25％，企业对上述销售业务采用了分期收款方式。

方案1　企业采取直接收款方式。

计提销项税额＝2 000÷(1＋13％)×13％＝230.09(万元)。

实际缴纳增值税＝230.09－150＝80.09(万元)。

依据企业毛利率计算所得税：2000÷(1＋13％)×15％×25％＝66.37(万元)。

方案2　企业对未收到的应收账款分别在货款结算中采取赊销和分期收款结算方式。

当期销项税额＝1 200÷(1＋13％)×13％＝138.05(万元)。

实际缴纳增值税＝138.05－150＝－11.95(万元)。

依据企业毛利率计算所得税：1 200÷(1＋13％)×15％×25％＝39.82(万元)。

由于收入确认的方法不同，方案2较方案1少垫付增值税：

80.09－(－11.95)＝92.04(万元)，少垫付所得税：66.37－39.82＝26.55(万元)。

由此，企业在不能及时收到货款的情况下，采用赊销或分期收款结算方式可以避免垫付税款。

【案例5-6】

B企业是全国知名的电脑生产企业，其2021年生产的某品牌电脑全部委托分布于全国30多个大中城市的代理商进行销售，该企业采取薄利多销的策略，在与各代理商签订销售合同时，就在合同中注明该品牌电脑的每台不含税销售价格为6 000元，代理手续费为每台100元。

(1) 在营改增改革之前，存在着两种纳税筹划方案：

方案1　采用收取手续费方式。2021年该企业发出电脑15 000台，到年底结账时，共收到代销单位的代销清单合计销售12 000台，则B企业应按销售清单确认销售收入并计算增值税的销项税额。对于受托代销企业来说，则要将这笔120万元的代销手续费作为劳务收入缴纳5％的营业税，但代销手续费可以税前列支。

B企业销项税额＝0.6×12 000×13％＝936(万元)。

受托代销企业销项税额合计＝120×6％＝7.2(万元)。

方案2　采用视同买断方式，B企业与代理商签订代销协议，以销售价格每台6 000元减代销手续费100元，即以每台5 900元的价格作为合同的代销价格，代理商仍以每台6000元的价格销售。2021年销售电脑12 000台，收到代理商传来的销售清单时，确认销售收入的实现并计算增值税，对受托代销企业来说，在该方式下，就销售电脑的差额120万元缴纳13％的增值税。

B企业销项税额＝0.59×12 000×13％＝920.4(万元)。

受托代销企业销项税额合计＝120×13％＝15.6(万元)。

比较这两个方案，买断方式下委托方(电脑厂商)将手续费从销售额中扣除，使得增值税计税依据相应减少，但对于受托方(代理商)则应缴纳的税种产生变化，税负可能上升。

(2) 在营改增之后，由于税法规定代理商销售代销货物为视同发生应税销售行为，因此上述方案1和方案2均适用同一增值税征收方式，税法的变更导致该筹划方案无效。

但需要注意的是，无论采用收取手续费方式还是买断销售方式，电脑厂商确认收入实现的时间都是以收到代理商的代销清单为准，相比直接销售，委托方销售的确认和纳税义务的发生时间相对滞后，就能够产生一定的延期纳税收益，并且如果委托企业和受托企业作为一个整体来筹划，其中的节税空间还会更大。

5.2.2.2 扣除项目的筹划

(1) 期间费用的筹划。

企业生产经营中的期间费用包括销售费用、管理费用、财务费用，这些费用直接影响着企业的应纳税所得额。为了防止纳税人任意加大费用、减小应纳税所得额，《企业所得税法实施条例》对允许扣除项目做了规定，结合会计核算的费用项目划分需要，将费用项目分为三类：税法有扣除标准的费用项目、税法没有扣除标准的费用项目、税法给予优惠的费用项目。

税法有扣除标准的费用项目包括职工福利费、职工教育经费、工会经费、业务招待费、广告费和业务宣传费、公益性捐赠支出等。这类费用一般采用以下筹划方法：

① 原则上遵照税法的规定进行抵扣，避免因纳税调整而增加企业税负；

② 区分不同费用项目的核算范围，使税法允许扣除的费用标准得以充分抵扣；

③ 费用的合理转化，将有扣除标准的费用通过会计处理转化为没有扣除标准的费用，加大扣除项目总额，降低应纳税所得额。

税法没有扣除标准的费用项目包括劳动保护费、办公费、差旅费、董事会费、咨询费、诉讼费、租赁及物业费、车辆使用费、长期待摊费用摊销、房产税、车船税、土地使用税、印花税等。这类费用一般采用以下筹划方法：

① 正确设置费用项目，合理加大费用开支。

② 选择合理的费用分摊方法。例如，对低值易耗品、无形资产、长期待摊费用等摊销时，要视纳税人不同时期的盈亏情况而定：在盈利年度，应选择使费用尽快得到分摊的方法，使其抵税作用尽早发挥，推迟所得税纳税时间；在亏损年度，应选择使费用尽可能摊入亏损并能全部得到税前弥补，不要浪费费用分摊的抵税效应；在享受税收优惠的年度，应选择能使减免税年度摊销额最小、正常年度摊销额增大的摊销方法。

税法给予优惠的费用项目包括研发费用等，应充分享受税收优惠政策。企业在一个纳税年度生产经营中发生的新产品、新技术、新工艺的技术开发费用，允许按当年费用实际发生额的 150％扣除。在 2017 年 1 月 1 日至 2019 年 12 月 31 日期间，科技型中小企业开展研发活动中实际发生的研发费用，未形成无形资产计入当期损益的，允许按当年费用实际发生额的 175％扣除。

【案例 5-7】

某房地产开发企业在上海一黄金地段开发楼盘，广告费扣除率为 15％，预计本年销售收入为 7 000 万元，计划本年宣传费用开支 1 200 万元。企业围绕宣传费用开支 1 200 万元做出如下两个纳税筹划方案：

方案 1　在当地电视台黄金时间每天播出 4 次、间隔播出 10 个月并在当地报刊连续刊登 12 个月，此项因广告费超支额需调增所得税金额为：(1 200－7 000×15％)×25％＝37.5(万元)，则广告实际总支出为：1 200＋37.5＝1 237.5(万元)。

方案 2　在当地电视台每天播出 3 次、间隔播出 10 个月并在当地报刊做广告需支出 900 万元，雇用少量人员只在节假日到各商场和文化活动场所散发宣传材料需支出 30 万元，建立自己的网页并在有关网站发布售房信息，发布和维护费用需支出 270 万元。

经比较，方案2为最佳方案，因为网站发布和维护费用可从管理费用中列支（税法未对此项广告宣传费用做出限制，一般作为管理费用中的其他项目列支）。此时，方案2的各项支出1 200万元均可在各项规定的扣除项目限额内列支，无须进行纳税调整，并且从多个角度对房产进行了宣传，对房产销售起到了很好的促进作用。

（2）成本项目的筹划。

①合理处理成本的归属对象和归属期间。纳税人必须将经营活动中发生的成本合理划分为直接成本和间接成本。直接成本是可直接计入有关成本计算对象或劳务成本中的直接材料、直接人工等。间接成本是指多个部门为同一个成本对象提供服务的共同成本，或者同一种投入可以制造（提供）两种或两种以上产品（劳务）的联合成本。间接成本必须根据与成本计算对象之间的因果关系、成本计算对象的产量等，以合理的方法分配计入有关成本计算对象中。尤其是对于既生产应税产品又生产免税产品的企业来说，合理确定直接成本和间接成本的归属对象和归属期间显得尤为重要。

② 成本结转处理方法的筹划。成本结转处理方法主要有在产品不计算成本法、约当产量法、在产品按完工产品计算法、在产品按定额成本计价法等。税法并没有限制使用哪一种方法，采用不同的成本结转处理方法对产成品成本的结转有很大影响，企业应根据实际情况选择适当的方法。例如，选择在产品不计算成本法则每期发生的生产费用都可以作为完工产品成本，相应地扩大了当期的营业成本，减少了当期应纳税所得额。当然，成本结转的处理方法经确定就不能更改，如果需要更改，需要向当地主管税务部门申请下一年的成本结转处理方法，否则，税务机关有权进行纳税调整。

③ 成本核算方法的筹划。成本核算方法主要有品种法、分批法、分步法三种基本方法。每一种方法对产成品成本的归集与计算要求各不相同，对最终计算的产成品成本会产生很大的影响。所以，合理选择成本核算方法，能够影响企业的产成品价值。

④ 成本费用在存货、资本化对象或期间费用之间的选择。如果企业的某项成本费用能够在存货与资本化对象之间进行选择，对于纳税人而言，应该尽可能选择计入存货成本，因为这样做不仅可以获得增值税的抵扣，而且可以加快其税前扣除速度。

如果企业发生的某项成本费用可以在存货与期间费用之间选择，从所得税的角度而言，应该计入期间费用，因为期间费用可以在当期扣除。但从增值税的角度来看，关系到进项税额能否扣除，如果不涉及进项税额的扣除，则纳税人应该尽可能选择计入期间费用。但如果影响进项税额的扣除，即当发生某项费用时不能获得增值税发票，则纳税人应该尽可能选择计入存货，因为选择计入期间费用只是获得所得税加速扣除的好处，如果以放弃进项税额的抵扣为前提，肯定得不偿失。

（3）固定资产的筹划。

① 能够费用化或计入存货的成本费用不要通过资本化计入固定资产。因为成本费用在被资本化并计入固定资产后，不仅不能进行增值税进项税额的抵扣，而且成本费用也不得在当期计入应纳税所得额。

② 折旧是影响企业所得税的重要因素，提取固定资产折旧金额的大小主要取决于四大因素：应计提折旧额、折旧年限、折旧方法以及净残值。计提折旧时应充分考虑这四种因素

的影响。

【案例 5-8】

某企业固定资产原值 80 000 元，预计残值 2 000 元，使用年限为 5 年，企业所得税税率为 25%。企业未扣除折旧前的利润见表 5-2。

表 5-2　企业利润表　　单位：元

年限	未扣除折旧的利润
第 1 年	50 000
第 2 年	62 000
第 3 年	53 000
第 4 年	50 000
第 5 年	32 000
合计	247 000

A. 非贴现方法。分别运用直线法、双倍余额递减法(加速折旧法)来计算每年的应纳税所得额。

a. 直线法。

年折旧率＝1/5×100%＝20%年折旧额＝(80 000－2 000)×20%
＝15 600(元)

累计折旧额＝15 600×5＝78 000(元)

累计应纳所得税税额＝(247 000－78 000)×25%＝42 250(元)

b. 双倍余额递减法。

折旧率＝2×(1/5)×100%＝40%

第 1 年折旧额＝80 000×40%＝32 000(元)

第 2 年折旧额＝(80 000－32 000)×40%＝19 200(元)

第 3 年折旧额＝(80 000－32 000－19 200)×40%＝11 520(元)

第 4 年、第 5 年改用直线法，每年折旧额$=\frac{80\ 000-32\ 000-19\ 200-11\ 520-2\ 000}{2}$
$=7\ 640$(元)

累计折旧额＝78 000 元

应纳所得税税额＝(247 000－78 000)×25%＝42 250(元)

在非贴现的情况下，以直线法与双倍余额递减法计算的折旧总额和应纳所得税税额没有差异。

B. 贴现方法。以两种折旧方法计算得出的各年应纳税所得额、应纳所得税税额及应纳所得税税额现值见表 5-3(这里贴现率假定为 10%)。

表 5-3 两种折旧方法下的应纳税所得额、应纳所得税税额及现值 单位：元

年限	直线法			双倍余额递减法		
	应纳税所得额	应纳所得税税额	应纳所得税税额现值	应纳税所得额	应纳所得税税额	应纳所得税税额现值
第 1 年	34 400	8 600	7 817.40	18 000	4 500	4 090.50
第 2 年	46 400	11 600	9 581.60	42 800	10 700	8 838.20
第 3 年	37 400	9 350	7 021.85	41 480	10 370	7 787.87
第 4 年	34 400	8 600	5 873.80	42 360	10 590	7 232.97
第 5 年	16 400	4 100	2 546.10	24 360	6 090	3 781.89
合计	169 000	42 250	32 840.75	169 000	42 250	31 731.43

注：1 年期、2 年期、3 年期、4 年期、5 年期利率的 10%的复利现值系数分别为 0.909、0.826、0.751、0.683、0.621。

从表 5-3 中可以看出，运用双倍余额递减法（加速折旧法），折旧初期提取的折旧额比较多，相应的税基少，应纳所得税也就少，折旧后期折旧额较小，相应的应纳所得税就多。虽然在整个折旧摊销期间，总的应纳税所得额和应纳所得税税额是一样的，但各年应纳税款不一样。从各年应纳税额的现值总额来看，双倍余额递减法较直线法所实现的节税金额为：

$$32\ 840.75-31\ 731.43=1\ 109.32(\text{元})$$

但需要注意的是，采取缩短折旧年限方法或者采取加速折旧方法的固定资产只有两类：一是由于技术进步，产品更新换代较快的固定资产；二是常年处于强震动、高腐蚀状态的固定资产。采取缩短折旧年限方法的，最低折旧年限不得低于规定折旧年限的 60%。

C. 对于既不能计提折旧又无须使用的固定资产应加快处理，尽量实现财产损失的税前扣除。

【案例 5-9】

某企业有一项无须使用的固定资产，其原值为 100 万元，预计使用期限为 10 年，无残值。目前已使用 5 年，账面剩余价值 50 万元，由于能耗过高被停用，如果出售可以获得5 万元。

如果该企业对该固定资产不做任何处理，账面的 50 万元既不能计提折旧，也不能将计提的跌价准备在税前扣除。

如果该企业将该固定资产出售并获得 5 万元收入，则实现固定资产处置的净损失为50－5＝45（万元），45 万元的损失在当期就可以抵税，企业当期可以少交所得税：45×25%＝11.25（万元）。

D. 固定资产维修费用的筹划。固定资产的维修与改良在税收处理上有较大的差异。相比较而言，维修费用能够尽快实现税前扣除，而改良支出需要计入固定资产，通过折旧实现税前扣除。另外，维修过程中所使用的料件还可以获得增值税进项税额的抵扣，而改

良支出属于固定资产，其购置的料件不能够获得进项税额的抵扣。

固定资产的大修理支出必须作为长期待摊费用按规定摊销，不得直接在当期税前扣除。根据《企业所得税法实施条例》的规定，固定资产的大修理支出，是指同时符合下列条件的支出：第一，修理支出达到取得固定资产时的计税基础50%以上；第二，修理后固定资产的使用年限延长2年以上。

【案例5-10】

甲企业对旧生产设备进行大修，大修过程中所耗材料费、配件费为80万元，增值税为10.4万元，支付工人工资20万元，总花费为100万元，而整台设备原值为198万元。

总的修理支出大于设备原值（计税基础）的50%。按照税法的规定，凡修理支出达到取得固定资产时的计税基础的50%以上的，一律作为大修理支出，按照固定资产尚可使用年限分期摊销。因此应将100万元费用计入该设备原值，在以后的使用期限内逐年摊销。

但注意到固定资产原值（计税基础）的50%为99万元，与现有花费相当，如果进行纳税筹划则能节约税金。具体安排如下：节省修理支出至99万元以下，就可以视为日常维修处理，相应产生的增值税就可以列入进项税额进行抵扣，即若该企业发生修理支出98万元（假设压缩人工成本而非材料支出），可以少缴增值税10.4万元，少缴城市维护建设税及教育费附加1.04万元，同时98万元修理支出可以计入当期损益并在企业所得税前扣除，从而获得递减纳税的好处。

E. 租入固定资产租金的选择。企业取得固定资产的方式主要有购置、经营性租入和融资租入等。由于取得的方式不同，税法所涉及的有关规定也就不同，这就给纳税筹划留下了一定的空间。

纳税人以经营租赁方式从出租方取得固定资产，其符合独立纳税人交易原则的租金可根据受益时间均匀扣除。纳税人以融资租赁方式从出租方取得固定资产，其租金支出不得扣除，但可按规定提取折旧费用。

【案例5-11】

A企业由于扩大生产，现急需一台生产设备。此设备既可以通过经营性租赁租入，也可以购置。企业所得税税率为25%，贴现率为10%。那么，在决策时有两个方案：

方案1　经营性租赁租入。每年租金15万元，假定每年年末支付，共租5年。

$$\text{净现值}=-15\times PVIFA(5,10\%)\times(1-25\%)$$
$$=-15\times3.791\times(1-25\%)=-42.65(\text{万元})$$

方案2　购置。假定买价为60万元，5年提完折旧，每年计提12万元，并且没有残值和维修费。

$$\text{净现值}=-60+12\times25\%\times PVIFA(5,10\%)$$
$$=-60+12\times3.791\times25\%=-48.63(\text{万元})$$

可见，方案1具有明显的税收优势。

(4) 无形资产摊销的筹划。

无形资产摊销额的决定性因素有三个，即无形资产的价值、摊销年限以及摊销方法。

税法关于无形资产的摊销期限的规定赋予纳税人一定的选择空间。正常经营的企业应选择较短的摊销期限，这样做不仅可以加速无形资产成本的收回，避免企业未来的不确定性风险，而且可以使企业后期成本、费用提前扣除，前期利润后移，从而使企业获得延期纳税的好处。

【案例5-12】

某公司接受外企一无形资产作为投资。该无形资产价值1 200万元，法律规定的有效期为10年。估计该项投资可以每年给公司增加利润180万元，使公司每年的利润达到650万元，每年需纳税162.5万元（=650×25%）。假定企业的必要报酬率为10%。

缴纳的所得税现值=162.5×PVIFA(10,10%)=162.5×6.145
=998.56(万元)

公司财务人员从纳税筹划的角度考虑，与投资方协商，以提高对方的利润分配率为代价，议定该无形资产的使用年限为5年。则：

前5年每年可增加费用=1 200/5−1 200/10=120(万元)

利润减少为530万元，每年需纳税：530×25%=132.50(万元)

后5年的无形资产摊销为0元，利润为770万元，每年缴税192.50万元。

缴纳的所得税现值总和=132.5×PVIFA(5,10%)+192.5×[PVIFA(10,10%)−PVIFA(5,10%)]
=132.5×3.791+192.5×(6.145−3.791)
=955.45(万元)

获得货币时间价值=998.56−955.45=43.11(万元)

(5) 公益性捐赠的筹划。

公益性捐赠是纳税人承担社会责任的表现，税法对此予以鼓励。《企业所得税法》规定：企业发生的公益性捐赠支出，在年度利润总额12%以内的部分，准予在计算应纳税所得额时扣除；超过年度利润总额12%的部分，准予结转以后三年内在计算应纳税所得额时扣除。企业在符合税法规定的情况下，可以充分利用捐赠政策，分析不同捐赠方式的税收负担，在不同捐赠方式中做出选择，达到既实现捐赠又降低税负的目的。

【案例5-13】

为了支持受灾地区的灾后重建，2020年年底，北方公司通过当地政府部门将其于2016年投资200万元在该地区(县)建成的一栋厂房捐赠给当地从事公益事业的阳光公司。假定该厂房折旧年限为20年，报废时无残值、无清理费用及清理收入。捐赠方每年的会计利润额为1 000万元(未扣除捐赠额及其有关的支出)，受赠方接受该不动产后预计每年的会计利润额为200万元。双方除了这笔捐赠再无其他纳税调整事项。

阳光公司的税负计算如下：按税法规定，企业接受捐赠的实物资产计入企业的应纳税所得额。自2020年起15年内，阳光公司在会计处理上每年提取折旧额10万元(＝200÷20)。

阳光公司每年应纳企业所得税金额为：(200－10)×25％＝47.5(万元)。

北方公司的税负计算如下：单位将不动产无偿赠与他人，视同销售不动产选择简易计税方法适用5％税率征收增值税。

北方公司应纳营业税、城建税及教育费附加合计额为：200÷(1＋5％)×(1＋5％＋3％＋2％)＝10.48(万元)。

按税法规定，上述捐赠在企业利润12％以内的部分准予扣除。因此，2020年度北方公司允许抵扣的捐赠额为：

$$1\ 000\times12\%=120(万元)$$

所以，北方公司应纳企业所得税金额为：(1 000－120)×25％＝220(万元)

北方公司合计纳税总额为：

$$1\ 220+10.48=230.48(万元)$$

这笔捐赠业务使双方的税负都有不同程度的增加。

如果北方公司把该资产以投资而不是捐赠的形式转出，并把每年从阳光公司分回的股利再以现金形式捐赠回去，那么这样做既没有改变北方公司捐赠的初衷，又可以使双方都获得节税利益。

按照此方案，双方的纳税情况如下：假如上述条件不变，将厂房协议作价200万元作为对阳光公司的投资，北方公司占对方总股本的12％，并假设阳光公司每年的税后净利润全部用于分配。阳光公司每年提取的折旧额10万元允许税前扣除。

对于北方公司来说，以不动产投资入股，参与被投资方利润分配、共担风险的行为不征营业税。因此，相对于捐赠，北方公司2020年度不需要缴纳10.48万元的增值税、城建税及教育费附加；但因为没有发生允许税前扣除的公益性捐赠限额120万元，企业2020年度要多支出企业所得税30万元(＝120×25％)。自2020年起，北方公司按持股比例每年均可分回的股利额为：

$$(200-10)\times(1-25\%)\times12\%=17.1(万元)$$

北方公司每年通过政府部门将这笔投资收益捐赠给阳光公司，因其数额不大，每年均未超过按税法计算的扣除标准，故都可以据实在税前列支。按20年计算，其可以税前列支的捐赠额高达342万元(＝17.1×20)万元。但需要说明的是，此时双方已经符合税法规定的存在关联关系的条件，北方公司必须有足够的证据证明这笔现金是用于公益性捐赠。

5.2.2.3　亏损弥补的筹划

亏损弥补政策是我国企业所得税中的一项重要优惠措施，是国家为了扶持纳税人发展，从政策上帮助纳税人渡过难关的一项优惠措施。企业要充分利用亏损弥补政策，以取得最大的节税利益。

(1) 重视亏损年度后的运营。企业出现亏损后，就必须重点抓生产经营及投资业务，例如，企业可以减小以后5年内投资的风险性，以相对安全的投资为主，确保亏损能在规定的5年期限内得到全额弥补。

(2) 利用企业合并、分立、汇总纳税等优惠条款消化亏损。按照税法的规定，汇总、合并纳税的成员企业发生的亏损，可直接冲抵其他成员企业的所得额或并入总公司的亏损额，不需要用本企业以后年度所得弥补。被兼并企业若不再具有独立纳税人资格，其兼并前尚未弥补的经营亏损，可由兼并企业用以后年度的所得弥补。所以，对于一些长期处于高盈利状态的企业，可以兼并一些亏损企业，以减少其应纳税所得额，达到节税的目的。尤其是一些大型集团公司，应尽量采取汇总纳税、合并纳税的方式，用盈利企业的所得额冲抵亏损企业的亏损额，从而减少应纳税额。

(3) 通过选择亏损弥补期进行筹划。当纳税企业既有所得税应税项目，又有免税项目（如免税的投资收益）时，如果认真地考虑免税所得的分回时间，就可以最大限度地弥补亏损并获得税收利益。

5.3 企业所得税税率的纳税筹划

5.3.1 企业所得税的税率

5.3.1.1 企业所得税的基本税率

依据《企业所得税法》，企业所得税的税率为25%。无论内资企业还是外资企业，一律执行相同的基本税率，在一定程度上保持了税收的公平性，是我国整体降低企业所得税负担的重要表现。

非居民企业在中国境内未设立机构、场所的，或者虽设立机构、场所但取得的所得与其所设机构、场所没有实际联系的，应当就其来源于中国境内的所得缴纳企业所得税，适用税率为20%。但按《企业所得税法实施条例》的规定，非居民企业的上述所得减按10%的税率征收企业所得税。比如，一家美国建筑设计公司在中国境内没有设立机构、场所，那么对其来自上海某建设单位的设计费收入应按10%的税率征收企业所得税。

5.3.1.2 企业所得税的优惠税率

(1) 小型微利企业的20%低税率。

国家一向对小型微利企业（以下简称"小微企业"）的发展十分重视，不仅在税法中规定了小微企业适用的优惠税率，而且多次密集出台文件降低小微企业的实际税负。在税率上，《企业所得税法》第二十八条规定：符合条件的小型微利企业，减按20%的税率征收企业所得税。最新颁布的《财政部税务总局关于实施小微企业普惠性税收减免政策的通知》（财税〔2019〕13号）和《财政部税务总局关于实施小微企业和个体工商户所得税优惠政策的公告》（财政部税务总局公告2021年第12号）规定：从2021年1月1日至2022年12月31日，对小微企业年应纳税所得额不超过100万元的部分，减按12.5%计入应纳税所得额，按20%的税率缴纳企业所得税（该部分所得实际适用2.5%的税率）；从2019年1月1日至2021年12月31日，对年应纳税所得额超过100万元但不超过300万元的部分，减按50%计入应纳税所得额，按20%的税率缴纳企业所得税（该部分所得实际适用10%的税率）。此外，对小微企业的认定标准也大幅放宽，凡从事国家非限制和禁止行业，且同时符合年度应纳税所得额不超过300万元、从业人数不超过300人、资产总额不超过5 000万元三个条件的企业均可被认定为小微企业，享受上述税收优惠。

(2) 高新技术企业的15%优惠税率。

《企业所得税法》规定：国家需要重点扶持的高新技术企业，减按15%的税率征收企业所得税。

根据《高新技术企业认定管理办法》第十一条，认定为高新技术企业须同时满足以下条件：

① 企业申请认定时须注册成立一年以上。

② 企业通过自主研发、受让、受赠、并购等方式，获得对其主要产品(服务)在技术上发挥核心支持作用的知识产权的所有权。

③ 对企业主要产品(服务)发挥核心支持作用的技术属于《国家重点支持的高新技术领域》规定的范围。

④ 企业从事研发和相关技术创新活动的科技人员占企业当年职工总数的比例不低于10%。

⑤ 企业近三个会计年度(实际经营期不满三年的按实际经营时间计算，下同)的研究开发费用总额占同期销售收入总额的比例符合如下要求：① 最近一年销售收入小于5 000万元(含)的企业，比例不低于5%；② 最近一年销售收入在5 000万元至2亿元(含)的企业，比例不低于4%；③ 最近一年销售收入在2亿元以上的企业，比例不低于3%。其中，企业在中国境内发生的研究开发费用总额占全部研究开发费用总额的比例不低于60%。

⑥ 近一年高新技术产品(服务)收入占企业同期总收入的比例不低于60%。

⑦ 企业创新能力评价应达到相应要求。

⑧ 企业申请认定前一年内未发生重大安全、重大质量事故或严重环境违法行为。

(3) 技术先进型服务企业的15%优惠税率。

自2017年1月1日起，在全国范围内实行以下企业所得税优惠政策：

① 对经认定的技术先进型服务企业，减按15%的税率征收企业所得税。

② 经认定的技术先进型服务企业发生的职工教育经费支出，不超过工资薪金总额8%的部分，准予在计算应纳税所得额时扣除；超过部分，准予在以后纳税年度结转扣除。

享受企业所得税优惠政策的技术先进型服务企业必须同时符合以下条件：

① 在中国境内(不包括港、澳、台地区)注册的法人企业；

② 从事《技术先进型服务业务认定范围(试行)》中的一种或多种技术先进型服务业务，采用先进技术或具备较强的研发能力；

③ 具有大专以上学历的员工占企业职工总数的50%以上；

④ 从事《技术先进型服务业务认定范围(试行)》中的技术先进型服务业务取得的收入占企业当年总收入的50%以上；

⑤ 从事离岸服务外包业务取得的收入不低于企业当年总收入的35%。

从事离岸服务外包业务取得的收入，是指企业根据境外单位与其签订的委托合同，由本企业或其直接转包的企业为境外单位提供《技术先进型服务业务认定范围(试行)》中所规定的信息技术外包服务(ITO)、技术性业务流程外包服务(BPO)和技术性知识流程外包服务(KPO),而从上述境外单位取得的收入。

5.3.2 税率的筹划方法

5.3.2.1 享受低税率政策

由于企业所得税的税率有三个不同的档次,税率存在显著差异,因此,企业可以创造条件设立高新技术企业,从而享受15%的低税率。当然,规模较小、盈利水平一般的企业,也可将其盈利水平控制在一定范围之内,从而适用小型微利企业20%的低税率(实际税率为2.5%～10%)。

5.3.2.2 预提所得税的筹划

预提所得税简称“预提税”。预提所得税制度是指一国政府对没有在该国境内设立机构及场所的外国公司、企业和其他经济组织从该国取得的股息、利息、租金、特许权使用费所得;或者虽设立机构、场所,但取得的所得与其所设机构、场所没有实际联系的,由支付单位按支付金额扣缴所得税的制度。

【案例5-14】

某外国企业拟到中国开展技术服务,预计每年获得1 000万元人民币收入(这里暂不考虑相关的成本、费用支出)。该企业面临以下三种选择:

第一,在中国境内设立实际管理机构。

第二,在中国境内不设立实际管理机构,但设立营业机构,营业机构适用25%的所得税税率。劳务收入通过该营业机构取得。

第三,在中国境内既不设立实际管理机构,也不设立营业机构。

对于上述三种不同选择,该外国企业的收入面临不同的税率和纳税状况,具体分析如下:如果该外国企业选择在中国境内设立实际管理机构,则一般被认定为居民企业,这种情况下适用的企业所得税税率为25%,其应纳企业所得税计算如下:

企业所得税=1 000×25%=250(万元)。

如果该外国企业选择在中国境内不设立实际管理机构,而是设立营业机构并以此获取收入,则该营业机构获取的所得适用25%的税率,其应纳企业所得税计算如下:

企业所得税=1 000×25%=250(万元)。

如果该外国企业在中国境内既不设立实际管理机构,也不设立经营场所,则其来源于中国境内的所得适用10%的预提所得税,其应纳企业所得税计算如下:

企业所得税=1 000×10%=100(万元)。

5.3.3 享受增值税进项税额加计抵减相关企业所得税的筹划

近年来,国家密集出台了一系列减税降费措施,增值税进项税额加计抵减便是其中的重要内容。根据《财政部税务总局海关总署 关于深化增值税改革有关政策的公告》(财政部税务总局海关总署公告2019年第39号)，自2019年4月1日至2021年12月31日，允许生产、生活性服务业纳税人(即提供邮政服务、电信服务、现代服务、生活服务取得的销售额占全部销售额的比重超过50%的纳税人)按照当期可抵扣进项税额加计10%，抵减增值税应纳税额。但在具体适用该政策过程中，又根据最新《企业会计准则第16号——政府补助》的相关规定，企业享受的增值税加计抵减金额，即与企业日常活动无关的政府补助，应当计入“营业外收支”科目，需要相应调整企业利润表中“营业利润”项目里的“其他收益”科目。也就是说，如果企业适用增值税加计抵减政策，按照加计抵减金额计入“其他收益”科目，则相应金额需要计入利润表中计算缴纳企业所得税。

【案例5-15】

某生产、服务业纳税人甲企业为增值税一般纳税人，其2019年12月已确认的增值税销项税额为600万元，进项税额为300万元，并有期初留抵进项税额100万元。此外，该企业2019年度企业所得税应纳税所得额为200万元，可加计抵减的增值税进项金额为30万元(＝300×10%)。

方案1　该企业选择适用增值税加计抵减政策，抵减进项税额30万元。因此，该企业的年度企业所得税应纳税所得额需相应调增30万元。假设该企业不符合享受小微企业税收优惠政策的条件，其企业所得税适用税率为25%。则当期应纳增值税税额＝600－300－100－30＝170(万元)，应纳企业所得税税额＝(200＋30)×25%＝57.5(万元)；二税合计应纳税额＝170＋57.5＝227.5(万元)。

方案2　该企业选择不适用增值税加计抵减政策，其当年企业所得税应纳税所得额就不涉及相应调增问题。因此，该企业当期应纳增值税税额＝600－300－100＝200(万元)，应纳企业所得税税额＝200×25%＝50(万元)；二税合计应纳税额＝200＋50＝250(万元)。

可见，方案1比方案2节税22.5万元(＝250－227.5)，而且一般来说，由于增值税进项税额加计抵减可以直接减少当期应纳增值税税额，而相应调增的企业所得税应纳税所得额在计缴企业所得税时还需乘以25%的税率，因此往往选择适用进项税额抵减会产生较大的节税利益。但需要注意，如果该企业在进项税额抵减前的当期增值税进项税额不足抵扣或相差不大，以及该企业能够享受企业所得税其他税收优惠，情况会稍有不同。

例如：该企业增值税销项税额为405万元，其他情况不变，则方案1的当期增值税应纳税额为－25万元(＝405－300－100－30)，即25万元进项税额需要留待以后抵扣销项税额，实际当期应纳增值税税额为0元；企业所得税应纳税额仍为57.5万元，二税合计应纳税额为57.5万元。方案2的当期增值税应纳税额为5万元(＝405－300－100)，企业所得税应纳税额为50万元，二税合计应纳税额为55万元。此时，选择方案2就比方案1更能节约税款。

5.4 企业所得税优惠政策的纳税筹划

5.4.1 企业所得税的优惠政策

5.4.1.1 农、林、牧、渔减免税优惠政策

（1）企业从事下列项目的所得，免征企业所得税：第一，蔬菜、谷物、薯类、油料、豆类、棉花、麻类、糖料、水果、坚果的种植；第二，农作物新品种的选育；第三，中药材的种植；第四，林木的培育和种植；第五，牲畜、家禽的饲养；第六，林产品的采集；第七，灌溉、农产品初加工、兽医等农、林、牧、渔服务业项目；第八，远洋捕捞。

（2）企业从事下列项目的所得，减半征收企业所得税：第一，花卉、饮料和香料作物的种植；第二，海水养殖、内陆养殖。

国家禁止和限制发展的项目，不得享受上面所规定的税收优惠。

5.4.1.2 其他减免税优惠政策

（1）从事国家重点扶持的公共基础设施项目投资经营所得。

企业从事国家重点扶持的公共基础设施项目的投资经营所得，从项目取得第一笔生产经营收入所属纳税年度起，第一年至第三年免征企业所得税，第四年至第六年减半征收企业所得税。企业承包经营、承包建设和内部自建自用以上项目，不得享受以上规定的企业所得税优惠。

（2）从事符合条件的环境保护、节能节水项目的所得。

符合条件的环境保护、节能节水项目，包括公共污水处理、公共垃圾处理、沼气综合开发利用、节能技术改造、海水淡化等，具体条件和范围由国务院财政、税务主管部门同有关部门共同制定并报国务院批准后公布施行。企业，从事符合条件的环境保护、节能节水项目的所得，从项目取得第一笔生产经营收入所属纳税年度起，第一年至第三年免征企业所得税，第四年至第六年减半征收企业所得税。上述享受减免税优惠的项目，在减免税期未满时转让的，受让方自受让之日起，可以在剩余期限内享受规定的减免税优惠；减免税期满后转让的，受让方不得就该项目重复享受减免税优惠。

（3）符合条件的技术转让所得。

符合条件的技术转让所得免征、减征企业所得税，是指一个纳税年度内居民企业转让技术所有权所得不超过500万元的部分免征企业所得税，超过500万元的部分减半征收企业所得税。

5.4.1.3 加计扣除优惠政策

企业的下列支出，可以在计算应纳税所得额时加计扣除。

（1）企业开展研发活动中实际发生的研发费用，未形成无形资产计入当期损益的，在按规定据实扣除的基础上，按照本年度实际发生额的50%，从本年度应纳税所得额中扣除；形成无形资产的，按照无形资产成本的150%在税前摊销。

企业开展研发活动中实际发生的研发费用，未形成无形资产计入当期损益的，在按规定据实扣除的基础上，在2018年1月1日至2020年12月31日期间，再按照实际发生额的75%在税前加计扣除；形成无形资产的，在上述期间按照无形资产成本的175%在税前

摊销。

(2) 安置残疾人员及国家鼓励安置的其他就业人员所支付的工资。企业安置残疾人员的，在按照支付给残疾职工的工资据实扣除的基础上，按照支付给上述人员工资的100%加计扣除。

5.4.1.4　创业投资额抵扣政策

创业投资企业采取股权投资方式投资于未上市的中小高新技术企业两年以上的，可以按照其投资额的70%在股权持有满两年的当年抵扣该创业投资企业的应纳税所得额；当年不足抵扣的，可以在以后纳税年度结转抵扣。

从2018年1月1日起，对创业投资企业投资种子期、初创期科技型企业的，可享受按投资额70%抵扣应纳税所得额的优惠政策；自2018年7月1日起，将享受这一优惠政策的投资主体由公司制和合伙制创业投资企业的法人合伙人扩大到个人投资者。政策生效前两年内发生的投资也可享受前述优惠。

5.4.1.5　减计收入优惠政策

企业综合利用资源，生产符合国家产业政策规定的产品所取得的收入，可以在计算应纳税所得额时减计收入。该项减计收入的优惠政策具体是指企业以《资源综合利用企业所得税优惠目录》规定的资源作为主要原材料，生产非国家限制和禁止并符合国家和行业相关标准的产品取得的收入，减按90%计入收入总额。

该优惠政策相当于无限期延长减免期限，采用直接减计收入的形式拓展了减免基数，使税收优惠政策更加科学合理。

5.4.1.6　税额抵免政策

企业购置并实际使用《环境保护专用设备企业所得税优惠目录》、《节能节水专用设备企业所得税优惠目录》和《安全生产专用设备企业所得税优惠目录》规定的环境保护、节能节水、安全生产等专用设备，其设备投资额的10%可以从企业当年的应纳税额中抵免；当年不足抵免的，可以在以后5个纳税年度结转抵免。

需要注意的是，享受该项企业所得税优惠的企业，应当实际购置并自身实际投入使用前款规定的专用设备；企业购置上述专用设备在5年内转让、出租的，应当停止享受企业所得税优惠，并补缴已经抵免的企业所得税税款。

税法对"环境保护、节能节水、安全生产"实行界定和投资抵免，支持对社会层面的投资，而不是简单企业层面(如增加效能、增加产量)的技术改造，从而扩大了外延，更具广泛性和针对性。

5.4.1.7　新购进研发设备税前扣除优惠政策

自2018年1月1日至2020年12月31日，将享受当年一次性税前扣除优惠的企业新购进研发仪器、设备单位价值上限，从100万元提高到500万元。

需要注意的是，所有行业企业持有的单位价值不超过5 000元的固定资产，可以一次性在计算应纳税所得额时扣除，不再分年度扣除折旧。

5.4.1.8　以前年度亏损结转优惠政策

一般企业允许在连续不超过5年内结转以前年度的亏损。需要注意的是，自2018年1月1日起，高新技术企业和科技型中小企业的亏损结转年限由5年延长至10年。

5.4.2 企业所得税优惠政策的纳税筹划方法

5.4.2.1 选择投资地区

以往国家为了适应各地区不同的情况，针对一些不同的地区制定了不同的税收政策，为企业进行注册地点选择的纳税筹划提供了空间。企业在设立之初或扩大经营进行投资时，可以选择低税负的地区进行投资，享受税收优惠的好处。但需要注意的是，目前对于各地区实行税收优惠税率的政策已大大缩减，现在仍有效的该项优惠也即将到期。

现行税法中所规定的享受减免税优惠政策的地区主要是西部地区。适用范围包括：重庆市、四川省、贵州省、云南省、西藏自治区、陕西省、甘肃省、宁夏回族自治区、青海省、新疆维吾尔自治区、新疆生产建设兵团、内蒙古自治区和广西壮族自治区，以及湖南省湘西土家族苗族自治州、湖北省恩施土家族苗族自治州、吉林省延边朝鲜族自治州、江西省赣州市。

【案例 5-16】

某投资者 2021 年欲在西部地区投资创办一个新公司，兼营公路旅客运输和其他业务，预计全年公路旅客运输业务收入为 500 万元，非公路旅客运输业务收入为 400 万元，利润率均为 25%。已知其他业务非公路旅客运输业务不在《西部地区鼓励类产业目录》之内（假设该企业不享受小微企业税收优惠）。现有两种方案可供选择：

方案 1 投资创办一个公路旅客运输兼营其他业务的企业，因公路旅客运输收入占全部业务收入的比例 55.56%（=500÷ 900×100%），小于 60%，因此，不能享受 15%的税率。

《财政部税务总局国家发展改革委关于延续西部大开发企业所得税政策的公告》（财政部公告 2020 年第 23 号）规定：对设在西部地区的鼓励类产业企业，在 2021—2030 年期间，减按 15%的税率征收企业所得税。鼓励类产业企业是指以《西部地区鼓励类产业目录》中规定的产业项目为主营业务，且其主营业务收入占企业收入总额 60%以上的企业。

2021 年预计应纳所得税=（500+ 400）× 25%×25%=56.25（万元）。

方案 2 分别投资两个企业，一个从事公路旅客运输业务，一个从事其他业务。从事公路旅客运输业务企业的收入全部为公路旅客运输收入，占比为 100%，超过了 60%的比例，可享受减按 15%的税率征收企业所得税的优惠政策。

2021 年应纳所得税=400×25%×25%+500×25%×15%=43.75（万元）。

比较两种方案，方案 2 因为符合《财政部税务总局国家发展改革委关于延续西部大开发企业所得税政策的公告》（财政部公告 2020 年第 23 号）规定的“60%比例”要求，所以享受 15%的低税率优惠政策，从而较方案 1 节省了 12.5 万元（=50−43.75）的所得税额。

对于已经成立的企业来说，如果具备了其他享受优惠政策的条件，只是由于注册地点不在特定税收优惠地区而不能享受相应的税收优惠政策，那么就应该考虑企业是否需要搬迁的问题。这就需要企业充分考虑生产经营的寿命周期、享受税收优惠政策的其他条件的保持能力和企业利润，以及搬迁费用、因迁移注册地而产生的新的成本费用支出及新注册地与老注册地在信息、技术来源、客户开拓等方面的因素，并进行全面的分析，对有关的经济技术数据进行测算，然后做出相应的决策。

迁移企业注册地本身也存在一个方式筹划的问题。在迁移决策已定的情况下，如何迁移成为一个新的需要决策的问题。如果情况允许，可以将整个企业从一般地区迁移到有税收减免优惠政策的地区。如果全部搬迁不够理想，可以将企业的主要办事机构迁移到上述地区，采取只变更企业注册地的办法，而把老企业作为分支机构仍留在原地继续生产。如果上述办法不行，则企业可以通过自身的产权重组达到变更注册地的目的。例如，采取企业分立或者分别注册的办法，让符合税收优惠条件的部分在税收优惠地区注册，让不符合税收优惠条件的部分仍留在老地方继续生产。更有甚者，可以先在合适的地区创办一个新的企业，并取得享受税收优惠的资格，再将原有的企业与新企业进行合并，将原有的企业变更为享受税收优惠政策企业的一个分支机构，享受合并纳税的好处。

当然，也可以通过企业间的关联交易，将高税率地区企业的利润转移到享受税收优惠的企业中去，实现企业整体税率的下降。但这里需要注意的是，通过关联企业的关联交易实现利润的转移，关联交易价格必须在税法允许的范围之内，否则税务机关将会对关联交易价格进行相应的调整。

综上所述，在新企业成立时涉及注册地点的选择，而对于老企业来说也存在注册地点选择的问题。因此，每个企业都应当根据自己的特点、具体情况和对税收优惠政策的深入研究，找到具体的利用税收优惠政策的措施，以合理筹划企业的纳税，实现企业经济利益的最大化。

5.4.2.2　选择投资方向

《企业所得税法》是以“产业优惠为主、区域优惠为辅”作为税收优惠的导向。无论是初次投资还是增加投资都可以根据税收优惠政策加以选择，充分享受税收产业优惠政策。

(1) 选择减免税项目投资。

第一，投资于农、林、牧、渔业项目的所得，可以免征、减征企业所得税。投资于基础农业，如蔬菜、谷物、薯类、油料、豆类、棉花、麻类、糖料、水果、坚果的种植，牲畜、家禽的饲养，农作物新品种的选育等可以享受免征企业所得税待遇。投资于高收益的农、林、牧、渔业项目如花卉、茶和其他饮料作物、香料作物的种植以及海水养殖、内陆养殖等可以减半征收企业所得税。

第二，投资于公共基础设施项目、环境保护项目、节能节水项目从项目取得第一笔生产经营收入所属纳税年度起实行“三免三减半”税收优惠。

此外，成立符合条件的小微企业、高科技企业、技术先进型服务企业、集成电路产业企业和软件企业等均可享受税收优惠。

(2) 创业投资企业对外投资的筹划。

创业投资企业从事国家需要重点扶持和鼓励的创业投资，可以按投资额的一定比例抵扣应纳税所得额。抵扣应纳税所得额，是指创业投资企业采取股权投资方式投资于未上市的中小高新技术企业 2 年以上的，可以按照其投资额的 70% 在股权持有满 2 年的当年抵扣该创业投资企业的应纳税所得额；当年不足抵扣的，可以在以后纳税年度结转抵扣。需要注意的是，这里所指的中小高新技术企业，应满足通过高新技术企业认定，同时，职工人数不超过500人,年销售(营业)额不超过2亿元,资产总额不超过2亿元等条件。

此外,自2018年1月1日起,公司制创业投资企业采取股权投资方式直接投资于初创科技型企业满2年(24个月)的,也可以按照投资额的70%在股权持有满2年的当年抵扣该公司制创业投资企业的应纳税所得额;当年不足抵扣的,可以在以后纳税年度结转抵扣。

【案例5-17】

甲创业投资有限责任公司(以下简称"甲公司")于2018年采取股权投资方式投入资本2 000万元,在某高新技术开发区设立A高新技术企业(以下简称"A企业",为中小型软件企业)并当年产生盈利,A企业共有职工人数420人且已经通过高新技术企业认定,但不符合当年小微企业优惠条件。2021年该企业实现利润200万元,2022年实现利润300万元,2023年1月甲公司把A企业的股权转让,转让价格为3 200万元(为体现筹划思路,时间假设中含有未来时间)。

(1) 甲公司工商登记为"创业投资有限责任公司",经营范围符合《创业投资企业管理暂行办法》的规定但不满足小微企业税收优惠条件,投资设立的A企业已经通过高新技术企业认定,可以享受按投资额的一定比例抵扣应纳税所得额的优惠。

(2) 甲公司是A企业的投资方,享有100%的股权。A企业是高新技术开发区的高新技术企业,根据《财政部国家税务总局发展改革委工业和信息化部关于软件和集成电路产业企业所得税优惠政策有关问题的通知》(财税〔2016〕49号)和《财政部国家税务总局关于集成电路设计和软件产业企业所得税政策的公告》(财政部税务总局公告2019年第68号)的规定,对我国境内新办软件生产企业经认定后,在2018年12月31日前自开始获利年度起,第一年和第二年免征企业所得税,第三年至第五年按照25%的法定税率减半征收企业所得税。A企业2018年就已获利并开始计算税收减免期限,2021年和2022年盈利的实际税率为12.5%,税后利润分别为175万元和262.5万元。假设全部分配给甲公司,甲公司就可以按投资额的70%予以抵免,不必交税。

(3) 2023年1月甲公司把A企业的股权转让,转让价格为3 200万元,股权转让所得为:3 200－2 000＝1 200(万元)。

甲公司投资抵扣应纳税所得额的限额＝2 000×70%＝1 400(万元)。

2021年、2022年、2023年累计获利1 637.5万元(＝175＋262.5＋1 200)。

应缴企业所得税＝(1 637.5－1 400)×25%＝59.375(万元)。

5.5 合并分立与资产重组的纳税筹划

5.5.1 企业并购的纳税筹划

5.5.1.1 企业并购纳税筹划的应用范围

企业并购是实现资源流动和有效配置的重要方式,在企业并购过程中不可避免地涉及企业的税收负担及筹划节税问题。企业并购筹划是指企业利用并购及资产重组手段改变其组织形式及股权关系，实现税负降低的筹划方法。

企业并购筹划一般应用于以下五个方面：

(1) 并购、重组后的企业可以进入新的领域、新的行业；

(2) 并购有大量亏损的企业，可以盈亏抵补，实现低成本扩张；

(3) 企业并购可以减少关联企业或上下游企业流通环节，合理规避流转税和印花税；

(4) 企业并购可能改变纳税主体性质，譬如，企业可能因为合并而由小规模纳税人转变为一般纳税人，或由内资企业转变为中外合资企业；

(5) 企业并购因规模扩大能够增大应提取折旧的资产总额，获取折旧抵税利益。

【案例5-18】

乙公司因经营不善，连年亏损，至2018年年底过去5年未弥补的亏损额已累计达300万元，该公司2018年12月31日资产总额为1 200万元(其中，房屋、建筑物1 000万元)，负债为1 205万元，净资产为−5万元。乙公司股东决定清算并终止经营。甲公司与乙公司经营范围相同，为了扩大公司规模，甲公司决定出资1 205万元购买乙公司的全部资产，乙公司将资产出售收入全部用于偿还债务和缴纳欠税，然后将公司解散。

要点1　在该交易中乙公司虽然涉及不动产销售，但根据《财政部国家税务总局关于全面推开营业税改征增值税试点的通知》(财税〔2016〕36号)，乙公司符合"纳税人在资产重组过程中，通过合并、分立、出售、置换等方式，将全部或者部分实物资产以及与其相关联的债权、负债和劳动力一并转让给其他单位和个人"的情况，因此该交易所涉及的不动产转让及其他经营性资产的转让不属于增值税征税范围，不征收增值税。

要点2　甲公司能否使用乙公司过往5年的亏损额冲抵甲公司的当年税前利润。我国税法规定，企业重组的企业所得税税务处理分为一般性税务处理(简称"一般重组")和特殊性税务处理(简称"特殊重组")。其中适用于一般重组的吸收合并，被合并企业的亏损不得在合并企业中结转弥补；适用于特殊重组的吸收合并，合并企业限额弥补被合并企业的亏损，可由合并企业弥补的被合并企业亏损的限额＝被合并企业净资产公允价值×截至合并业务发生当年年末国家发行的最长期限的国债利率。也就是说，限额弥补时，如果被合并企业(乙公司)净资产为零或负数，可由合并方(甲公司)弥补的亏损金额等于零。同时，税法中规定企业重组适用特殊重组需要同时满足的条件有：① 具有合理的商业目的，且不以减少、免除或者推迟缴纳税款为主要目的；② 企业重组后连续12个月内不改变重组资产原来的实质性经营活动；③ 企业重组中取得股权支付的原主要股东，在重组后连续12个月内不得转让所取得的股权；④ 企业股东在该企业合并发生时取得的股权支付金额不低于其交易支付总额的85%，以及该企业合并为同一控制下且不需要支付对价的企业合并。

对于特殊重组和一般重组的区别规定主要目的在于反避税，如果企业在合并、分立等重组过程中未能满足这些要求，重组就会被认定为一般重组，被合并方的亏损就不得在合并企业中弥补。无论是一般重组还是特殊重组，企业想通过吸收合并亏损企业进行避税的行为不仅不会实现其降低税负和逃避监管的目的，而且可能会因吸收合并亏损企业而为自身的发展背上沉重的包袱。这些风险点在实际筹划中不可不察。

5.5.1.2 企业并购纳税筹划方法

(1) 选择并购目标。

① 考察目标企业的财务状况。并购企业若有较高的盈利水平，为降低其整体税负，则可以选择一家有大量净经营亏损的企业作为并购目标。通过合并后盈亏抵补，实现企业所得税的免除。如果合并纳税中出现亏损，并购企业的亏损能够递延至以后期间，合理推迟纳税。因此，目标企业尚未弥补的亏损和尚未享受完的税收优惠应当是决定并购的一个重要因素。

并购亏损企业一般采用吸收合并或控股兼并的方式，不采用新设合并方式，因为新设合并会因被并购企业的核销而使其亏损无法抵减合并后的企业利润。但此类并购活动必须警惕亏损企业可能给并购后的企业带来不良影响，防止并购企业被拖入亏损境地。

② 考察目标企业所在地及税收环境状况。我国对在经济特区、西部地区、少数民族地区注册经营的企业实行一系列所得税优惠政策。从税收角度考察，在其他条件相同的情况下，税负最低的是国家重点扶持的高新技术企业(企业所得税税率为15%)、小型微利企业(企业所得税税率为20%)。并购方若从税收战略角度出发，选择能享受到这些优惠政策的目标企业作为并购对象，则并购后可以继续享受相关税收优惠政策。

(2) 选择并购出资方式。

并购按出资方式可分为以下三种：现金购买资产式并购、现金购买股票式并购、股权置换式并购。前两种方式属于货币出资，在并购过程中需要缴纳企业所得税，属于应税重组交易。而第三种并购以股票方式出资，不用确认转让资产所得，因此不用缴纳所得税。而对于目标企业股东来说，由于未收到现金，不需要确认资本利得，一直到股东出售其股票时才缴纳个人所得税，目标公司股东可以享受延期纳税的好处。

股权置换式并购也被称为“股票换资产式并购”，是一种用股票出资并购的方式。这种重组交易模式在整个资本运作过程中没有产生现金流，也没有实现资本利得，因而这一过程是免税的。在经济实践中股权置换式并购可分为以下三种类型：

① 吸收合并与新设合并。在吸收合并方式下，目标企业的股东用其所持有的目标企业的股票换取并购企业的股票，成为并购企业的股东，目标企业不再存在；在新设合并方式下，目标企业和并购企业的股东都将其持有的股票换取新成立企业的股票，成为新设企业的股东，原有的两个企业都不再存在。

② 相互持股合并。即并购企业与目标企业进行股票交换，并购企业与目标企业相互持股。通常由于并购企业的持股比例更大，可以对目标企业的管理决策施加更大的影响。在相互持股并购中，目标企业既可以通过清偿进入并购企业而不复存在，也可以仍然作为独立经营的实体而存在。

③ 股票换资产式合并。目标企业将资产出售给并购企业以换取并购企业的有投票权股票，然后目标企业清偿，将并购企业的股票交给其股东以换回已被注销的目标企业的股票。一般情况下，并购企业购买的股权不低于目标企业全部股权的50%。

在股票换资产式合并方式下，资产评估价值往往高于账面价值，因而并购企业可获得增加的折旧扣税额。而在目标企业的资产账面价值大于其市场价值的情况下，并购企业倾向于采用股票换股票的免税并购方式，使目标企业的资产原封不动地结转给并购企业。如果并购企业将目标企业的股票转换为可转换债券，经过一段时间后再将它们转换为普通股，企业支付给这些债券的利息可从税前利润中减去，从而可减少并购企业需缴纳的所得税。在免税重组交易方式下，目标企业的股东不需要立刻确认形成的资本利得，因而不需缴纳企业所得税；只有在免税重组交易中，并购企业才可以获得净经营亏损，并用来冲减未来的应税收益。所以，企业通过股权置换式并购，可以在不纳税的情况下实现资产的流动与转移，并达到追加投资和资产多样化的理财目标。

值得一提的是，企业在进行并购交易的纳税筹划时，必须将免税重组交易方式与应税重组交易方式结合使用，以实现最大的节税利益。我们分析以下两种情况：

其一，如果目标企业的固定资产被低估，并购企业可以选择以现金形式收购目标企业股东所持有的全部股票，这比选择股票换股票的免税重组交易方式更为合适。因为在会计处理上，这一交易可以被视为并购企业以现金购买目标企业的全部资产，目标企业将现金全部分配给股东，换回所有股票并加以注销。这样，并购企业不仅取得了经过重新估价的资产，增加了企业固定资产折旧的计提基础，而且不会发生折旧的重新收回，目标企业的股东则可以获得已实现的资本利得。

其二，如果并购企业希望取得目标企业的一个子公司的资产，它不必直接购买子公司的股票，可以直接对目标企业进行现金并购，在取得其一定数量的股票之后，要求目标企业用其子公司的股票赎回并购企业所拥有的目标企业的股票。目标企业的股东可以自由选择是否将股票出售给并购企业，同意者将直接获得现金收益；不同意者可以从整个交易过程中获取资本利得，享受延期纳税的优惠。

(3) 选择并购会计处理方法。

由于交易方式的差别，三种类型的股权置换式并购都属于免税并购，在会计处理时有购买法和权益结合法两种方法。在两种会计处理方法下，对重组资产的确认、公允价值与账面价值的差额处理等有着不同的规定，影响到重组后企业的整体纳税状况。

在购买法下，并购企业支付给目标企业的购买价格不等于目标企业净资产的账面价值。在购买日将构成净资产价值的各个资产项目，按评估的公允价值入账，公允价值超过净资产账面价值的差额在会计上作为商誉处理。商誉不允许摊销，只在会计期末进行减值测试；固定资产因公允价值超过账面价值形成的增值会提高折旧费用，产生一定的节税效果，故股票换资产式合并宜采用购买法。

权益结合法仅适用于发行普通股换取被并购企业的普通股的情况。参与合并的各企业资产、负债都以原账面价值入账，并购企业支付的并购价格等于目标企业净资产的账面价值，不存在商誉和资产增值多提折旧问题，所以不会对并购企业的未来收益产生影响。

与权益结合法相比，采用购买法时资产被确认的价值较高，并且由于增加折旧引起净利润的减少，会形成节税效果。但购买法会引起企业的现金流出增加或负债增加，从而相对降低了资产回报率，因此纳税筹划要全面衡量得失。

5.5.2 企业分立的纳税筹划

5.5.2.1 企业分立纳税筹划的应用范围

企业分立是指一个企业依照法律或者合同规定分为两个或两个以上企业的行为。企业分立包括被分立企业将其部分或全部营业分离转让给两个或两个以上现存或新设企业(以下简称“分立企业”),为其股东换取分立企业的股权或其他财产。企业分立有利于企业更好地适应环境和利用税收政策获得税收方面的利益。

企业分立纳税筹划利用分拆手段,可以有效地改变企业规模和组织形式,降低企业整体税负。企业分立纳税筹划一般应用于以下方面:

(1) 企业分立为多个纳税主体,可以形成有关联关系的企业群,实施集团化管理和系统化筹划。

(2) 企业分立可以将兼营或混合销售中的低税率或零税率业务独立出来,单独计税降低税负。

(3) 企业分立使适用累进税率的纳税主体分化成两个或多个适用低税率的纳税主体,税负自然降低。

(4) 企业分立可以增加一个流通环节,有利于流转税抵扣及转让定价策略的运用。

5.5.2.2 企业分立纳税筹划方法

企业分立是一种产权结构的调整,不可避免地会影响到税收。在我国企业分立实务中,税法规定了免税分立与应税分立两种模式。对于纳税人来说,在实施企业分立时,应尽量利用免税分立进行筹划,合理降低企业税负。

对于企业分立,通常被分立企业应视为按公允价值转让其被分离出去的部分或全部资产,并按规定计算被分立资产的财产转让所得或损失,依法缴纳企业所得税。在企业分立实务中,分立资产按照公允价值计价是为了防止因资产账面价值的低估而造成资产流失,凡是超出原分立资产账面价值的部分,均应按财产转让所得缴纳企业所得税。

企业分立,被分立企业所有股东按原持股比例取得分立企业的股权,分立企业和被分立企业均不改变原来的实质经营活动,且被分立企业股东在该企业分立发生时取得的股权支付金额不低于其交易支付总额的85%,可以选择按以下规定处理:

(1) 分立企业接受被分立企业资产和负债的计税基础,以被分立企业的原有计税基础确定。

(2) 被分立企业已分立出去资产相应的所得税事项由分立企业承继。

(3) 被分立企业未超过法定弥补期限的亏损额可按分立资产占全部资产的比例进行分配,由分立企业继续弥补。

(4) 被分立企业的股东取得分立企业的股权(简称“新股”),如需部分或全部放弃原持有的被分立企业的股权(简称“旧股”),“新股”的计税基础应以被放弃的“旧股”的计税基础确定。如不须放弃“旧股”,则其取得“新股”的计税基础可从以下两种方法中选择确定:直接将“新股”的计税基础确定为零;或者以被分立企业分立出去的净资产占被分立企业全部净资产的比例先调减原持有的“旧股”的计税基础,再将调减的计税基础平均分配到“新股”。

【案例 5-19】

奥维公司拟将一个非货币性资产价值500万元的分公司分离出去,分离方式可以是整体资产转让，可以是整体资产置换，也可以是分立。不论采取哪种分离方式，都涉及确认财产转让所得、计算缴纳所得税的问题。但只要把握好筹划空间，避免财产转让所得的实现，就可以避免缴纳所得税。

如果采取整体资产转让方式，将分公司的全部资产转让给永信股份公司（系公开上市公司），根据税法的规定，只要永信股份公司所支付的交换额中非股权支付额（如现金、有价证券等）不高于奥维公司所取得的永信股份公司股票面值的15%，就可以不确认财产转让所得。

假设永信股份公司股票的市场交易价为 1∶4.8，支付给奥维公司股权的股票面值设为 X、现金设为 Y，则：

$$4.8X + Y = 500$$

$$Y = 15\% \times 500 = 75$$

解得：$X = 88.54$，$Y = 75$，这表明只要奥维公司争取取得永信股份公司 88.54 万元以上股票、75 万元以下现金，就可避免缴纳企业所得税。

如果采取整体资产置换方式，用分公司的全部资产与永信股份公司的一间厂房交换，只要支付给对方的补价（双方资产公允价值的差价）的货币性资产占换入总资产价值不高于 25%，置换双方均可不确认财产转让所得。假设永信股份公司用于交换的厂房价值为300 万元，则双方资产差价为：500－300＝200（万元），永信股份公司应支付给奥维公司200 万元补价。如果这 200 万元全部以现金支付，置换双方就要确认财产转让所得；如果这200 万元一部分用存货支付、一部分用现金支付，将支付的存货设为 X、现金设为 Y，那么满足下式就可以免征企业所得税：

$$X + Y = 200$$

$$25\% \times (500 + X) = Y$$

解得：$X = 60$，$Y = 140$，这表明只要永信公司争取支付给奥维公司 60 万元以上存货、140 万元以下现金，双方就均可避免缴纳企业所得税。

再如采取分立方式，将分公司分离出去，成立独立的法人单位奥新公司，则奥新公司应向奥维公司及其股东支付资产价款，只要其所支付的非股权支付额不高于所支付的股权面额 15%，奥维公司就可不确认财产转让所得。依此例，奥新公司只要支付给奥维公司不低于 425 万元（＝500×85%）的股权、不高于 75 万元（＝500－425）的现金，奥维公司就可避免缴纳企业所得税。

5.5.3　整体资产转让的纳税筹划

整体资产转让是指一个企业不需要解散而将其经营活动的全部（包括所有资产和负债）或其独立核算的分支机构转让给另一个企业（受让企业），以换取代表受让企业资本的股权（包括股份或股票等），包括股份公司的法人股东以其经营活动的全部或其独立核算的分支机构向股份公司配购股票。必须注意的是，在企业整体资产转让中，被转让企业不解散，其作为继续存在的独立纳税人的地位没有发生变更，转让企业在转让后只不过是由从事经营活动转变为从事投资活动。

整体资产转让的税收处理的一般原则是：在交易发生时，将其分解为按公允价值销售全部资产和进行投资两项经济业务进行所得税处理，并按规定计算确认资产转让所得或损失。

一般是在年终所得税汇算清缴时，按照资产公允价值和账面价值的差额调整应纳税所得额。

但在特殊情况下，企业整体资产转让可以享受免税待遇，即对整体资产转让行为不计算资产转让所得或损失，不缴纳企业所得税，需要满足的条件如下：企业整体资产转让的受让企业支付的交换额中，除受让企业股权以外的现金、有价证券、其他资产（简称“非股权支付额”）不高于所支付的股权的票面价值（或股本的账面价值）15%的，经税务机关审核确认，转让企业可暂不计算确认资产转让所得或损失。但转让企业取得接受企业的股权的成本，应以其原持有的资产的账面净值为基础确定，不得以经评估确认的价值为基础确定。受让企业接受转让企业的资产的成本，须以转让企业的原账面净值为基础结转确定，不得按经评估确认的价值调整。

5.5.4 整体资产置换的纳税筹划

企业整体资产置换是指一个企业以其经营活动的全部或其独立核算的分支机构与另一个企业的经营活动的全部或其独立核算的分支机构进行整体交换，资产置换双方企业都不解散。企业整体资产置换原则上应在交易发生时，将其分解为按公允价值销售全部资产和按公允价值购买另一方全部资产的经济业务进行所得税处理，并按规定计算确认资产转让所得或损失。这是与税法“非货币性资产交换”原则相吻合的，对于非货币性资产交换原则上应该按照正常的资产销售确认资产转让所得或损失。

如果整体资产置换交易中，作为资产置换交易补价（双方全部资产公允价值的差额）的货币性资产占换人总资产公允价值的比例不高于25%，经税务机关审核确认，资产置换双方企业均不确认资产转让的所得或损失。这一税务规则适用于特殊情况下的资产置换交易。从所得税实现原则来看，只要纳税人对盈利或潜在的盈利有控制权，就应该确认所得税的实现。但整体资产置换交易结束并不意味着交易的完成，因资产公允价值与账面价值的差额所形成的潜在收益在资产置换当期并未作为资本利得确认出来，因此，不确认资产转让所得或损失是有道理的。此外，资产置换过程中补价的比例控制在25%的范围以内，这也是与非货币性交易的原则相吻合的。如果把资产置换中补价的比例提高，则纳税人可能会将本来属于货币性交易的业务转化为整体资产置换交易来规避税收。

本章小结

企业所得税的纳税人有居民企业和非居民企业两类。居民企业负担全面的纳税义务，而非居民企业负担有限的纳税义务。

子公司具有独立法人资格，是企业所得税的独立纳税人。分公司不具有独立法人资格，不是企业所得税的纳税人。分公司作为总机构的分支机构，应当和总机构汇总计算并缴纳企业所得税。

企业所得税纳税人的筹划方法主要包括纳税主体身份的选择和纳税主体身份的转变两种方法。纳税主体身份的选择又可分为个人独资企业、合伙企业与公司制企业的选择、子公司与分公司的选择、私营企业与个体工商户的选择三种方法。

企业所得税计税依据的筹划包括收入的筹划、扣除项目的筹划和亏损弥补的筹划三种方法。

企业所得税的税率包括三档:一般企业适用25%的基本税率,小型微利企业适用20%的低税率,国家需要重点扶持的高新技术企业适用15%的低税率。税率的筹划包括享受低税率政策的筹划、预提所得税的筹划和过渡期税率的筹划。

投资于基础农业,如蔬菜、谷物、薯类、油料、豆类、棉花、麻类、糖料、水果、坚果的种植,牲畜、家禽的饲养,农作物新品种的选育等可以享受免征企业所得税待遇。

投资于高收益的农、林、牧、渔业项目可以减半征收企业所得税。投资于公共基础设施项目、环境保护项目、节能节水项目从项目取得第一笔生产经营收入所属纳税年度起实行"三免三减半"税收优惠。

合并分立与资产重组的筹划包括企业并购筹划、企业分立筹划、整体资产转让筹划和整体资产置换筹划。一般通过股权交易可以降低企业合并分立及资产重组中的税收负担,这不失为一种好的纳税筹划模式。

思考题

1. 居民企业与非居民企业有何区别?请简述居民企业与非居民企业所适用的税收政策。
2. 子公司和分公司在纳税筹划方面有何区别?
3. 简述企业所得税计税依据筹划的方法。
4. 企业所得税纳税人的筹划一般从哪些角度切入?
5. 如何进行收入的筹划?
6. 如何进行企业所得税税前扣除项目的筹划?
7. 合并分立业务如何进行纳税筹划?

第6章 个人所得税的纳税筹划

6.1 个人所得税的基本法律规定

6.1.1 纳税人的法律界定

《个人所得税法》规定，个人所得税以所得人为纳税人。自2000年1月1日起，对个人独资企业和合伙企业停止征收企业所得税，其投资者的生产经营所得比照经营所得征收个人所得税。因此，个人独资企业投资者和合伙企业自然人合伙人也为个人所得税的纳税人。

依据住所和居住时间两个标准，个人所得税的纳税人区分为居民个人纳税人和非居民个人纳税人，分别承担不同的纳税义务。利用个人所得税的纳税人身份进行有效的筹划，必须详细了解我国对于居民个人纳税人与非居民个人纳税人身份判定的具体规定。

6.1.1.1 居民个人纳税人

在中国境内有住所或者是无住所而一个纳税年度内在中国境内居住累计满183天的个人，为个人所得税的居民个人，其从中国境内和境外取得的收入，依照《个人所得税法》缴纳个人所得税。

(1) 在中国境内有住所。在中国境内有住所的个人是指因户籍、家庭、经济利益关系而在中国境内习惯性居住的个人。习惯性居住可作为判定纳税义务人是居民个人还是非居民个人的一个法律意义上的标准，不是指实际居住地或在某一个特定时期内的居住地。例如，因学习、工作、探亲、旅游等而在中国境外居住的，在上述原因消除之后，必须回到中国境内居住的个人，以中国为习惯性居住地。

(2) 境内居住累计满183天是指在一个纳税年度(自公历1月1日起至12月31日止)中在中国境内居住183天。例如，一个外籍人员从2019年1月起到中国境内的公司任职，2019年3月7日至12日离境回国向总公司述职，12月23日离境回国。由于该纳税人在2019纳税年度在中国居住满183天，因此该纳税人应为中国的居民个人。

6.1.1.2 非居民个人纳税人

在中国境内无住所又不居住，或者无住所而一个纳税年度内在中国境内居住累计不满183天的个人，为非居民个人，其从中国境内取得的所得，按照《个人所得税法》缴纳个人所得税。

在中国境内无住所的个人，在一个纳税年度内在中国境内居住累计不超过90天的，其来源于中国境内的所得，由境外雇主支付并且不由该雇主在中国境内的机构、场所负担的部分，免予缴纳个人所得税。

在中国境内无住所的个人，在中国境内居住累计满 183 天的年度连续不满 6 年的，经向主管税务机关备案，其来源于中国境外且由境外单位或者个人支付的所得，免予缴纳个人所得税；在中国境内居住累计满 183 天的任一年度中有一次离境超过 30 天的，其在中国境内居住累计满 183 天的年度的连续年限重新起算。

6.1.2　扣缴义务人的法律界定

按照《个人所得税法》的规定，向个人支付所得的单位或者个人为个人所得税的扣缴义务人。难以确定扣缴义务人的，凡税务机关认定对所得的支付对象和支付数额有决定权的单位和个人，为扣缴义务人。

凡支付个人应纳税所得的企业（公司）、事业单位、机关、社团组织、军队、驻华机构、个体工商户等单位或者个人，为个人所得税的扣缴义务人。这里所说的驻华机构，不包括外国驻华使领馆和联合国及其他依法享有外交特权和豁免的国际组织驻华机构。

自然人纳税人识别号是自然人纳税人办理各类涉税事项的唯一代码标识。自然人纳税人在办理纳税申报、税款缴纳、申请退税、开具完税凭证、纳税查询等涉税事项时应当向税务机关或扣缴义务人提供纳税人识别号。纳税人有中国居民身份证号码的，以中国居民身份证号码为纳税人识别号；纳税人没有中国居民身份证号码的，由税务机关赋予其纳税人识别号。扣缴义务人在扣缴税款时，纳税人应当向扣缴义务人提供纳税人识别号。

全员全额扣缴申报是指扣缴义务人在代扣税款的次月，向主管税务机关报送其支付所得个人的基本信息、支付所得数额、扣缴税款的具体数额和总额以及其他相关涉税信息。全员全额扣缴申报的管理办法由国家税务总局制定。

6.1.3　所得来源地的判定

个人所得税按居民税收管辖权和地域税收管辖权相结合来确定征税范围，因此判定所得来源地是确定纳税义务的重要法律依据。

《中华人民共和国个人所得税法实施条例》（以下简称《个人所得税法实施条例》）规定，对于下列所得，不论其支付地点是否在中国境内，均为来源于中国境内的所得。

（1）因任职、受雇、履约等在中国境内提供劳务取得的所得。

（2）将财产出租给承租人在中国境内使用而取得的所得。

（3）转让中国境内的建筑物、土地使用权等财产或者在中国境内转让其他财产取得的所得。

（4）许可各种特许权在中国境内使用而取得的所得。

（5）从中国境内的公司、企业以及其他经济组织或者个人取得的利息、股息、红利所得。

此外，税法还对工资、薪金所得来源地的确定做了更为详尽的规定：属于来源于中国境内的工资、薪金所得应为个人实际在中国境内工作期间取得的工资、薪金，即个人实际在中国境内工作期间取得的工资、薪金，不论是由中国境内还是境外企业或个人雇主支付的，均属于来源于中国境内的所得；个人实际在中国境外工作期间取得的工资、薪金，不论是由中国境内还是境外企业或个人雇主支付的，均属于来源于中国境外的所得。

6.1.4 征税范围的法律界定

6.1.4.1 工资、薪金所得

工资、薪金所得是指个人因任职或者受雇而取得的工资、薪金、奖金、年终加薪、劳动分红、津贴、补贴以及与任职或者受雇有关的其他所得。对于补贴、津贴等一些具体收入项目是否应计入工资、薪金所得的征税范围问题，按下述情况掌握执行。

(1) 对按照国务院规定发放的政府特殊津贴、院士津贴、资深院士津贴，以及国务院规定免纳个人所得税的补贴、津贴，免纳个人所得税，其他各种补贴、津贴均应计入工资、薪金所得项目征税。

(2) 下列不属于工资、薪金性质的补贴、津贴或者不属于纳税人本人工资、薪金所得项目的收入，不予征税，这些项目包括：独生子女补贴；执行公务员工资制度，未纳入基本工资总额的补贴、津贴差额和家属成员的副食品补贴；托儿补助费；差旅费津贴、误餐补助。

其中，不征税的误餐补助是指按财政部门规定，个人因公在城区、郊区工作，不能在工作单位就餐或返回就餐，确实需要在外就餐的，根据实际误餐顿数，按规定标准领取的误餐费。一些单位以误餐补助名义发给职工的补贴、津贴，应当并入当月工资、薪金所得计征个人所得税。

(3) 按照国家规定，单位为个人缴付和个人缴付的基本养老保险费、基本医疗保险费、失业保险费、住房公积金，从纳税义务人的应纳税所得额中扣除。

(4) 对于商品营销活动中，企业和单位对营销业绩突出的企业雇员以培训班、研讨会、工作考察等名义组织旅游活动，通过免收差旅费、旅游费对个人实行的营销业绩奖励(包括实物、有价证券等)，对企业雇员享受的此类奖励，应将所发生费用的全额与当期的工资、薪金合并，按照"工资、薪金所得"项目征收个人所得税，并由提供上述费用的企业和单位代扣代缴。

(5) 居民个人取得股票期权、股票增值权、限制性股票、股权奖励等股权激励(以下简称"股权激励")，在2021年12月31日前，不并入当年综合所得，全额单独适用综合所得税率表计算纳税。相应的计算公式为：应纳税额＝股权激励收入×适用税率－速算扣除数。

(6) 个人在公司(包括关联公司)任职、受雇，同时兼任董事、监事的，应将董事费、监事费与个人工资收入合并，统一按"工资、薪金所得"项目缴纳个人所得税。

6.1.4.2 劳务报酬所得

(1) 劳务报酬所得是指个人独立从事各种非雇用劳务取得的所得，包括设计、装潢、安装、制图、化验、测试、医疗、法律、会计、咨询、讲学、新闻、广播、翻译、审稿、书画、雕刻、影视、录音、录像、演出、表演、广告、展览、技术服务、介绍服务、经纪服务、代办服务和其他劳务。

在实际操作过程中，还可能出现难以判定一项所得是属于工资、薪金所得，还是属于劳务报酬所得的情况。这两者的区别在于：工资、薪金所得属于非独立个人劳务活动，即在机关、团体、学校、部队、企事业单位及其他组织中任职、受雇而得到的报酬；而劳务报酬所得则是个人独立从事各种技艺、提供各项劳务取得的报酬。前者存在雇佣关系，并且按照国家其他相关法律规定，被雇用者的各种社会保险也由雇用单位承担并缴纳；后者则不存在这种关系。

(2) 个人由于担任董事职务且不在公司任职、受雇所取得的董事费收入，属于劳务报酬所得，按照劳务报酬所得项目征收个人所得税。

(3) 个人兼职取得的收入应按照劳务报酬所得项目缴纳个人所得税。

(4) 自2004年1月20日起，对于商品营销活动中，企业和单位对其营销业绩突出的非雇员以培训班、研讨会、工作考察等名义组织旅游活动，通过免收差旅费、旅游费对个人实行的营销业绩奖励(包括实物、有价证券等)，对非企业雇员的营销人员，应将所发生费用的全额作为该营销人员当期的劳务收入，按照劳务报酬所得项目征收个人所得税，并由提供上述费用的企业和单位代扣代缴。

6.1.4.3　稿酬所得

稿酬所得是指个人因其作品以图书、报刊形式出版、发表而取得的所得。

除任职、受雇于报纸、杂志等单位的记者、编辑等专业人员外，其他人员在本单位的报纸、杂志上发表作品取得的所得，应按稿酬所得项目征收个人所得税。

出版社的专业作者撰写、编写或翻译的作品，由本社以图书形式出版而取得的稿费收，人，应按稿酬所得项目计算缴纳个人所得税。

6.1.4.4　特许权使用费所得

特许权使用费所得是指个人提供专利权、商标权、著作权、非专利技术以及其他特许权的使用权取得的所得。提供著作权的使用权取得的所得，不包括稿酬所得。

作者将自己的文字作品手稿原件或复印件公开拍卖(竞价)取得的所得，应按特许权使用费所得项目征收个人所得税。

因专利被其他单位使用而取得的经济赔偿收入，应按照《个人所得税法》及其实施细则的规定，按特许权使用费所得项目缴纳个人所得税，税款由支付赔款的使用单位代扣代缴。

自2002年5月1日起，对于剧本作者从电影、电视剧的制作单位取得的剧本使用费，不再区分剧本的使用方是否为其任职单位，统一按特许权使用费所得项目计征个人所得税。

6.1.4.5　经营所得

(1) 个体工商户从事生产经营活动取得的所得，个人独资企业投资人、合伙企业的个人合伙人来源于境内注册的个人独资企业、合伙企业生产经营的所得。

(2) 个人依法从事办学、医疗、咨询以及其他有偿服务活动取得的所得。

(3) 个人对企业、事业单位承包经营、承租经营以及转包、转租取得的所得。

(4) 个人从事其他生产经营活动取得的所得。

6.1.4.6　利息、股息、红利所得

利息、股息、红利所得是指个人拥有债权、股权而取得的利息、股息、红利所得。

(1) 企业以未分配利润、盈余公积和除股票溢价发行外的其他资本公积转增注册资本和股本的，对个人取得的资本或股本，要按照利息、股息、红利所得项目，依据现行政策规定计征个人所得税。

(2) 除个人独资企业、合伙企业以外的其他企业的个人投资者，以企业资金为本人、家庭成员及其相关人员支付与企业生产经营无关的消费性支出及购买汽车、住房等财产性支出，视为企业对个人投资者的红利分配，依照利息、股息、红利所得项目计

征个人所得税。

(3) 纳税年度内个人投资者从其投资企业(个人独资企业、合伙企业除外)借款,在该纳税年度终了后既不归还,又未用于企业生产经营的,其未归还的借款可视为企业对个人投资者的红利分配,依照利息、股息、红利所得项目计征个人所得税。

(4) 企业购买车辆并将车辆所有权办到股东个人名下,其实质为企业对股东进行了红利性质的实物分配,应按照利息、股息、红利所得项目征收个人所得税。考虑到该股东个人名下的车辆同时也为企业经营使用的实际情况,允许合理减除部分所得;减除的具体数额由主管税务机关根据车辆的实际使用情况合理确定。上述企业为个人股东购买的车辆,不属于企业的资产,不得在企业所得税前扣除折旧。

6.1.4.7 财产租赁所得

财产租赁所得是指个人出租建筑物、土地使用权、机器设备、车船以及其他财产取得.的所得。

个人取得的财产转租收入,属于财产租赁所得项目的征税范围,由财产转租人缴纳个人所得税。在确认纳税义务人时,应以产权凭证为依据;对无产权凭证的,由主管税务机关根据实际情况确定。产权所有人死亡,在未办理产权继承手续期间,该财产出租而有租金收入的,以领取租金的个人为纳税义务人。

6.1.4.8 财产转让所得

财产转让所得是指个人转让有价证券、股权、建筑物、土地使用权、机器设备、车船以及其他财产取得的所得。考虑到我国资本市场的实际情况和股票转让收益的特殊性,税法规定:对个人在上海证券交易所、深圳证券交易所转让从上市公司公开发行和转让市场取得的上市公司股票的所得,免征个人所得税。除此之外,转让其他财产的所得,应当依法缴纳个人所得税。

对职工个人以股份形式取得的拥有所有权的集体企业量化资产,企业改制时约定,该股权只作为分红依据,不得随意转让,对此暂缓征收个人所得税;待个人将股份转让时,就其转让收入额,减除个人取得该股份时实际支付的费用和合理转让费用后的余额,按财产转让所得项目计征个人所得税。

6.1.4.9 偶然所得

偶然所得是指个,人得奖、中奖、中彩以及其他偶然性质的所得。偶然所得应缴纳的个人所得税税款,一律由发放单位或机构代扣代缴。例如,企业对累积消费达到一定额度的顾客,给予额外抽奖机会,个人的获奖所得,按照“偶然所得”项目全额适用20%的税率缴纳个人所得税。再如,个人因在各行各业做出突出贡献而从省级以下人民政府及其所属部门取得的一次性奖励收入,不论其奖金来源于何处,均不属于税法所规定的免税范畴,应按偶然所得项目征收个人所得税。

6.1.5 税率的法律界定

6.1.5.1 综合所得适用税率

综合所得适用3%～45%的七级超额累进税率,见表6-1。

表 6-1　个人所得税税率表(综合所得适用)

级数	全年应纳税所得额	税率/%	速算扣除数/元
1	不超过 36 000 元的	3	0
2	超过 36 000 元至 144 000 元的部分	10	2 520
3	超过 144 000 元至 300 000 元的部分	20	16 920
4	超过 300 000 元至 420 000 元的部分	25	31 920
5	超过 420 000 元至 660 000 元的部分	30	52 920
6	超过 660 000 元至 960 000 元的部分	35	85 920
7	超过 960 000 元的部分	45	181 920

6.1.5.2　经营所得适用税率

经营所得适用 5%～35%的五级超额累进税率，见表 6-2。

表 6-2　经营所得个人所得税税率表

级数	全年应纳税所得额	税率/%	速算扣除数/元
1	不超过 30 000 元的	5	0
2	超过 30 000 元至 90 000 元的部分	10	1 500
3	超过 90 000 元至 300 000 元的部分	20	10 500
4	超过 300 000 元至 500 000 元的部分	30	40 500
5	超过 500 000 元的部分	35	65 500

需要注意的是，由于目前实行承包(租)经营的形式较多，分配方式也不尽相同，因此承包、承租人按照承包、承租经营合同(协议) 规定取得所得的适用税率也不一致。承包、承租人对企业经营成果不拥有所有权，仅按合同(协议)规定取得一定所得的，其所得按工资、薪金所得项目征税，适用 3%～45%的七级超额累进税率；承包、承租人按合同(协议)的规定向发包方、出租方缴纳一定费用后，企业经营成果归其所有的，承包、承租人取得所得，按经营所得项目，适用 5%～35%的五级超额累进税率征税。

6.1.5.3　其他项目所得适用税率

利息、股息、红利所得，财产租赁所得，财产转让所得以及偶然所得适用 20%的比例税率。

为了有效调控居民收入分配，我国的个人所得税制度对有关项目做了减征的规定。

(1) 稿酬所得的收入额减按 70%计算。

(2) 对个人出租住房取得的所得暂减按 10%的税率征收个人所得税。

6.1.6　个人所得税应纳税所得额的计算

由于个人所得税的应税项目不同，并且取得某项所得所需的费用也不相同，因此计算个人应纳税所得额应按不同应税项目分项计算。以某应税项目的收入额减去税法规定的费用减除标准后的余额，为该项所得的应纳税所得额。

6.1.6.1　收入的确定

居民个人取得工资、薪金所得,劳务报酬所得,稿酬所得与特许权使用费所得(以下简称“综合所得”),按纳税年度合并计算个人所得税。非居民个人取得工资、薪金所得,劳务报酬所得,稿酬所得与特许权使用费所得,按月或者按次分项计算个人所得税。纳税人取得其他形式的所得(包括经营所得,利息、股息、红利所得,财产租赁所得,财产转让所得以及偶然所得),分别计算个人所得税。

劳务报酬所得、稿酬所得、特许权使用费所得以收入减除20%的费用后的余额为收入额。稿酬所得的收入额减按70%计算。

6.1.6.2　费用减除标准

(1) 居民个人的综合所得,以每一纳税年度的收入额减除费用6万元以及专项扣除、专项附加扣除和依法确定的其他扣除后的余额,为应纳税所得额。

专项扣除包括居民个人按照国家规定的范围和标准缴纳的基本养老保险、基本医疗保险、失业保险等社会保险费和住房公积金等。

专项附加扣除包括子女教育、继续教育、大病医疗、住房贷款利息或者住房租金、赡养老人等支出。个人所得税专项附加扣除在纳税人本年度综合所得应纳税所得额中扣除,本年度扣除不完的,不得结转以后年度扣除。

(2) 经营所得,以每一纳税年度的收入总额,减除成本、费用以及损失后的余额,为应纳税所得额。成本、费用是指纳税人从事生产经营所发生的各项直接支出和分配计入成本的间接费用以及销售费用、管理费用、财务费用

(3) 财产租赁所得,每次收入不超过4 000元的,减除费用800元;4 000元以上的,减除20%的费用,其余额为应纳税所得额。

(4) 财产转让所得,以转让财产的收入额减除财产原值和合理费用后的余额为应纳税所得额。

(5) 利息、股息、红利所得和偶然所得,以每次收入额为应纳税所得额。

6.1.6.3　应纳税所得额的其他规定

(1) 个人将其所得通过中国境内的社会组织、国家机关向教育和其他社会公益事业以及遭受严重自然灾害地区、贫困地区捐赠,捐赠额未超过纳税人申报的应纳税所得额30%的部分,可以从其应纳税所得额中扣除。

(2) 从2000年开始,财政部、国家税务总局陆续放宽公益救济性捐赠限额,出台了全额税前扣除的规定,允许个人通过非营利性的社会组织和政府部门,对特定机构的捐赠准予在个人所得税前全额扣除。

6.2　个人所得税筹划原理

个人所得税筹划可以以税基、税率、税额为切入点进行。首先,当税率一定的时候,个人所得税纳税人可以通过缩小税基来减轻税负,比如通过纳税人筹划,借助转换居民身份来缩小应纳税所得额;其次,个人所得税纳税人还可以通过降低适用税率进行筹划,比如将高税率应税项目转换为低税率应税项目等。

6.2.1　纳税人的筹划

6.2.1.1　筹划原理

根据纳税人的住所和其在中国境内居住的时间，个人所得税的纳税人分为居民个人纳税人和非居民个人纳税人。由于对这两种纳税人的税收政策不同，因此纳税人可以通过住所和居住时间的筹划，改变纳税人的居民或非居民身份，实现节税目的。

6.2.1.2　筹划要点

(1) 控制居住时间，改变居民身份。根据税法规定，在中国境内有住所，或者虽然无住所，但一个纳税年度内在中国境内居住累计满 183 天的个人为居民个人，其对从中国境内和境外取得的所得均负有纳税义务。境内居住累计满 183 天是指在一个纳税年度(自公历 1 月 1 日起至 12 月 31 日止)中在中国境内居住 183 天。因此，通过控制居住时间，使停留在我国境内的时间不满 183 天，就可以避免成为我国的居民个人纳税人，从而规避了居民个人纳税人的无限纳税义务。

【案例 6-1】

居民个人纳税人和非居民个人纳税人转换的筹划德国高管大卫受雇于一家位于德国的公司，他受德国公司指派，需要在 2019—2020 年到中国的某企业担任 7 个月的财务总监。大卫应如何选择工作时间来避免成为中国的居民个人纳税人？

【解析】

如果大卫在 2019 年 1 月 1 日入境，2019 年 7 月 31 日离境，其 2019 年度在中国境内居住的时间超过 183 天，成为中国的居民个人纳税人，可以向主管税务机关申请备案，则其来源于中国境外且由境外单位或者个人支付的所得免予缴纳个人所得税，只需就来源于中国境内的所得在我国缴纳个人所得税。

避免成为中国居民个人纳税人，可以采取跨年度停留的方式。如 2019 年 10 月 1 日入境，2020 年 4 月 30 日离境，则该外籍公民 2019 年度在中国境内居住 92 天，为非居民个人纳税人；2020 年度在中国境内居住 121 天，亦为非居民个人纳税人。在 2019 年度和 2020 年度，大卫只需就来源于中国境内的所得在我国缴纳个人所得税。

(2) 控制人员的住所(居住地)。控制人员的住所(居住地)进行纳税筹划，是指个人通过个人的住所或居住地跨越税境的迁移，也就是具体实施筹划的当事人把自己的居所迁出某国，但又不在任何地方取得住所，从而躲避所在国对其纳税人身份的确认，进而免除个人所得税的纳税义务。在国际上，许多国家往往把拥有住所并在该国居住一定时间以上的个人确定为纳税义务人。这样一来，一些从事跨国活动的人员就可以自由地游离于各国之间，而不至于成为任何一个国家的居民个人纳税人，从而达到少缴税或不缴税的目的。

假设已知在中国境内无住所的某个人，其在境内居住的时间为 X，其单次离境时间为 Y，连续在中国境内居住累计满 183 天的年度为 Z，就可以根据中国税法的规定得出与中国税收居民个人的境内居住时间标准相关的境内纳税义务表(表 6-3)。

表 6-3 与中国税收居民个人境内居住时间标准相关的境内纳税义务表

<table>
<tr><th>一年内累计居住时间 X</th><th>一年内单次离境时间 Y</th><th>连续在中国境内居住累计满 183 天的年度 Z</th><th>在中国境内的纳税义务</th></tr>
<tr><td>$X \leqslant 90$ 天</td><td></td><td></td><td>由境外雇主支付的境内所得，免税；
由境内机构支付的所得，纳税</td></tr>
<tr><td>90 天 $<X<$ 183 天</td><td></td><td></td><td>境内、境外支付的境内所得，纳税</td></tr>
<tr><td>$X \geqslant 183$ 天</td><td>$Y \leqslant 30$ 天</td><td>$Z \leqslant 6$ 年</td><td rowspan="2">境内所得，纳税；
境内支付的境外所得，纳税；
境外支付的境外所得，免税（需备案）</td></tr>
<tr><td>$X \geqslant 183$ 天</td><td>$Y>30$ 天</td><td>$Z>6$ 年</td></tr>
<tr><td>$X \geqslant 183$ 天</td><td>$Y \leqslant 30$ 天</td><td>$Z>6$ 年</td><td>境内、境外全部所得，纳税</td></tr>
</table>

6.2.2 企业所得税纳税义务人与个体工商户、个人独资企业、合伙企业纳税义务人的选择

随着经济的发展，个人收入水平不断提高，个人投资在经济生活中占有越来越重要的地位，个人投资也成为越来越热门的话题。作为投资者个人，在进行投资前必然会对不同的投资方式进行比较，以选择最佳方式进行投资。

目前，个人可以选择的投资方式主要有：作为个体工商户从事生产经营；个人从事承包、承租业务；成立个人独资企业；组建合伙企业；设立有限责任制企业（企业所得税纳税义务人）。在对这些投资方式进行比较时，如果其他因素相同，投资者应承担的税收，尤其是所得税便成为决定投资决策的关键。

从 2019 年 1 月 1 日起，我国对个体工商户、个人独资企业、合伙企业的生产经营所得按照经营所得项目征收个人所得税。

在上述几种投资方式中，一般来讲，在收入相同的情况下，个体工商户、个人独资企业、合伙企业、有限责任制企业的税负是不一样的，有限责任制企业的税负最重。但是个人独资企业、合伙企业、有限责任制企业这三种形式的企业是法人单位，在发票的申购、纳税人的认定等方面占有优势，比较容易开展业务，经营的范围也比较广，并且可以享受国家的一些税收优惠政策。

在这三种企业形式中，有限责任制企业以公司的形式出现，只承担有限责任，风险相对较小；个人独资企业和合伙企业由于要承担无限责任，风险较大。我们只要通过比较有限责任制企业和其他任意形式的纳税人的转换，就可以分析其税负情况。

由于个体工商户、个人独资企业、合伙企业的生产经营所得均适用个人所得税经营所得项目的征收方式，此部分筹划方法请参看第 2 章中有关私营企业与个体工商户的选择的内容。但需要注意的是，私营企业主从该企业的税后利润中分得的股息、红利，需要按照 20% 的税率缴纳个人所得税。

【案例 6-2】

王先生准备创办一个小微企业，对于企业组织形式有两种选择：一是成立一个

个人独资企业，企业每年的利润需要按照《个人所得税法》中的经营所得纳税（不考虑专项扣除和其他扣除因素）；二是成立一个有限责任公司，王先生100%控股，该企业的利润则需要缴纳企业所得税，税后利润完全以股息的方式分配给个人股东王先生。若该有限责任公司能够享受当前税法对于小型微利企业的企业所得税减征优惠，且预计2019年该小微企业的年利润为30万元，那么王先生应该如何选择？（不考虑专项扣除、专项附加扣除和其他扣除等因素）

【解析】

方案1　个人独资企业

应纳税所得额为24万元（=30−6）。

个人所得税为3.75万元（=3×5%+6×10%+(24−9)×20%=0.15+0.6+3）。

最新修订的《个人所得税法》中并没有提供包含速算扣除数的经营所得税税率表，使得适用等级较高的应纳税额的计算相对复杂。速算扣除数是指在采用超额累进税率征税的情况下，根据超额累进税率表中划分的应纳税所得额级距和税率，先用全额累进方法计算出税额，再减去用超额累进方法计算的应征税额以后的差额。当超额累进税率表中的级距和税率确定以后，各级速算扣除数也固定不变，成为计算应纳税额时的常数。因此，我们可以依据上述速算扣除数的计算原理，推导出包含速算扣除数的个人经营所得（年度）税率表，见表6-2。

由此，当选择个人独资企业时，年度应纳税额为3.75万元（=24×20%−1.05）。

方案2　有限责任公司（独资私营企业）

根据税法的最新规定，从2019年1月1日至2021年12月31日，从事国家非限制和禁止行业，且同时符合年度应纳税所得额不超过300万元、从业人数不超过300人、资产总额不超过5 000万元等三个条件的企业（小型微利企业），无论适用查账征收还是核定征收方法，均可享受：年应纳税所得额不超过100万元的部分，减按25%计入应纳税所得额，按20%的税率缴纳企业所得税；对年应纳税所得额超过100万元但不超过300万元的部分，减按50%计入应纳税所得额，按20%的税率缴纳企业所得税。

也就是说，上述企业在规定时间内实际适用的企业所得税税率为：年应纳税所得额在100万元（含）以下的，税率为5%（=25%×20%）；年应纳税所得额为100万～300万元（含）的，税率为10%（=50%×20%）。

因此，该企业年应纳税所得额30万元适用5%的实际征收率，则企业所得税应纳税额为1.5万元（=30×5%）王先生个人分配股息为28.5万元（=30−1.5）个人所得税应纳税额=28.5×20%=5.7（万元）两税合计=5.7+1.5=7.2（万元）显然，方案1比方案2少缴税，即由于个人所得税对经营所得的税基小于企业所得税的税基，当年利润为30万元时，个人独资企业比有限责任公司更具有节税优势。

思考：如果不考虑“三险一金”等专项扣除和依法确定的其他扣除，当年利润为多少金额时，有限责任公司比个人独资企业更具有节税优势？

6.2.3 个体工商户与个人独资企业的转换

在对个体经济综合征收经营所得的情况下，个人独资企业的投资者所承担的税负按年应纳税所得额及适用税率的不同而有所不同。一般情况下，应纳税所得额越少，对应的税率越低，税负也越轻。反之亦然。我们可以利用个体工商户与个人独资企业的转换，通过对税基大的应纳税所得额进行分解来获得税收利益。

【案例 6-3】

2019 年王某开设了一个经营水暖器材的公司(个体工商户)，由其妻负责经营管理。王某同时也承接一些安装维修工程。预计其每年销售水暖器材的应纳税所得额为 40 万元，承接安装维修工程的应纳税所得额为 30 万元(假设夫妻二人每年仅扣除费用 6 万元，且税法规定该项费用只能由个体工商户户主扣除)。

【解析】

筹划前：王某和妻子经营水暖器材公司的所得应按照个人所得税经营所得计税，夫妻二人全年应纳税所得额为 64 万元(＝40＋30－6)，全年应纳所得税为 15.85万元(＝3×5%＋6 ×10%＋21×20%＋20×30%＋14×35%＝0.15＋0.6＋4.2＋6＋4.9)；或全年应纳税额为 15.85 万元(＝64×35%－6.55)。

筹划后：王某和妻子决定成立两个个人独资企业，王某的企业专门承接安装维修工程，王某妻子的公司只销售水暖器材。在这种情况下，假定每年的收入相同，王某的年应纳税所得额 24 万元(＝30－6)。王某每年应纳所得税额为 3.75 万元(＝3×5%＋6×10%＋15×20%＝24×20%－1.05)，王某妻子每年的应纳税所得额为 34 万元(＝40－6)。王某妻子每年的应纳所得税额为 6.15 万元(＝3×5%＋6×10%＋21×20%＋4×30%＝34×30%－4.05)。两人合计纳税 9.9 万元(＝3.75＋6.15)，每年节税 5.95 万元(＝15.85－9.9)。当然，这种转换需要支付一定的工商登记费和手续费。

6.3 对不同收入项目计税依据与税率的纳税筹划

6.3.1 综合所得的纳税筹划

综合所得是 2018 年修订《个人所得税法》时最新引入的概念，即为了贯彻“逐步建立综合与分类相结合的个人所得税制”的改革，将工资薪金、劳务报酬、稿酬和特许权使用费等四项收入纳入综合征税范围，居民个人按年合并计算个人所得税，非居民个人按月或者按次分项计算个人所得税。统一实行最低税率为 3%、最高税率为 45%的七级超额累进税率，当取得的收入达到某一档次时，就要支付与该档次税率相适应的税额。但是居民个人的综合所得是根据年度实际收入水平来渐进课税，这就为纳税筹划创造了条件。

6.3.1.1 工资、薪金福利化筹划

取得高薪是提高一个人消费水平的主要手段，但因为包含工资、薪金的综合所得的税率

是累进的，当累进到一定程度时，新增薪金带给纳税人的可支配现金将会逐步减少，因此，把纳税人的现金性工资转为提供福利，照样可以增加其消费满足，却可少缴个人所得税。

(1) 企业提供住所。

即住房由企业免费提供或仅收取部分租金。由于个人所得税是就个人的收入总额划分档次课税，对个人的支出只确定一个固定的扣除额，这样收入越高支付的税金越多，故企业将住房费直接支付给个人将会造成个人较多的税收负担。如果企业为个人租用房子并采取企业支付租金方式，则会造成个人的税收负担和收入水平的差异。因此，在受聘时，应与雇主协商，由雇主支付个人在工作期间的寓所租金，而薪金则在原有基础上做适当的调整。这样，雇主的负担不变，个人则可因此而降低个人所得税中工薪应负担的税收。

【案例 6-4】

某公司会计师张先生的工作地点为某省会城市，全部收入为每月从公司扣除社保和住房公积金后获取的工资、薪金所得 8 000 元。由于租住一套一居室，每月支付房租 2 000 元，除去房租，张先生可用的收入为 6 000 元。已知除住房租金外，张先生当年度不能享受其他专项附加扣除和依法确定的其他扣除。

【解析】

此时张先生的年度应纳税所得额为 18 000 元(=8 000×12−60 000−18 000)，应纳的个人所得税为：18 000×3%=540(元)。如果公司为张先生提供免费住房，每月工资下调为 6 000 元，则张先生应纳个人所得税为：(6 000−5 000)×12×3%=360(元)。做如此筹划后，张先生每年可节省所得税 180 元(=540−360)，而公司也没有增加支出。

(2) 企业提供假期旅游津贴。

即由企业支付旅游费用，然后降低个人的薪金。职工根据国家的规定都可以享受法定休假，在此期间一切费用照付。如果个人放弃取得这部分工资的权利，而要求企业提供休假旅游的费用，只要是财务制度所允许的，企业都会接受，这样，对企业来讲，并没多支出，而对个人来讲就是少收入高消费。

(3) 企业提供职工福利设施。

即由企业向职工提供的各种福利设施，若不能将其转化为现金，则不会视为工资收入，从而也就不必计算个人所得税。这样，企业通过提高职工福利，增加其物质满足，也可减少其所纳所得税。

① 由企业提供免费膳食或者由企业直接支付搭伙管理费。企业提供的膳食餐具必须具有不可变现性，即不可转让，不能兑换成现金。

② 使用企业提供的家具及住宅设备。由企业向职工提供住宅或由企业支付住宅租金，同时可以由企业集体配备家具及住宅设备，向职工收取低租金。

③ 由企业提供办公用品和设施。某些职业的工作需要专用设备，如广告设计人员需要高档计算机等。如果由职工自己购买，则职工会提出加薪的要求，而加薪就要缴税。此时由企业购买后配给职工使用，可避免纳税

④ 由企业提供车辆供职工使用,该车辆不可以再租给他人使用。

⑤ 企业为职工子女成立教育基金,提供奖学金给职工子女。

⑥ 使用由企业缔结合约提供给职工的公用设施,如水、电、煤气等。

总之,缴纳工资、薪金所得税的个人,其节税的主要方法是在保证消费水平提高的前提下降低所得额,从而达到减轻税负的目的。对于企业来讲,要在遵守税法的前提下合理地选择职工收入支付方式,以帮助职工提高消费水平。一味地增加现金收入,从税收角度来考虑并不可取。

6.3.1.2 纳税项目转化与选择的筹划

(1) 工资、薪金转化为劳务报酬。

按照税法的最新规定,工资、薪金所得和劳务报酬所得均计入纳税人的年度综合所得合并计税,综合所得统一扣除每年 6 万元的基本减除费用。但工资、薪金所得在计入综合所得时是全额计入,不做任何费用扣除;而劳务报酬所得则以实际收入减除 20%的费用后的余额为收入额,因此利用工资、薪金所得和劳务报酬所得在归并入综合所得时的费用差异进行纳税筹划是节税的一个重要思路。在某些情况下如果将工资、薪金所得转化为劳务报酬所得,通过增加费用扣除,进而实现应纳税所得额的降低,就会节约税收。

【案例 6-5】

王先生 2019 年从单位获得工资类收入 5 万元,由于单位工资太低,王先生同月在 A 公司找了一份兼职工作,当年收入为 10 万元。

【解析】

如果王先生与 A 公司没有固定的雇佣关系,则从 A 公司取得的收入为劳务报酬所得,该部分收入在计入年度综合所得时实际计入额为 8 万元[=10×(1−20%)]。当年综合所得应纳税所得额为 7 万元(=5+8−6)(不考虑专项扣除、专项附加扣除和其他扣除因素),当年所得应纳税额为:3.6×3%+(7−3.6)×10%=0.448(万元)。如果王先生与 A 公司建立合同制的雇佣关系,与原单位解除合同,来源于原单位的 5 万元则被视为劳务报酬,计入综合所得金额为(1−20%)×5=4(万元)。由 A 公司支付的 10 万元作为工资薪金收入计入当年综合所得,二者合计 14 万元,当年应纳税所得额为 8 万元(=14−6)(不考虑专项扣除、专项附加扣除和其他扣除因素),当年所得应纳税额为:3.6×3%+(8−3.6)×10%=0.548(万元)。因此,在该案例中,相比从 A 公司领取工资薪金,王先生从 A 公司领取同等金额的劳务报酬每年可以节税 0.1 万元(=0.548−0.448)。

当然,此案例是一个极其理想化的情况,实际上与单位解除劳动合同等在个人的生活决策中是很谨慎的行为,此后是否还能和原单位保持业务联系是不可知的,需要综合考虑各种情况。这个简化的案例主要是为了说明这种收入项目转化的可能性。或者,纳税人如果能在保持收入不变的情况下将工资、薪金收入全部转变为劳务报酬所得,将至少能得到原工资、薪金所得 20%比例的费用扣除,使得年综合所得应纳税所得额下降,在边际税率附近甚至可以获得税负大幅下降的效果。但需要注意的是,如果取得的收入中没有工资薪金,也就没有社保和住房公积金(或者自行缴纳“三险一金”,此时需要个人承担由原单位负担的相关费用),这样会给纳税人带来新的问题。

【案例6-6】

纳税人刘先生系一高级软件开发工程师,2019年共获得某公司的工资类收入50万元。如果刘先生和该公司存在稳定的雇佣与被雇佣关系,则应按工资、薪金所得缴税,其2019年度应纳税所得额(不考虑专项扣除、专项附加扣除和其他扣除因素)为:50－6＝44(万元)其2019年度应纳税额为:3.6×3%＋(14.4－3.6)×10%＋(30－14.4)×20%＋(42－30)×25%＋(44－42)×30%＝0.108＋1.08＋3.12＋3＋0.6＝7.908(万元)。与经营所得一样,税法中并没有提供含速算扣除数的年度综合所得税率表,使得当纳税人收入较高时应纳税额的计算比较复杂。但根据税法中对速算扣除数原理的解释,我们可以推导出包含速算扣除数的年度综合所得税率表,见表6-1。

此时,刘先生全年综合所得应纳税额为44万元,对应税率为30%,速算扣除数为52 920元,因此应纳税额为7.908万元(＝44×30%－5.292)。

如果刘先生和该公司不存在稳定的雇佣与被雇佣关系,则该项所得应按劳务报酬所得缴税,其2019年度应纳税所得额为:50×(1－20%)－6＝34(万元)。其2019年度应纳税额为:3.6×3%＋(14.4－3.6)×10%＋(30－14.4)×20%＋(34－30)×25%＝0.108 ＋1.08＋3.12＋1＝5.308(万元);同理,运用速算扣除数后,刘先生2019年应纳税额为5.308万元(＝34×25%－3.192)。

因此,如果刘先生与该公司不存在稳定的雇佣关系,则他可以节省税收2.6万元(＝7.908 －5.308)。

(2)工资、薪金转化为稿酬。

当然,除劳务报酬所得外,稿酬所得和特许权使用费所得在计入综合所得时也可以扣除一定的费用,其中稿酬所得的收入额在扣除20%的费用后还可以减按70%计算,即实际计入年度综合所得的稿酬所得为实际领取稿酬数额的56%。如果纳税人能将获得的工资、薪金所得转化为稿酬所得,这样获得的节税利益要比将工资、薪金所得转化为劳务报酬所得和特许权使用费所得更为明显。

【案例6-7】

著名专栏作家李女士2019年拟接受某报社邀请为其长期撰稿,李女士在与报社签署合作协议的时候面临两个选择:一是与报社签订人事雇佣合同,作为报社员工每月领取工资薪金;二是根据每月的文章撰写数量和质量从报社领取稿酬。

假设李女士每年从该报社获得的收入为30万元(为当年全部所得),在不考虑“三险一金”等专项扣除和专项附加扣除以及其他扣除因素的基础上,请问李女士该如何选择?

【解析】

方案 1　作为员工领取工资薪金，则李女士每年的应纳税所得额为 24 万元（=30−6）。

其当年应纳所得税额为：3.6×3%+(14.4−3.6)×10%+(24−14.4)×20%=0.108+1.08+1.92=3.108（万元）；或者 24×20%−1.692=3.108（万元）。

方案 2　不领取工资薪金，而根据文章数量和质量领取稿酬，则李女士每年应计入综合所得的收入额为 16.8 万元[=30×(1−20%)×70%]，其当年应纳税所得额为 10.8 万元（=16.8−6）。

其当年应纳所得税额为：3.6×3%+(10.8−3.6)×10%=0.108+0.72=10.8×10%−0.252=0.828（万元）。

显然，选择从报社领取稿酬比选择固定领取工资薪金可以少纳税 2.28 万元（=3.108−0.828）。

(3) 综合所得预扣预缴与年终汇算清缴制度的递延纳税和占用税款问题。

综合所得的征税理念的引入，必然伴随着实践中向个人支付所得的单位和个人源泉预扣税款和纳税人就每一纳税年度应纳税款自主申报、汇算清缴的征收机制。如果法定扣缴义务人预扣多扣了税款，就涉及纳税人申请退税，即预扣税款占用纳税人现金流的问题。相反，全年收入按月预扣预缴也会因纳税人在前期适用较低预扣率、在后期适用较高预扣率而产生递延纳税收益。从财务管理的角度而言，预扣多扣或递延纳税的税款具有一定的时间价值。税法的具体规定如下：

① 向居民个人支付工资、薪金所得时，采用累计预扣法。

$$\text{累计预扣预缴应纳税所得额}=\text{累计收入}-\text{累计免税收入}-\text{累计减除费用}-\text{累计专项扣除}-\text{累计专项附加扣除}-\text{累计依法确定的其他扣除}$$

其中，员工当期可扣除的专项附加扣除金额，为该员工在本单位截至当前月份符合政策条件的扣除金额。

$$\text{本期应预扣预缴税额}=\left(\text{累计预扣预缴应纳税所得税}\times\text{预扣率}-\text{速算扣除数}\right)-\text{累计减免税额}-\text{累计已预扣预缴税额}$$

如果计算出的本月应预扣预缴税额为负值，暂不退税。若纳税年度终了后余额仍为负值，由纳税人通过办理综合所得年度汇算清缴，税款多退少补。表 6-10 提供了居民个人取得工资薪金时适用的预扣税率。

如果纳税人在一个纳税年度内没有取得除工资薪金外的其他收入，又没有发生超过 1.5 万元的医疗费用，累计扣缴制度驱使扣缴义务人每月对纳税人的所得进行汇算清缴，即使纳税人收入波动性再大，也不会带来被预扣预缴税额不等于全年实际应纳税额的问题。也就是说，仅从一处取得纯工资薪金收入的纳税人，累计预扣预缴制度不会产生税款占用纳税人现金流的问题。只有当纳税人除取得工资收入外，对取得的全年一次性奖金纳入综合所得合并计税时，或者是除取得工资收入外还有其他应计入综合所得的项目时，才会涉及在次年汇算清缴时的退税。

② 向居民纳税人支付劳务报酬所得、稿酬所得、特许权使用费所得时，按次或者按月预

扣预缴税款。

A. 预扣预缴应纳税所得额的计算如下：劳务报酬所得、稿酬所得、特许权使用费所得三项综合所得以每次收入减除费用后的余额为收入额；稿酬所得的收入额减按70%计算。每次收入不超过4 000元的，减除费用按800元计算；每次收入4 000元以上的，减除费用按20%计算。以上三项所得以每次收入额为预扣预缴应纳税所得额。即：

应纳税所得额＝收入额(稿酬所得为每次收入额×70%)＝每次收入－费用。

B. 预扣预缴应纳税额的计算如下：根据预扣预缴应纳税所得额乘以适用预扣率计算应预扣预缴税额。劳务：三档预扣率；稿酬、特许权使用费：预扣率为20%。表6-3列出了相应的预扣率。

与纳税人取得工资薪金所得不同的是，预扣预缴制度会对取得劳务报酬、稿酬和特许权使用费等所得的纳税人产生比较严重的资金占用问题。下面我们以纳税人取得劳务报酬为例进行说明。

【案例6-8】

居民个人小张是自由职业者，2019年每月取得劳务报酬所得8 000元(不含增值税)。假设小张2019年每月均可享受2 000元的专项扣除和专项附加扣除(全年扣除24 000元)。

【解析】

小张每月取得劳务报酬预扣税额＝8 000×(1－20%)×20%＝1 280(元)。

2019年全年预扣税额＝1 280×12＝15 360(元)。

汇算清缴时，小张2019年综合所得数额＝8 000×12×80%＝76 800(元)。

2019年小张综合所得应纳税所得额＝76 800－60 000－24 000＜0(元)。

因此，2019年小张应纳税额为0元，应退税15 360元。

显然，对于劳务报酬所得预扣预缴制度，税款占用纳税人现金流的问题较为严重。

如果纳税人取得的劳务报酬金额较大，适用30%甚至40%预扣率时，这个现象将更加凸显。

6.3.1.3　利用专项附加扣除进行筹划

专项附加扣除是为适应分类与综合相结合的个税征收模式改革，伴随对部分劳动性所得实行综合征税，遵循公平合理、简便易行、切实减负、改善民生的原则，引入的全新费用扣除标准。专项附加扣除，是指《个人所得税法》规定的子女教育、继续教育、大病医疗、住房贷款利息、住房租金和赡养老人等6项专项附加扣除。专项附加扣除在纳税人本年度综合所得应纳税所得额中扣除，本年度扣除不完的，不得结转以后年度扣除。由于部分专项附加扣除存在选择空间或政策累进空间，因此为综合所得的纳税筹划提供了一定的可能性。但需要注意的是，如果纳税人年度综合所得额小于每年6万元费用减除额，该纳税人就不能再抵扣专项附加扣除。

(1) 租房还是买房的筹划。

税法规定：纳税人及其配偶不得同时分别享受住房贷款利息专项附加扣除和住房租金专项附加扣除。也就是说，我们只能在住房租金专项附加扣除和住房贷款利息专项附加扣除这两项专项附加扣除中二选其一，不能同时从年度综合所得中扣除房屋租金和首套住房贷款利息。但二者的扣除标准有所差异，纳税人选择不同的专项附加扣除时，享受的节税利益是不同的。

【案例 6-9】

面对近年来房地产市场价格的回落，已成家且一直租房住的王先生和李女士准备在工作的某省会城市购置一套属于自己的新房。虽然房价有了一定程度的回调，但相对高企的房价还是让二人犯了选择困难症。最新出台的专项附加扣除规定在给他们增添了税负下降的幸福感的同时，也让他们面临是继续租房还是贷款买房在税收方面更合算的困惑。

已知王先生每年扣除社保和住房公积金后的综合所得为 12 万元，李女士每年扣除社保和住房公积金后的综合所得为 6 万元；夫妻二人均不能享受其他专项附加扣除项目。

【解析】

方案 1　继续租房

税法规定：承租的住房位于直辖市、省会城市、计划单列市以及国务院确定的其他城市，扣除标准为每年 18 000 元（1 500 元/月）。夫妻双方主要工作城市相同的，只能由一方扣除住房租金支出。夫妻双方主要工作城市不相同且各自在其主要工作城市都没有住房的，可以分别扣除住房租金支出。由于王先生和李女士都在同一省会城市工作，因此只能由其中一人在计算其综合所得应纳税所得额时按每年 18 000 元标准定额扣除房屋租金。又因为李女士的年度综合所得应纳税所得额为 0 万元（＝6－6），所以应由王先生在计算年度综合所得应纳税额时扣除房屋租金。王先生的年度综合所得应纳税所得额为 4.2 万元（＝12－6－1.8），其当年应纳所得税额为：

$$3.6\times3\%+(4.2-3.6)\times10\%=4.2\times10\%-0.252=0.168(\text{万元})$$

方案 2　购置首套住房

税法规定：纳税人本人或配偶使用商业银行或住房公积金个人住房贷款为本人或其配偶购买住房，发生的首套住房贷款利息支出，在偿还贷款期间，可以按照每年 12 000 元（1 000 元/月）的标准定额扣除。非首套住房贷款利息支出，纳税人不得扣除。纳税人只能享受一套首套住房贷款利息扣除。经夫妻双方约定，可以选择由其中一方扣除，具体扣除方式在一个纳税年度内不得变更。因为李女士的当年综合所得应纳税所得额为 0 万元（＝6－6），因而还是由王先生在计算年度综合所得应纳税额时扣除首套住房贷款利息。王先生的年度综合所得应纳税所得额为 4.8 万元（＝12－6－1.2），其当年应纳税所得额为：

$$3.6\times3\%+(4.8-3.6)\times10\%=4.8\times10\%-0.252=0.228(\text{万元})$$

即夫妻二人继续租房比选择购买首套住房每年能节税 600 元（＝2 280－1 680）。

此外，购置首套住房能带来每年1.2万元的费用扣除，但政策对于在不同地方租房实行不同的租金定额扣除标准，王、李夫妻二人租住的住房如果位于房租扣除限额为9 600元/年(800元/月)的区域，这时由于住房租金税前扣除标准小于住房贷款利息扣除标准，选择购置首套住房反而对纳税人更有利。

(2) 子女教育费用专项附加扣除的筹划。

纳税人的子女接受学前教育和学历教育的相关支出，按照每个子女每年1.2万元(1 000元/月)的标准定额扣除。其中，学前教育为年满3岁至小学人学前；学历教育覆盖小学到博士研究生。这表明有多个三岁以上小孩就能比只有一个小孩或没有小孩多享受每个小孩每年1.2万元的扣除定额，体现了政府鼓励纳税人多生多育、通过相关税制改革为国家和社会创造更大的人口红利的良苦用心。

(3) 利用继续教育专项附加扣除的筹划。

纳税人接受学历继续教育的支出，在学历教育期间按照每年4 800元(400元/月)定额扣除；纳税人接受技能人员职业资格继续教育、专业技术人员职业资格继续教育的支出，在取得相关证书的年度，按照每年3 600元定额扣除。这其中学历继续教育与非学历继续教育分设定额，是因为学历继续教育，尤其是在职研究生等费用标准一般高于非学历继续教育。但需要注意的是，纳税人接受非学历继续教育需要根据人社部门相关职业目录来确定，未纳入职业目录的个人兴趣爱好培训，则不能享受继续教育专项附加抵扣。

纳税人不仅可通过接受在职研究生等学历继续教育，还可通过接受各类非学历继续教育来降低自己当年的综合所得应纳税所得额。如果每年都取得技能人员职业资格继续教育或专业技术人员职业资格继续教育相关证书，就可在不附加任何其他条件的前提下，每年均享受应纳税所得额的减除，从而在一定程度上让政府为自己的成长买单。

此外，如果纳税人接受本科及以下学历(学位)继续教育，满足规定扣除条件的，可以选择由其父母按照子女教育支出扣除，或由本人按照继续教育支出扣除，但不得同时扣除。由于可能存在父母收入较高而孩子刚工作收入不高等情形，合理选择继续教育专项附加扣除的扣除方也就具有筹划的必要。

【案例6-10】

高级工程师老王每年工资收入24万元。妻子张女士是一名小学教师，年收入9万元。他们的独生子小王在某直辖市工作，目前年工资收入10万元且租房住。为了努力提升自己，小王利用工作之余正在接受某本科学历继续教育。不考虑专项扣除和其他扣除，假设老王夫妇俩均能享受赡养老人专项附加扣除，小王没有其他扣除项目。请问他们三人中，谁作为小王继续教育专项附加扣除的扣除方，享受的税收收益最大？

【解析】

方案1　父亲老王作为扣除方，此时按照子女教育进行扣除，扣除金额为1.2万元/年，则

老王的年度综合所得应纳税所得额＝24－6－2.4－1.2＝14.4(万元)。

老王的年度应纳所得税额＝3.6×3%＋(14.4－3.6)×10%

＝14.4×10%－0.252

＝1.188(万元)。

张女士的年度综合所得应纳税所得额＝9－6－2.4＝0.6(万元)。

张女士的年度应纳所得税额＝0.6×3%＝0.018(万元)。

小王的年度综合所得应纳税所得额＝10－6－1.8＝2.2(万元)。

小王的年度应纳所得税额＝2.2×3%＝0.066(万元)。

老王家庭年度总应纳所得税额＝1.188＋0.018＋0.066＝1.272(万元)。

方案2　母亲张女士作为扣除方，此时同样按照子女教育进行扣除，扣除金额为1.2万元/年，则

老王的年度综合所得应纳税所得额＝24－6－2.4＝15.6(万元)。

老王的年度应纳所得税额＝3.6×3%＋(14.4－3.6)×10%＋

(15.6－14.4)×20%

＝15.6×20%－1.692＝1.428(万元)。

张女士的年度综合所得应纳税所得额＝9－6－2.4－1.2＝－0.6＜0(万元)。

张女士的年度应纳所得税额＝0(万元)。

小王的年度综合所得应纳税所得额＝10－6－1.8＝2.2(万元)。

小王的年度应纳所得税额＝2.2×3%＝0.066(万元)。

老王家庭年度总应纳所得税额＝1.428＋0＋0.066＝1.494(万元)。

方案3　父亲老王和母亲张女士都作为扣除方，此时仍然按照子女教育进行扣除，双方各扣除50%即各扣除6 000元/年，则

老王的年度综合所得应纳税所得额＝24－6－2.4－0.6＝15(万元)。

老王的年度应纳所得税额＝3.6×3%＋(14.4－3.6)×10%＋

(15－14.4)×20%

＝15×20%－1.692＝1.308(万元)。

张女士的年度综合所得应纳税所得额＝9－6－2.4－0.6＝0(万元)。

张女士的年度应纳所得税额＝0(万元)。

小王的年度综合所得应纳税所得额＝10－6－1.8＝2.2(万元)。

小王的年度应纳所得税额＝2.2×3%＝0.066(万元)。

老王家庭年度总应纳所得税额＝1.308＋0＋0.066＝1.374(万元)。

方案4　儿子小王作为扣除方，此时按照继续教育进行扣除，扣除金额为4 800元/年，则

老王的年度综合所得应纳税所得额＝24－6－2.4＝15.6(万元)。

老王的年度应纳所得税额＝3.6×3%＋(14.4－3.6)×10%＋

(15.6－14.4)×20%＝15.6×20%－1.692

＝1.428(万元)。

张女士的年度综合所得应纳税所得额＝9－6－2.4＝0.6(万元)。

张女士的年度应纳所得税额＝0.6×3%＝0.018(万元)

小王的年度综合所得应纳税所得额＝10－6－1.8－0.48＝1.72(万元)。

小王的年度应纳所得税额＝1.72×3%＝0.051 6(万元)。

老王家庭年度总应纳所得税额＝1.428＋0.018＋0.051 6＝1.497 6(万元)。

因为1.497 6万元(方案4)＞1.494万元(方案2)＞1.374万元(方案3)＞1.272万元(方案1),所以儿子小王的继续教育费用支出由父亲老王作为扣除方,以子女教育专项附加扣除的形式,能使老王整个家庭的税收负担最小。

(4) 年终奖的纳税筹划。

现实中,许多单位除按月发放工资薪金外,往往根据一年的经营业绩和员工个人表现发放一定金额的年终奖。税法规定:2021年12月31日前,居民个人取得的全年一次性奖金不并入当年综合所得,以全年一次性奖金收入除以12个月得到的数额,按照月度综合所得税率表(见表6-1)确定适用税率和速算扣除数,单独计算纳税。计算公式为:应纳税额＝全年一次性奖金收入×适用税率－速算扣除数自2022年1月1日起,居民个人取得全年一次性奖金,应并入当年综合所得计算缴纳个人所得税。

但同时,在2021年12月31日前,居民个人取得全年一次性奖金,也可以选择并入当年综合所得计算纳税。也就是说,为了实现个人所得税法政策变更的平稳过渡,税法对于年终奖的计税规定为我们进行纳税筹划提供了一定的选择空间,即纳税人可以选择将年终奖单独计税,也可以选择并入当年度综合所得合并计税。但该筹划具有一定的时效性,仅仅在2019年度至2021年度三年间有效。

【案例6-11】

居民个人小王2019年每月扣除“四险一金”外取得工资收入4 000元,该年年底还拿到了10 000元的年终奖。假设小王当年没有其他收入,请问小王应选择将年终奖单独计税,还是与当年度综合所得合并计税?

【解析】

方案1　年终奖单独计税

当年度小王综合所得应纳税所得额为48 000元(＝4 000×12),低于6万元的年度费用扣除额,因此,当年度小王综合所得应纳税额为0元。当年度小王取得年终奖应纳税额＝(10 000)×3%－0＝300(元)两项合计纳税300元(＝300＋0)。

方案2　年终奖与当年综合所得合并纳税

当年度小王综合所得额为58 000元(＝4 000×12＋10 000),仍然低于6万元的年度费用扣除额,因此,当年度小王综合所得应纳税额为0元。

因此,合并计税比年终奖单独计税可节税300元。

从该案例中我们可以看出,当纳税人的年综合所得额加上年终奖后的收入额小于6万元的年度费用扣除额时,选择合并计税可以适当节约税款。如果每月工资收入不变,但年终奖金额较高,纳税人应如何选择?或者若纳税人除年终奖外的年综合所得额高于6万元的年度费用扣除额和其应享受的专项附加扣除等扣除金额,这时年终奖单独计税还是合并计税对纳税人更有利?需要注意的是,居民个人如果选择全年一次性奖金单独计税,则全年只能适用一次，且应纳税额由扣缴义务人代扣代缴，次年该纳税人进行综合所得汇算清缴时，已单独计税的全年一次性奖金将作为该纳税人年度综合所得的扣除项目，不再纳入汇算清缴；已适用单独计税的全年一次性奖金所计缴的税款，也将不作为综合所得预扣预缴的税款，并入汇算清缴涉及的已纳税范畴。

此外，由于年终奖单独计税时适用累进税率，奖金数额上升有可能会适用不同等级的税率，这导致不同税率之间存在着税负增长的临界点。例如，年终奖为 0～36 000 元时适用 3%的税率；年终奖为 36 000～144 000 元时适用 10%的税率。如果某人取得的年终奖为 36 000 元，其年终奖应纳税额为 1 080 元（＝36 000×3%－0），实际到手金额为 34 920 元（＝36 000－1 080）；但如果取得的年终奖增加 1 元为 36 001 元，其年终奖应纳税额为 3 390.1元（＝36 001×10%－210），这时多纳税额 2 310.1 元（＝3 390.1－1 080），实际到手金额为32 610. 9元（＝36 001－3 390.1）元。由此可见，年终奖增长 1 元，税负却上升2 310.1 元。

因此，在适用不同税率的不同年终奖收入金额附近，即单独计税的年终奖金额为 3.6 万元、14.4 万元、30 万元、42 万元、66 万元和 96 万元附近存在着临界点，当年终奖金额稍微高于这些临界点时，会发生税负上升比例高于年终奖增长比例的现象，即年终奖多发了，但实际收入金额减少了。通过计算，这些陷阱区间见表 6-4。

表 6-4　年终奖单独计税税收陷阱表　　单位：元

年终奖金额	税收陷阱具体数值
36 000	36 000～38 567
144 000	144 000～160 500
300 000	300 000～318 333
420 000	420 000～447 500
660 000	660 000～706 539
960 000	960 000～1 120 000

6.3.1.4　利用其他扣除进行筹划

计算纳税人的年度综合所得应纳税所得额时，需要从综合所得年收入额中减去每年 6 万元的费用减除额和专项扣除、专项附加扣除以及依法确定的其他扣除（以下简称“其他扣除”）。其中，其他扣除是指个人缴付符合国家规定的企业年金、职业年金，个人购买符合国家规定的商业健康保险、税收递延型商业养老保险的支出等等。纳税人可以利用这些其他扣除项目，合理降低税收负担。

（1）利用企业年金、职业年金进行纳税筹划。

企业年金，是指根据《企业年金办法》的规定，企业及其职工在依法参加基本养老保险的基础上自主建立的补充养老保险制度。职业年金，是指根据《机关事业单位职业年金办法》的规定，机关事业单位及其工作人员在依法参加基本养老保险的基础，上建立的补充养老保险制度。

在缴纳企业年金和职业年金（以下简称“年金”）时，单位缴费部分暂不征收个人所得税；个人根据国家有关政策规定缴付的年金个人缴费部分，在不超过本人缴费工资计税基数的

4%标准内的部分，暂从个人当期的应纳税所得额中扣除。年金个人缴费工资计税基数为本人上一年度月平均工资。月平均工资超过职工工作地所在设区城市上一年度职工月平均工资300%以上的部分，不计入个人缴费工资计税基数。也就是说，只要纳税人的年金个人缴费部分不超过当地上年度职工平均工资的12%（=4%×300%），该部分就可以税前扣除。此外，年金投资收益分配计入个人账户时，个人暂时无须纳税。因到龄退休、出境定居、死亡继承等原因需要领取年金时，方需依照取得工资、薪金收入按规定缴纳个税。

因此，纳税人通过按规定标准缴纳年金，就可以实现税收递延，即缴纳年金时不用缴税，等到领取年金时才根据领取金额计税。

另外，个人达到国家规定的退休年龄，领取的企业年金以及职业年金符合《财政部人力资源和社会保障部 国家税务总局关于 企业年金职业年金个人所得税有关问题的通知》（财税〔2013〕103号）的规定的，不并入综合所得，全额单独计算应纳税款。

其中按月领取的，适用月度税率表（见表6-1）计算纳税；按季领取的，平均分摊计入各月，按每月领取额适用月度税率表计算纳税；按年领取的，适用综合所得税率表（见表6-2）计算纳税。个人因出境定居而一次性领取的年金个人账户资金，或个人死亡后，其指定的受益人或法定继承人一次性领取的年金个人账户余额，适用综合所得税率表计算纳税。对个人除上述特殊原因外一次性领取年金个人账户资金或余额的，适用月度税率表计算纳税。

(2) 购买符合规定的商业健康保险。

自2017年7月1日起，商业健康保险个人所得税试点政策推广到全国范围。规定对个人购买符合规定的商业健康保险产品的支出，允许在当年（月）计算应纳税所得额时予以税前扣除，扣除限额为2 400元/年（200元/月）。单位统一为员工购买符合规定的商业健康保险产品的支出，应分别计入员工个人工资薪金，视同个人购买，按上述限额予以扣除。适用商业健康保险税收优惠政策的纳税人，是指取得工资薪金所得、连续性（连续3个月为同一单位提供劳务）劳务报酬所得的个人，以及取得个体工商户生产经营所得、对企事业单位的承包承租经营所得的个体工商户业主、个人独资企业投资者、合伙企业合伙人和承包承租经营者。

因此，我们在扣除每年6万元的费用减除额度外，通过购买符合规定的商业健康保险产品，除享受正常的保险保障外，每年还可额外调减最高2 400元的应纳税所得额，实现一定的节税收益。

(3) 利用税收递延型商业养老保险实现纳税递延。

从2018年5月1日起一年内，以上海市、福建省（含厦门市）、苏州工业园区为试点区域，实施个人税收递延型商业养老保险试点。对试点地区个人通过个人商业养老资金账户购买符合规定的商业养老保险产品的支出，允许在一定标准内税前扣除；计入个人商业养老资金账户的投资收益，暂不征收个人所得税；个人领取商业养老金时再征收个人所得税。具体规定如下：

① 个人缴费税前扣除标准。取得工资薪金、连续性劳务报酬所得（连续6个月为同一单位提供劳务）的个人，其缴纳的保费准予在申报扣除当月计算应纳税所得额时予以限额据实扣除，扣除限额按照当月工资薪金、连续性劳务报酬收入的6%和1 000元孰低办法确定。取得个体工商户生产经营所得、对企事业单位的承包承租经营所得的个体工商户业主、个人独资企业投资者、合伙企业自然人合伙人和承包承租经营者，其缴纳的保费准予在申报扣除

当年计算应纳税所得额时予以限额据实扣除，扣除限额按照不超过当年应税收入的6%和12 000元孰低办法确定。

② 账户资金收益暂不征税。计入个人商业养老资金账户的投资收益，在缴费期间暂不征收个人所得税。

③ 个人领取商业养老金征税。个人达到国家规定的退休年龄时，可按月或按年领取商业养老金，领取期限原则上为终身或不少于15年。个人身故、发生保险合同约定的全残或罹患重大疾病的，可以一次性领取商业养老金。对个人达到规定条件时领取的商业养老金收入，其中25%部分予以免税，其余75%部分按照10%的比例税率计算缴纳个人所得税，税款计入“其他所得”项目。

因此，对于取得综合所得的试点区域纳税人而言，可凭借中国保险信息技术管理有限责任公司建立的信息平台（简称“中信保平台”）出具的税延养老扣除凭证，在每月税前按标准扣除一定金额的保费支出，待因到龄退休、身故（全残）或罹患重大疾病等缘由领取养老金时，就领取比例的75%部分按10%税率纳税。如此，纳税人既实现了税收的递延，也可通过适用优惠税率来获取节税利益。

6.3.1.5 利用“削山头”法进行筹划

“削山头”法对于适用累进税率的纳税项目，应纳税的计税依据在各期分布越平均，越有利于节省纳税支出。虽然涵盖工资薪金、劳务报酬、稿酬和特许权使用费等四项所得项目的综合所得的纳税期间为一年，较以往的按月计税大大扩展，部分累进税率级距也得到优化，使得“削山头”法的应用范围受到一定限制，但纳税人仍可以将取得的劳务报酬、稿酬和特许权使用费进行跨年平均，尽量在每个纳税年度适用较低的税率。简单来说，纳税人需要以每年6万元费用减除额和享受的专项扣除、专项附加扣除及其他扣除为依据，衡量纳税年度内取得上述四项所得的比重和数额，在“应扣尽扣”的前提下，通过跨年平均收入尽量适用低税率，将使纳税人的节税利益最大化。当然，由于纳税周期调整为一年，要实现较长年度内的收入平均在现实中往往比较困难。

（1）劳务报酬跨年份次支付筹划。

在现实生活中，由于种种原因，某些行业收入的获得具有一定的阶段性，即在某个时期收入可能较多，而在另一时期收入可能会很少甚至没有收入。这样就有可能在收入较多时适用较高的税率，而在收入较少时适用较低的税率，甚至可能低于免征额，造成总体税负较高。这时，纳税人只要进行一些很简单的筹划活动，就可能获取一定的回报。

即纳税人和劳务报酬的支付人商议，把本应该集中支付的劳务费在不同年度内支付，使每年该劳务报酬的支付比较平均，从而使得纳税人的年度综合所得适用较低的税率。同时，这种支付方式也使得支付人不必一次性支付较高费用，减轻了其经济负担，支付人也会比较乐意去做。

【案例6-12】

某纳税人利用业余时间耗时三个月为某项工程设计图纸，企业计划在年底一次性支付该项报酬5万元。但该纳税人要求分期跨年支付各50%，即第一年年底支付2.5万元，第二年年初再支付2.5万元。请问如果企业采纳纳税人的建议，该纳税人就该笔收入能享受多少节税利益？（已知该纳税人扣除6万元费用、专项扣

除、专项附加扣除和其他扣除后，不包含该笔劳务报酬所得的各年度综合所得应纳税所得额均为12万元）

【解析】

如果采用企业一次性支付方案，该纳税人

第一年综合所得应纳税所得额为16万元[＝12＋5×(1－20%)]；则

第一年应纳所得税额＝3.6×3%＋(14.4－3.6)×10%＋(16－14.4)×20%

＝16×20%－1.692＝1.508(万元)。

第二年应纳所得税额＝3.6×3%＋(12－3.6)×10%＝12×10%－0.252

＝0.948(万元)。

两年合计纳税金额为2.456万元(＝1.508＋0.948)。

如果采用跨年每次支付各50%的方案，该纳税人第一年和第二年的综合所得应纳税所得额均为14万元[＝12＋2.5×(1－20%)]。

则第一年和第二年应纳所得税额＝3.6×3%＋(14－3.6)×10%

＝14×10%－0.252＝1.148(万元)。

两年合计纳税金额为2.296万元(＝1.148×2)。

由上可知，采用跨年份次支付各50%的方案可为纳税人节约0.16万元(＝2.456－2.296)税款。

(2) 稿酬的分期筹划

同劳务报酬类似，纳税人可以通过系列丛书、再版等方式，将一年内集中获得的稿酬收入跨年度平均，尽量规避高税率，适用较低档次税率。但也应该注意，当著作被分解成一套系列著作时，该种发行方式不会对发行量有太大的影响，或者最好能够促进发行。如果该种分解导致著作的销量或者学术价值大受影响，则这种方式将得不偿失。而利用再版进行筹划就是在作品市场看好时，与出版社商量采取分批印刷的办法，以减少每一纳税年度收入量，节省税款。但由于出版社对一本书再版比较麻烦，因此这种筹划方法具有一定的局限性，而且一般只是作为辅助的筹划方法使用。因为如果该出版物的销路不好，第一次出版后出版社便不愿意再次出版，其筹划便失去了意义。

6.3.1.6 利用费用转移进行筹划

虽然劳务报酬所得、稿酬所得和特许权使用费所得在计入年度综合所得收入额时允许扣除一定比例的费用，但应纳税款的计算是用应纳税所得额乘以税率而得，税率是固定不变的，应纳税所得额越大，应纳税额就越大。如果能在现有扣除标准下再多扣除一定的费用，或想办法将应纳税所得额减少，就可以减少应纳税额。

为他人提供劳务以取得报酬的个人可以考虑由对方提供一定的福利，将本应由自己承担的费用改由对方提供，以达到规避个人所得税的目的。下列方式可以考虑，即由对方提供餐饮服务、报销交通开销、提供住宿、提供办公用具、安排实验设备等。这样就等于扩大了费用开支，相应地降低了自己的劳务报酬总额，进而降低了本人的年度综合所得收入额。这些日常开支是不可避免的，如果由个人负担就不能在应纳税所得额中扣除，而由对方提供则能够扣除，由对方提供虽然减少了名义报酬额，但实际收益却有所增加。

取得稿酬所得的纳税人一般也可和出版社商量，让其提供尽可能多的设备或服务，这样就将费用转移给了出版社，自己基本上不负担费用，从而减少应纳税额。可以考虑由出版社负担的费用有以下几种：资料费、稿纸、绘画工具、作图工具、书写工具、其他材料费、交通费、住宿费、实验费、用餐费、实践费等，有些行业甚至可以要求提供办公室以及电脑等办公设备。

【案例 6-13】

某经济学家欲创作一本关于中国经济发展状况与趋势的专业书籍，需要到广东某地区进行实地考察研究。由于该经济学家学术水平很高，预计这本书的销路看好。出版社与该经济学家达成协议：全部稿费为 20 万元，预计到广东考察的费用支出为 5 万元(已知该经济学家扣除免征额、专项扣除、专项附加扣除和其他扣除后，不包含该笔稿酬所得的各年度综合所得应纳税所得额均为 33 万元)。

【解析】

如果该经济学家自己负担费用，则

其年度综合所得应纳税所得额＝33＋20×(1－20％)×70％＝44.2(万元)。

其综合所得当年应纳税额＝3.6×3％＋(14.4－3.6)×10％＋(30－14.4)×20％＋(42－30)×25％＋(44.2－42)×30％
＝44.2×30％－5.292＝7.968(万元)。

如果改由出版社支出费用，限额为 50 000 元，实际支付给该经济学家的稿费为 15 万元，则该经济学家年度综合所得应纳税所得额＝33＋15×(1－20％)×70％＝41.4(万元)，应纳税额＝3.6×3％＋(14.4－3.6)×10％＋(30－14.4)×20％＋(41.4－30)×25％＝41.4×25％－3.192＝7.158(万元)，7.968－7.158＝0.81(万元)。

因此，第二种方法可以节约税款 8 100 元。

6.3.2 利息、股息、红利所得的纳税筹划

利息、股息、红利所得主要来源于纳税人的投资，而个人投资的资金又主要来源于各种所得的税后收益，也就是说，绝大部分个人纳税人需将取得的所得收入完税后，根据税后的剩余进行各类投资，从而取得利息、股息、红利所得。既然是税后收入产生的投资收益，当然这些收益的税负越低越好。

6.3.2.1 专项基金筹划法

专项基金筹划法是指在个人纳税人进行人生规划时，对一些在中长期面临的必需开支，如教育、医疗、住房、养老等，设立专项基金并依照税法的规定，尽量减轻为这些支出筹集资金的税收负担。虽然税法允许在计算年应纳税所得额时税前扣除一定标准的教育、房贷利息(租金)、大病医疗等费用，但由于这些人生必需支出一般数额较为巨大，准备周期往往较长，资金一般来自税后的个人收入，应尽量选择免税或低税的储备渠道。以教育开支为例，目前免税的储备渠道有教育储蓄存款和商业保险等。税法规定对于商业保险的理赔金免税。此外，我国在 2008 年 10 月 9 日前对居民储蓄存款的利息是征税的，此后暂免征收储蓄存款利息的个人所得税。当时为体现科教兴国的基本国策，一方面，国家为了发展教育事业

加大了对教育的投入。另一方面，在制定税收优惠政策时也给予教育一定的优惠。因此，国务院《对储蓄存款利息所得征收个人所得税的实施办法》第五条规定：对个人取得的教育储蓄存款利息所得以及国务院财政部门确定的其他专项储蓄存款或者储蓄性专项基金存款的利息所得，免征个人所得税。这也就为当时个人进行纳税筹划创造了有利的条件。

6.3.2.2　所得再投资筹划法

对于个人因持有某公司的股票、债券而取得的股息、红利所得，税法规定予以征收个人所得税(持有国内上市公司股票分配的股息征税另有政策规定)。但为了鼓励企业和个人进行投资和再投资，各国都不对企业留存未分配利润征收所得税。如果个人对企业的前景看好，就可以将本该领取的股息、红利所得留在企业，作为对企业的再投资，而企业则可以将这部分所得以股票或债券的形式记在个人名下。这种做法既可以避免缴纳个人所得税，又可以更好地促进企业的发展，使得持有人的股票价值更加可观。但这种方法要求个人对企业的前景比较乐观。如果个人认为另一企业的发展前景更为乐观，即使缴纳个人所得税后再购买另一企业的股票，收益也仍然很大，则另当别论。

6.3.2.3　投资方式筹划法

个人进行投资决策时，最重要的因素就是投资的净收益。如果一项投资的表面收益虽然很高，但要缴纳的税收和规费同样很高，则净收益不一定能够吸引人；相反，虽然某项投资的表面收益不是很高，但是其净收益却较高，则这项投资也会吸引众多投资者。

对于我国投资者来说，有如下几种投资方法可供考虑(除房产外，这些投资方式大多免征个人所得税或享受低税优惠)：

(1) 储蓄(银行理财)。储蓄的优点是安全、可靠，缺点是利率较低。商业银行一年期整存整取利率减去国内通货膨胀率在很多时候接近于零，甚至为负数。以2017年为例，当年消费者价格指数(CPI)较2016年上升1.6%，而同期中国工商银行的一年期整存整取利率为1.75%，储蓄的实际年化收益率仅有0.15%(＝1.75%－1.6%)。可见，在国内当前经济条件下，将资金存入银行并非明智之举。随着金融工具的不断创新，在日益激烈的竞争压力下，作为储蓄的替代品，银行推出的理财产品逐渐丰富，其收益较高，流动性和安全性较强。

(2) 房地产投资。经济日报社中国经济趋势研究院编制的《中国家庭财富调查报告(2017)》数据显示，2016年全国家庭的人均财富中，房产净值的占比为65.99%，全国家庭自有住房套数平均为1.044套。可以说，房地产投资价值已经占据我国家庭财富的绝大部分，为数不少的家庭拥有二套、三套住房。而投资者购买不同类型的房产面临的税收负担是不同的。购买住房时，无论新房还是二手房均需要缴纳契税，并且在当前房地产卖方市场的背景下，二手房的购买方往往还需承担原本由卖房者负担的个人所得税(转让持有满5年且为家庭唯一住房的除外)。考虑到我国的房地产税法已纳入十三届全国人大常委会的立法规划，将在本届人大常委会任期内提请审议，且目前随着十九大报告提出“房子是用来住的，不是用来炒的”，各地房价已有不同程度的回落。可以预计，未来房地产价格将会更加健康地发展，盲目投资房地产需要谨慎。

(3) 国债投资。虽然收益不如银行理财，且发售窗口较短，国债近来有些淡出人们的视野，但购买国债是许多老一辈人投资的热门方向。与教育储蓄一样，国债也是免征个人所得税的项目，其票面利率比教育储蓄更高且没有投资金额限制。比如，1999年第二期的三年期国债票面利率为3.02%，比教育储蓄的2.7%略高一点。不过值得注意的是，国债是一次性投入，教育储蓄是分次投入；国债的流动性更强，储蓄国债持有半年即可提前兑付，记账式国债可以上市交易。

(4) 股票投资。水平较高的投资者也可以考虑投资股票，只要能保证投资回报率比以上这些投资高即可。这几年对投资者因投资上市公司股票而取得的股息、红利所得一直有优惠措施。如自2013年1月1日以后，个人从公开发行和转让市场取得的上市公司股票，持股期限在1个月以内(含1个月)的，其股息、红利所得全额计入应纳税所得额；持股期限在1个月以上至1年(含1年)的，暂减按50%计入应纳税所得额；持股期限超过1年的，暂减按25%计入应纳税所得额。为鼓励长期投资，自2015年9月8日起，个人从公开发行和转让市场取得的上市公司股票，持股期限在1个月以内(含1个月)的，其股息、红利所得全额计入应纳税所得额；持股期限在1个月以上至1年(含1年)的，暂减按50%计入应纳税所得额；持股期限超过1年的，股息、红利所得暂免征收个，人所得税。按上述标准计算的应纳税所得额统一适用20%的税率计征个人所得税。目前我国对从事二级市场股票转让取得的所得暂免征收个人所得税，这对投资者来说是个重要机遇。

(5) 基金投资。证券投资基金是一种最常见的信托产品，目前受到热捧的各种"宝"们，大多是货币市场基金代销。此外，根据投资对象不同，还可分为股票基金、债券基金、混合基金等。税法规定：对个人投资者申购和赎回基金单位取得的差价收入，在对个人买卖股票的差价收入未恢复征收个人所得税以前，暂不征收个人所得税；对个人投资者从基金分配中取得的收入，暂不征收个人所得税。可见，目前对公募基金投资收益也是免税的。由于与A股市场之间存在着极强的联动性，股票基金的收益率受到股市波动的影响极大，其收益不稳定，风险较大，需要投资者具备一定的专业知识和良好心态。而基于固定收益类产品的货币基金则相反，收益率一般介于一年期定期存款和银行理财产品之间，门槛极低且赎回很快。

(6) 外汇、黄金投资。具有一定条件的投资者也可以考虑投资外汇，对于外汇的投资有炒外汇和外汇储蓄两种方式，这种投资的回报率一般比国债利率高，很值得考虑。2008年前后的牛市把黄金投资引入了普通投资者的视野，但国际金价后续的下跌也套牢了不少"中国大妈"。黄金具有"财富看门狗"的称号，自古以来一直是财富的象征。投资黄金有实物黄金和交易黄金两大类，购买各种投资金条、金币、黄金饰品均为投资实物黄金，而投资黄金期货、黄金期权、黄金股票、黄金基金等属于交易黄金。实物黄金兼具交易价值和实用价值，但保管不易；交易黄金的投资则需要专业的投资交易知识和训练。

(7) 保险。保险投资也是投资决策中应该考虑的。目前保险公司约定给付的复利水平大致为2.5%，而且其计息基数只是投保人有权提取的那部分返还金，实际利率相对较低，但保险投资的目的不在于投资，而在于提供风险保障或财富的代际传承，且税法明确规定对于保险赔款免税，因而在某些情况下也是一种不错的选择。

6.3.3 经营所得的纳税筹划

与综合所得一样，经营所得是2018年《个人所得税法》第七次修订引入的概念。经营所得的征收范围包括：① 个人通过在中国境内注册登记的个体工商户、个人独资企业、合伙企业从事生产、经营活动取得的所得；② 个人依法取得执照，从事办学、医疗、咨询以及其他有偿服务活动取得的所得；③ 个人承包、承租、转包、转租取得的所得，以及个人从事其他生产、经营活动取得的所得。经营所得，以每一纳税年度的收入总额减除成本、费用以及损失后的余额为应纳税所得额。下面主要以个体工商户、个人独资企业、合伙企业经营所得和承包、承租所得进行筹划。

6.3.3.1　增加费用支出

个体工商户、个人独资企业以及合伙企业缴纳个人所得税的应纳税所得额为收入减去发生的成本、费用。这些成本、费用，是指个体工商户、个人独资企业、合伙企业发生的各项直接支出和分配计入成本的间接费用以及销售费用、管理费用、财务费用。因此，合理扩大成本费用开支、降低应纳税所得额是个体工商户进行纳税筹划的主要方法。

个体工商户利用扩大费用列支节税的方法主要有以下几种。

(1) 尽可能地把一些收入转换成费用开支。因为个人收入主要用于家庭的日常开支，而家庭的很多日常开支项目同时又是经营支出项目，如水电费、电话费等，所以应尽量分开经营用的费用，在税前列支。

(2) 如果使用自己的房产进行经营，可以采用收取租金的方法扩大经营费用支出。

虽然收取租金会增加个人的应纳税所得额，但租金作为一项经营费用可以冲减个人的应纳税经营所得额，减少个人经营所得的纳税额，同时自己的房产维修保养费用也可列入经营费用支出，这样既扩大了经营费用支出，又保证了自己房产的完整性，甚至可以增值。租金的数量多少为好呢？一般来讲，年租金所带来的个人所得边际税率的变化应以不超过企业所得税的边际税率为准。

(3) 通过向家庭成员支付工资的办法扩大工资等费用支出。如果你的家人在合伙企业工作，你应该向其支付合理的工资报酬，这既是对其劳动的承认，又增加了税前列支费用。按税法的规定，企业工作人员的工资及规定的津贴可以计入产品成本，这样，个人有所得，企业少缴税。

上述方法在前几年的经济生活实践中经常发生。实际上很多私营企业在财务处理中无法分清企业和私人的费用支出，加大了企业管理费用。严格来说这是一种对政策漏洞的利用。目前税务部门已经开始加强对这种现象的控制。相应地此种方法也会受到限制，这也印证了纳税筹划的方法是有风险的，也是随着政策的变化而不断调整的。

6.3.3.2　分散、推后收益实现

个体工商户的生产经营所得，以每一纳税年度的收入总额减除成本、费用以及损失后的余额为应纳税所得额。其中成本、费用是指纳税义务人从事生产、经营所发生的各项直接支出和分配计入成本的间接费用以及销售费用、管理费用、财务费用；而损失则是指纳税义务人在生产、经营过程中发生的各项营业外支出。根据这个情况，纳税筹划人可以针对纳税人的生产经营情况做出如下考虑：一是合理使用原材料核算的计价方法，当市场的物价有上升趋势时，采用后进后出法，而当市场的物价呈下降趋势时，则采用先进先出法，以便原材料的成本尽可能往前打，使纳税人的利润推迟实现；二是在可以预见的若干年内合理地安排有关费用，一般以平均分摊为原则，或者在利润较多的年份做一些技术改造之类的项目，目的是削平利润山头，以防利润进入较高税率档次而增加纳税人的税收负担；三是合理安排预缴税款，使应纳所得税尽可能推迟实现；四是在必要的时候采取捐赠的手段，从而收到既降低税收负担、又扩大纳税人的社会影响的效果。

捐赠需要注意两点：一是捐赠必须是间接捐赠。主要是个人将其所得通过中国境内的社会团体、国家机关向教育和其他社会公共事业及遭受严重自然灾害地区、贫困地区的捐赠。二是法律对捐赠的扣税额度有规定。捐赠额未超过纳税人申报的应纳税所得额30%的部分,可以从其应纳税所得额中扣除。

6.3.3.3 承包、承租经营所得的纳税筹划

纳税人因承包、承租经营企业而获得相应的承包、承租经营所得。可能出现有的月份总收,入过高、有的月份总收入过低等现象。这种收入额在不同的纳税期限内出现较大波动的现象,在按月计算缴纳个人所得税的情况下,意味着个人在高收入的月份被课以较高税率的个人所得税,缴纳较多的税款,同时在较低收入的月份里又不能享受税法为个人所提供的种种优惠,如法定的费用扣除、较低的税率征收等。因此,很多人为减轻自己的税收负担,或通过推迟或提前获得收入,或通过改变收入支付方式,如将一次付给改为多次付给,将多次付给变为集中付给等,使自己的收入尽可能在各个纳税期限内保持均衡,这样不仅避免了在某些月份被课以较高税率的重税,还能分享税负繁重月份税法所提供的费用扣除和费用宽免等优惠,从而在总体上达到了减轻纳税义务的节税效果。

6.3.3.4 专利权节税筹划

对于从事高科技研究或从事发明创造、专利研究的人来讲,假如他已经取得了经营成果,并且申请了专利,他是准备转让专利的所有权,还是自己举办企业?如果是举办企业,是举办个人独资企业还是举办合伙企业?我们从节税角度来分析一下哪一个选择更为有利。

【案例6-14】

首先需要注意的是,居民个人转让专利的所有权和使用权分别适用不同的征税方法。居民个人转让专利所有权等同于转让无形资产,按“财产转让所得”规定纳税;居民个人转让专利使用权,即获得特许权使用费收入,应计入当年“综合所得”计税。

因此,如果他想转让专利的所有权,假设他的这次专利权的转让收入为20万元,那么他将要依照财产转让所得缴纳个人所得税。

【解析】

应纳所得税=20×(1-20%)×20%=3.2(万元)。

税后利润=20-3.2=16.8(万元)。

个人实际取得收入16.8万元,因为专利转让为一次性收入,因此他将不会有第二次收入。

如果他希望这项专利在今后相当长的时间都给他带来收益,还是选择投资经营为好,但这需要根据以非货币资产进行投资的计税规定纳税。如果是个人投资建厂经营,那么他除筹集建厂资金外,还需就按专利评估后的公允价值减除该资产原值及合理税费后的余额按“财产转让所得”纳税,但可享受在5年内缴纳税款的优惠。当然,企业成立后就可通过销售产品取得收入,而且新建企业大多可以享受一定的减免税优惠。因此在税收负担上,他当下所要负担的仅仅是流转税、企业所得税,转让专利权的税收收入则可以根据企业的经营情况和个人其他收入情况在5年内递延纳税,并无太大的税款缴纳现金压力。

如果他无力独立经营,那么他可以与他人合伙经营,他出技术,对方出资,建立

公司制企业，双方只要事先约定好专利权占企业股份的比重，就可以根据各自占有企业股权的比例分配利润。假定他的专利权折股20万元，那么与独资建厂一样，这20万元投资负担的财产转让税款将在一定期限(5年)内分摊到产品成本中，通过产品销售收回。除了企业应负担的税收外，他还需要负担投资分红所需缴纳的税收额，而股票在他没转让之前是不需负担税收的。这样，他还可以得到企业利润或资金配股所带来的收入。在这两种情况下，他所要负担的税收是有限的，而且是在一个相当长的时期内负担的。

6.3.4　股权所得的纳税筹划

随着经济的发展和社会的进步，除取得现金收入外，因股权的取得和转让而产生所得的现象日益普遍。股权属于财产权的一种表现形式，个人所得税中强调的股权是指自然人股东(以下简称“个人”)投资于在中国境内成立的企业或组织的股权或股份。转让股权大多按照“财产转让所得”纳税；但个人取得股权带来的收入有时又因计入“工资、薪金所得”需要按照综合所得计税，二者之间容易混淆。

6.3.4.1　个人取得股权的纳税筹划

个人取得股权有如下方式：以现金出资方式取得；以非货币性资产出资方式取得；通过无偿让渡方式取得；被投资企业以资本公积、盈余资本、未分配利润转赠股本；等等。税法的具体规定为：

(1) 符合条件的非上市公司股票期权、股权期权、限制性股票和股权奖励实行递延纳税。

股票(权)期权是指公司给予激励对象在一定期限内以事先约定的价格购买本公司股票(权)的权利；限制性股票是指公司按照预先确定的条件授予激励对象一定数量的本公司股权，激励对象只有工作年限或业绩目标符合股权激励计划规定条件时才可以处置该股权；股权奖励是指企业无偿授予激励对象一定份额的股权或一定数量的股份。

① 非上市公司授予本公司员工的股票期权、股权期权、限制性股票和股权奖励，符合规定条件的，经向主管税务机关备案，可实行递延纳税政策，即员工在取得股权激励时可暂不纳税，递延至转让该股权时纳税；股权转让时，按照股权转让收入减除股权取得成本以及合理税费后的差额，适用“财产转让所得”项目，按照20%的税率计算缴纳个人所得税。

股权转让时，股票(权)期权取得成本按行权价确定，限制性股票取得成本按实际出资额确定，股权奖励的取得成本为零。

② 享受递延纳税政策的非上市公司股权激励(包括股票期权、股权期权、限制性股票和股权奖励，下同)必须同时满足以下条件：A. 属于境内居民企业的股权激励计划。B. 股权激励计划经公司董事会、股东(大)会审议通过。未设股东(大)会的国有单位，经上级主管部门审核批准。股权激励计划应列明激励目的、对象、标的、有效期、各类价格的确定方法、激励对象获取权益的条件、程序等。C. 激励标的应为境内居民企业的本公司股权。股权奖励的标的可以是技术成果投资入股到其他境内居民企业所取得的股权。激励标的股票(权)包括通过增发、大股东直接让渡以及法律法规允许的其他合理方式授予激励对象的股票(权)。D. 激励对象应为公司董事会或股东(大)会决定的技术骨干和高级管理人员，激励对象人数累计不得超过本公司最近6个月在职职工平均人数的30%。E. 股票(权)期权自授予日起

应持有满3年，且自行权日起持有满1年；限制性股票自授予日起应持有满3年，且解禁后持有满1年；股权奖励自获得奖励之日起应持有满3年。上述时间条件需在股权激励计划中列明。F. 股票(权)期权自授予日至行权日的时间不得超过10年。G. 实施股权奖励的公司及其奖励股权标的公司所属行业均不属于《股权奖励税收优惠政策限制性行业目录》范围。

(2) 居民个人取得的下列股权激励所得，在2021年12月31日前按工资、薪金所得.项目计税的，不并入当年综合所得，全额单独适用综合所得税率表(表6-2)计算纳税。计算公式为：应纳税额＝股权激励收入×适用税率－速算扣除数并且，居民个人一个纳税年度内取得两次以上(含两次)股权激励的，应合并按上述规定计算纳税。

① 个人取得股票增值权所得和限制性股票所得。

股票增值权是指上市公司授予公司员工在未来一定时期和约定条件下，获得规定数量的股票价格上升所带来的收益的权利。被授权人在约定条件下行权，上市公司按照行权日与授权日二级市场股票差价乘以授权股票数量，发放给被授权人现金。限制性股票是指上市公司按照股权激励计划约定的条件，授予公司员工一定数量本公司的股票。

对于个人，从上市公司取得的股票增值权所得和限制性股票所得，比照前述1)参与企业股票期权计划而取得的所得的征收规定计缴个人所得税。

② 相关技术人员取得高新技术企业转化科技成果给予的股权奖励。

这里的相关技术人员，是指经公司董事会和股东大会决议批准获得股权奖励的以下两类人员：一是对企业科技成果研发和产业化做出突出贡献的技术人员，包括企业内关键职务科技成果的主要完成人、重大开发项目的负责人、对主导产品或者核心技术、工艺流程做出重大创新或者改进的主要技术人员。二是对企业发展做出突出贡献的经营管理人员，包括主持企业全面生产经营工作的高级管理人员，负责企业主要产品(服务)生产经营合计占主营业务收入(或者主营业务利润)50%以上的中、高级经营管理人员。

【案例6-15】

王某为某股份制企业员工，因工作出色2019年年初获得单位股票期权，约定在2019年6月王某能以1元/股的价格认购本企业股票10 000股。王某行权后于2020年年初将该部分股票以6元/股的价格转让给他人，并在持有期间因持有该部分股票获得分红10 000元，已知行权时该股票对企业外部的发行价为5元/股。请问王某因该部分股票取得的收入应如何纳税？

【解析】

情形1：若王某任职的企业是符合《财政部国 家税务总局关于完善股权激励和技术入股有关所得税政策的通知》(财税〔2016〕101号)条件要求的企业，则王某在行权时不用缴纳个税；而王某于2020年年初转让股票时应按照“财产转让所得”计税，其该部分股票转让所得应纳税额为10 000元[＝(6×10 000－1×10 000)×20%]；王某因持有该部分股票取得的分红所得应纳税额为2 000元(＝10 000×20%)。

情形2：如果王某任职的企业不符合财税〔2016〕101号文的要求，则王某在行权时就应按照工资、薪金所得单独纳税，则行权时王某应纳所得税额为1 480元[＝(5×10 000－1×10 000)×10%－2 520]；王某因持有该部分股票取得的分红所得应纳税额为2 000元(＝10 000×20%)。

情形3：假设王某取得的境内上市公司股票期权在取得时就约定可转让，该期权存在公开交易市场，授权时每股认购权市场价格为3元，并且王某在行权前于2019年3月将获得股票期权的一半以15 000元转让给他人，2019年6月王某的行权数量为5 000股，其持有该部分股票于2020年年初获得分红5 000元。请问在其他条件不变的情况下，王某应如何纳税？2019年年初王某取得股票期权时，应纳税额为900元(＝3×10 000×3%)；2019年3月转让部分股票期权时王某当月应纳所得税额为2 820元[＝(15 000－900)×20%]；王某因持有该部分股票取得的分红所得应纳税额为1 000元(＝5 000×20%)；王某行权和转让境内上市公司股票所得，不纳税。

(3) 个人以非货币性资产投资取得股权。

非货币性资产指的是现金、银行存款等货币性资产以外的资产，包括股权、不动产、技术发明成果等。非货币性资产投资，包括以非货币性资产出资设立新的企业、以非货币性资产出资参与企业增资扩股、定向增发股票、股权置换、重组改制等投资行为。

个人以非货币性资产投资，属于个人转让非货币性资产和投资同时发生，因此应对个人转让非货币性资产的所得，依照“财产转让所得”项目计缴个人所得税。具体征税时，应按评估后的公允价值确认非货币性资产转让收入，并以该收入减去资产原值与合理税费后的余额为应纳税所得额。非货币性资产原值为纳税人取得该项资产时实际发生的支出。若纳税人无法提供完整、准确的非货币性资产原值凭证，不能正确计算非货币性资产原值，主管税务部门可依法核定其非货币性资产原值。合理税费是指纳税人在非货币性资产投资过程中发生的与资产转移相关的税金及合理费用。

(4) 企业转赠股本。

① 股份制企业用资本公积金转增股本不属于股息、红利性质的分配，对个人取得的转增股本数额，不作为个人所得，不征收个人所得税。这里所表述的不征税“资本公积金”是指股份制企业股票溢价发行收入所形成的资本公积金。此转增股本由个人取得的数额，不作为应税所得征收个人所得税。而与此不相符的其他资本公积金分配个人所得部分，应当依法缴纳个人所得税。

② 股份制企业用盈余公积金派发红股属于股息、红利性质的分配，对个人取得的红股数额，应作为个人所得征税。

③ 自2016年1月1日起，个人股东如取得中小高新技术企业以未分配利润、盈余公积、资本公积向其转赠的股本，依照“利息、股息、红利所得”适用20%税率计税。一次性缴税确有困难的，可经主管税务部门备案后在5年内分期缴纳。

(5) 企业改组改制过程中个人取得量化资产的。

对职工个人以股份形式取得的量化资产仅作为分红依据，而对职工不拥有所有权的企业量化资产，不征收个人所得税。

对职工个人以股份形式取得的拥有所有权的企业量化资产，取得时暂缓征税；待个人将股份转让时,以其获得的收入额减去取得该股份时实际支付的费用支出和合理税费后的余额,按"财产转让所得"计缴个税。

对职工个人以股份形式取得的量化资产参与企业分配而获得的股息、红利,应按照"利息、股息、红利所得"纳税。

城市信用社改制为城市合作银行过程中,个人以现金或股份及其他形式取得的资产评估增值数额,应当按"利息、股息、红利所得"项目计征个人所得税,税款由城市合作银行负责代扣代缴。

6.3.4.2 个人转让股权的纳税筹划

股权转让是指个人将股权转让给其他个人或法人的行为,具体包括出售股权、公司回购股权、IPO、以股权进行投资、股权被司法或行政机关强制过户、股权抵债等情形。个人转让股权的应纳税所得额根据股权转让收入减去股权原值和合理费用后的余额确定,并按照"财产转让所得"计税。股权转让收入包括违约金、补偿金等转让方以各种名目取得的与股权转让相关的款项、资产、权益等。

股权原值的确认:① 以现金出资方式取得的股权,股权原值=实际支付价款+取得股权相关的合理税费;② 以非货币性资产出资方式取得的股权,股权原值=非货币性资产价格+取得股权相关的合理税费;③ 通过无偿让渡方式取得股权,并具备"继承或将股权转让给能提供具有法律效力身份关系证明的直系亲属及祖父母、外祖父母、孙子女、外孙子女、兄弟姐妹和对转让人承担直接抚养(赡养)义务的抚养人(赡养人)"条件的,股权原值=原持有人股权原值+取得股权相关的合理税费;④ 被投资企业以资本公积、盈余公积、未分配利润转赠股本,个人股东已依法纳税的,新转赠股本原值=转赠额+相关税费。个人多次取得同一被投资企业股权的,采用加权平均法确定其股权原值。

6.4 个人所得税优惠政策的纳税筹划

6.4.1 优惠政策的有关规定

《个人所得税法》及其实施条例,以及财政部、国家税务总局的若干规定等,都对个人所得项目给予了减税和免税的优惠。

6.4.1.1 免纳个人所得税的项目

(1) 省级人民政府、国务院部委和中国人民解放军军以上单位,以及外国组织颁发的科学、教育、技术、文化、卫生、体育、环境保护等方面的奖金。

(2) 国债和国家发行的金融债券利息。

这里所说的国债利息,是指个人持有中华人民共和国财政部发行的债券而取得的利息所得;所说的国家发行的金融债券利息,是指个人持有经国务院批准发行的金融债券而取得的利息所得。一般而言,国务院批准发行的金融债券主要是三大政策性银行,即国家开发银行、中国进出口银行、农业发展银行发行的金融债券。

(3) 按照国家统一规定发给的补贴、津贴。

这里所说的按照国家统一规定发给的补贴、津贴,是指按照国务院规定发给的政府特殊津贴、院士津贴和国务院规定免纳个人所得税的补贴、津贴。发给中国科学院资深院士和中国工程院资深院士每人每年1万元的资深院士津贴免予征收个人所得税。

(4) 福利费、抚恤金、救济金。

这里所说的福利费,是指根据国家有关规定,从企业、事业单位、国家机关、社会.团体提留的福利费或者工会经费中支付给困难个人的生活补助费;所说的救济金,是指各级人民政府民政部门支付给个人的生活困难补助费。

(5) 保险赔款。

(6) 军人的转业费、复员费。

(7) 按照国家统一规定发给干部、职工的安家费、退职费、退休工资、离休工资、离休生活补助费。

(8) 依照我国有关法律规定应予免税的各国驻华使馆、领事馆的外交代表、领事官员和其他人员的所得。

上述"所得",是指依照《中华人民共和国外交特权与豁免条例》和《中华人民共和国领事特权与豁免条例》规定免税的所得。

(9) 中国政府参加的国际公约以及签订的协议中规定免税的所得。

(10) 关于发给见义勇为者的奖金问题。对乡、镇(含乡、镇)以上人民政府或经县(含县)以上人民政府主管部门批准成立的有机构、有章程的见义勇为基金或者类似性质的组织,奖励见义勇为者的奖金或奖品,经主管税务机关核准,免征个人所得税。

(11) 企业和个人按照省级以上人民政府规定的比例提取并缴付的住房公积金、医疗保险金、基本养老保险金、失业保险金,不计入个人当期的工资、薪金收入,免予征收个人所得税。超过规定比例缴付的部分计征个人所得税。个人领取原提存的住房公积金、医疗保险金、基本养老保险金时,免予征收个人所得税。

(12) 对个人取得的教育储蓄存款利息所得以及国务院财政部门确定的其他专项储蓄存款或者储蓄性专项基金存款的利息所得,免征个人所得税。

(13) 储蓄机构内从事代扣代缴工作的办税人员取得的扣缴利息税手续费所得,免征个人所得税。

(14) 生育妇女按照县级以上人民政府根据国家有关规定制定的生育保险办法取得的生育津贴、生育医疗费或其他属于生育保险性质的津贴、补贴,免征个人所得税。

(15) 对工伤职工及其近亲属按照《工伤保险条例》规定取得的工伤医疗保险待遇,免征个人所得税。

(16) 对被拆迁人按照国家有关城镇住房拆迁管理办法规定的标准取得的拆迁补偿款,免征个人所得税。

(17) 保险营销员、证券经纪人取得的佣金收入,属于劳务报酬所得,以不含增值税的收入减除20%的费用后的余额为收入额,收入额减去展业成本以及附加税费后并入当年综合所得,计算缴纳个人所得税。保险营销员、证券经纪人展业成本按照收入额的25%计算。

(18) 依法批准设立的非营利性研究开发机构和高等学校(含国家设立的科研机构和高校、民办非营利性科研机构和高校),根据《中华人民共和国促进科技成果转化法》的规定,从职务科技成果转化收入中给予科技人员的现金奖励,可减按50%计入科技人员当月"工资、薪金所得",依法缴纳个人所得税。

(19) 对由亚洲开发银行支付给我国公民或国民(包括为亚洲开发银行执行任务的专

家)的薪金和津贴,凡经亚洲开发银行确认这些人员为亚洲开发银行雇员或执行项目专家的,其取得的符合我国税法规定的有关薪金和津贴等报酬,免征个人所得税。

(20) 自2018年1月1日至2020年12月31日,对易地扶贫搬迁贫困人口按规定取得的住房建设补助资金、拆旧复垦奖励资金等与易地扶贫搬迁相关的货币化补偿和易地扶贫搬迁安置住房(以下简称"安置住房"),免征个人所得税。

(21) 经国务院财政部门批准免税的所得。

6.4.1.2 *经批准可以减征个人所得税的情形*

(1) 残疾、孤老人员和烈属的所得。

(2) 因严重自然灾害造成重大损失的。

(3) 其他经国务院财政部门批准减税的。

6.4.2 扣除境外已纳税额

在对纳税人的境外所得征税时,会存在其境外所得已在来源国或者地区缴税的实际情况。基于国家之间对同一所得应避免双重征税的原则,我国在对纳税人的境外所得行使税收管辖权时,对该所得在境外已纳税额采取了分不同情况从应征税额中予以扣除的做法。我国税法规定:居民个人从中国境外取得的所得,准予其在应纳税额中扣除已在境外缴纳的个人所得税税额,但扣除额不得超过该纳税人境外所得依照我国税法规定计算的应纳税额。居民个人从境内和境外取得的综合所得或者经营所得,应当分别合并计算应纳税额;从境内和境外取得的其他所得应当分别单独计算应纳税额。

已在境外缴纳的个人所得税税额,是指居民个人来源于中国境外的所得,依照该所得来源国或者地区的法律应当缴纳并且实际已经缴纳的所得税税额;境外所得依照我国《个人所得税法》规定计算的应纳税额,是居民个人境外所得已缴境外个人所得税的抵免限额。除国务院财政、税务主管部门另有规定外,来源于一国(地区)的抵免限额为来源于该国的综合所得抵免限额、经营所得抵免限额、其他所得项目抵免限额之和。

居民个人在中国境外一个国家或者地区实际已经缴纳的个人所得税税额,低于依照前款规定计算出的该国家或者地区抵免限额的,应当在中国缴纳差额部分的税款;超过该国家或者地区抵免限额的,其超过部分不得在本纳税年度的应纳税额中扣除,但是可以在以后纳税年度的该国家或者地区抵免限额的余额中补扣。补扣期限最长不得超过五年。

居民个人申请抵免已在境外缴纳的个人所得税税额,应当提供境外税务机关出具的税款所属年度的有关纳税凭证。

6.5 个人所得税的反避税规定

为了加强打击逃避税行为,堵塞税收漏洞,维护国家税收权益,2018年修订的《个人所得税法》参照《企业所得税法》有关反避税规定,针对个人不按独立交易原则转让财产、在境外避税地避税、实施不合理商业安排获取不当税收利益等避税行为,赋予税务机关按合理方法进行纳税调整的权力。明确当税务机关做出纳税调整时,需要补征税款的,应当补征税款,并依法加收利息。

为应对税法的新变化,在进行纳税筹划时需要提高合规意识,注意规避不当筹划的风

险。有下列情形之一的,税务机关有权按照合理方法进行纳税调整:

(1) 个人与其关联方之间的业务往来不符合独立交易原则而减少本人或者其关联方应纳税额,且无正当理由。所谓关联方,是指与个人有下列关联关系之一的个人、企业或者其他经济组织:① 夫妻、直系血亲、兄弟姐妹,以及其他抚养、赡养、扶养关系;② 资金、经营、购销等方面的直接或者间接控制关系;③ 其他经济利益关系。个人之间有上述第①项关联关系的,其中一方个人与企业或者其他组织存在,上述第②项和第③项关联关系的,另一方个人与该企业或者其他组织构成关联方。所称独立交易原则,是指没有关联关系的交易各方,按照公平成交价格和营业常规进行业务往来遵循的原则。

通过与关联方之间的交易利用转让定价手段将利润或所得转移到低税负区域(国家),是纳税人进行跨区域(国家)避税的常用手段。独立交易原则目前已得到大多数国家的接受和采纳,是税务部门处理关联企业间收入和费用分配的指导原则。

(2) 居民个人控制的,或者居民个人和居民企业共同控制的设立在实际税负明显偏低的国家(地区)的企业,无合理经营需要,对应当归属于居民个人的利润不进行分配或者减少分配。所称控制是指:① 居民个人、居民企业直接或者间接单一持有外国企业10%以上有表决权股份,且由其共同持有该外国企业50%以上股份;② 居民个人、居民企业持股比例未达到第①项规定的标准,但在股份、资金、经营、购销等方面对该外国企业构成实质控制。所称实际税负明显偏低,是指实际税负低于《企业所得税法》规定的税率的50%。居民个人或者居民企业能够提供资料证明其控制的企业满足国务院财政、税务主管部门规定的条件的,可免予纳税调整。

(3) 个人实施其他不具有合理商业目的的安排而获取不当税收利益。所称不具有合理商业目的,是指以减少、免除或者推迟缴纳税款为主要目的。

一旦税务部门依照上述规定做出纳税调整,需要补征税款的,在补征税款外还要加征利息。利息按照税款所属纳税年度最后一日中国人民银行公布的同期人民币贷款基准利率加5个百分点计算,自税款纳税申报期满次日起至补缴税款期限届满之日止按日加收。纳税人在补缴税款期限届满前补缴税款的,加收利息至补缴税款之日。但纳税人如实向税务部门提供有关资料,配合税务部门补征税款的,利息可以按照前款规定的人民币贷款基准利率计算。

此外,税法规定:个人应当凭纳税人识别号实名办税。个人首次取得应税所得或者首次办理纳税申报时,应当向扣缴义务人或者税务部门如实提供纳税人识别号及与纳税有关的信息。个人上述信息发生变化的,应当报告扣缴义务人或者税务部门。没有中国居民身份证号码的个人,应当在首次发生纳税义务时,按照税务部门的规定报送与纳税有关的信息,由税务部门赋予其纳税人识别号。

本章小结

个人所得税是对个人(自然人)取得的各项应税所得征收的一种税。

个人所得税的纳税义务人,包括中国内地公民、在中国有所得的外籍人员和香港、澳门、台湾同胞。根据纳税人的住所和其在中国境内居住的时间,分为居民个人和非居民个人。由于对这两种纳税人的税收政策不同,纳税人可以把握这一尺度,合法筹划纳税。

由于各国在行使管辖权时体现出形形色色的差别,这就使得纳税人通过选择其地址和住所来筹划税收成为可能。具体的操作方法有：① 通过人员的住所(居住地)变动降低税收负担；② 通过人员流动降低税收负担；③ 通过对其财产的分割降低税收负担。

计税依据的纳税筹划内容最为丰富，也最为复杂。包括：① 综合所得的纳税筹划；② 利息、股息、红利所得的纳税筹划；③ 经营所得的纳税筹划；④ 股权所得的纳税筹划。

由于我国的个人所得税实行分项目征税，所以项目不同，适用的税率和应纳税额也就不同。

政府对个人所得的不同应税项目均给予了不同程度的减免税优惠，这可供我们用来进行纳税筹划，尤其是可以合理利用免税额。

思考题

1. 综合所得是个人所得税的最主要征税项目，其纳税筹划方法有哪些？

2. 什么是综合所得项目纳税筹划的“削山头”法？通过什么方式可以实现收入的平均化，从而减少纳税？

3. 居民个人取得劳务报酬预扣预缴税款如何计算？是否需要进行汇算清缴？

4. 对于稿酬收入可以采取何种方法进行纳税筹划？

5. 经营所得中，个体工商户个人所得税的缴纳方法是视同企业的，如何通过增加成本、费用，进而减少应纳税所得额，减轻税收负担？

6. 股权投资是当前投资的主要方式，居民个人取得股权和转让股权时应如何纳税？

7. 独立交易原则对个人开展纳税筹划有什么影响？

第7章　关税及其他税种的纳税筹划

7.1　关税的纳税筹划

当今经济生活日益国际化，国际贸易迅速发展，在商品交易中不可避免地要涉及进出口关税问题。就关税的纳税筹划而言，该税税负弹性较小，其在税目、税基、税率以及减免优惠等方面都规定得相当详尽、具体，纳税筹划空间不如所得税类宽广。

7.1.1　关税的法律界定

成功的关税筹划，首先必须对相关国家的关税条例、进出口税则等有关关税的法规有充分的了解。关税是海关按照国家制定的关税政策、税法和进出口税则，对进出关境的货物和物品征收的一种流转税。

7.1.1.1　关税的征税对象和纳税义务人

关税的征税对象是准许进出境的货物和物品。货物是指贸易性商品；物品是指入境旅客随身携带的行李物品、个人邮递物品、各种运输工具上的服务人员携带进口的自用物品、馈赠物品以及以其他方式进境的个人物品。

关税的纳税义务人包括进口货物的收货人、出口货物的发货人、进出境物品的所有人。进出境物品的所有人包括该物品的所有人和推定为所有人的人。一般情况下，对于携带进境的物品，推定其携带人为所有人；对分离运输的行李，推定相应的进出境旅客为所有人；对以邮递方式进境的物品，推定其收件人为所有人；以邮递或其他运输方式出境的物品，推定其寄件人或托运人为所有人。

7.1.1.2　关税的税则、税目

进出口税则以税率表为主体，通常还包括实施税则的法令、使用税则的有关说明和附录等。目前，我国实施以《商品名称及编码协调制度》为基础的进出口税则。2018年我国将调整部分税则税目，调整后税则税目总数为8 549个。

7.1.1.3　关税的税率

自2004年1月1日起，我国进口税则设有最惠国税率、协定税率、特惠税率、普通税率、关税配额税率等税率形式，对进口货物在一定期限内可以实行暂定税率。

《中华人民共和国进出口关税条例》规定：适用最惠国税率的进口货物有暂定税率的，应当适用暂定税率。适用特惠税率、协定税率的进口货物有暂定税率的，应当从低适用税率。适用普通税率的进口货物，不适用暂定税率。

7.1.1.4 关税的原产地规定

正确运用进口税则的各栏税率，必须确定进境货物的原产地。我国原产地规定基本上采用了“全部产地生产标准”和“实质性加工标准”两种国际上通用的原产地标准。

全部产地生产标准是指进口货物完全在一个国家内生产或制造，生产国或制造国即为该货物的原产国。

7.1.1.5 关税完税价格

《中华人民共和国海关法》规定：进出口货物的完税价格由海关以该货物的成交价格为基础审查确定。成交价格不能确定时，完税价格由海关依法估定。自我国加入世界贸易组织后，我国海关已全面实施《世界贸易组织估价协定》。

（1）一般进口货物的完税价格。

进口货物的完税价格包括货物的货价、货物运抵我国境内输入地点起卸前的运输及其相关费用、保险费。货物的货价以成交价格为基础。

（2）出口货物的完税价格。

出口货物的完税价格由海关以该货物向境外销售的成交价格为基础审查确定，并应包括货物运至我国境内输出地点装载前的运输及其相关费用、保险费，但其中包含的出口关税税额应当扣除。出口货物的成交价格中含有支付给境外的佣金的，如单独列明，应当扣除。

7.1.1.6 关税减免

关税减免是对某些纳税人和征税对象给予鼓励和照顾的一种特殊调节手段，是贯彻国家关税政策的一项重要措施。关税减免分为法定减免税、特定减免税和临时减免税。

（1）法定减免税。法定减免税是税法中明确列出的减税或免税，纳税人无须提出申请，海关可按照规定直接予以执行。适用这类减免税优惠的货物、物品有：关税税额在人民币50元以下的一票货物；无商业价值的广告品和货样；外国政府、国际组织无偿赠送的物资；在海关放行前损失的货物；进出境运输工具装载途中必需的燃料、物料和饮食用品；经海关核准暂时进境或者暂时出境，并在6个月内复运出境或者复运进境的货样、展览品等；为境外厂商加工、装配成品和为制造外销产品而进口的原材料、辅料、零件、部件、配套件和包装物料等。

（2）特定减免税，也称政策性减免税。特定减免税货物一般有地区、企业和用途的限制，海关需要进行后续管理。这类货物、物品主要有：科教用品；残疾人专用品；扶贫、慈善性捐赠物资；加工贸易产品（加工装配和补偿贸易、进料加工等）；边境贸易进口物资；保税区进出口货物；出口加工区进出口货物；进口设备；特定行业或用途的减免税。

（3）临时减免税。这类政策一般对可减免的商品列有具体清单。如为支持我国海洋和陆上特定地区石油、天然气开采作业，对相关项目进口国内不能生产或性能不能满足要求的商品，免征进口关税和进口环节增值税等。

7.1.2 关税的筹划空间

7.1.2.1 关税优惠政策的应用

关税优惠是纳税人进行纳税筹划的重点。例如世界上几百个经济特区对关税的课征一般都实施大同小异的优惠待遇。又如我国对企业从事高新技术和生产出口产品实行鼓励政策，对于从事上述产品生产的企业所需的进口设备及配套技术、配件、备件及软件的费用等给予减免关税和进口环节增值税的优惠政策。又如我国对日本的三种产品——汽车、手持和车载无线电话机、空气调节器——加征特别关税后，许多汽车进口商很快就转向

从欧美进口汽车，因为这样做可以避免高关税。这些都为企业开展纳税筹划、调整经营战略提供了空间。

7.1.2.2　合理控制完税价格

在税率确定的情况下，完税价格的高低就决定了关税的轻重。完税价格的确定是关税弹性较大的一环，在同一税率下，完税价格如果高，从价计征的税负则重，如果低，税负则轻。而且在许多情况下，完税价格的高低还会影响关税的税率。所以，关税筹划的另一个切入点就是合理控制完税价格。

7.1.2.3　充分利用原产地标准

我国进口税则设有最惠国税率、协定税率、特惠税率、普通税率、关税配额税率共五栏税率。同一种进口货物的原产地不同，适用的税率也将有很大区别。而关于原产地的确认，我国设定了全部产地标准和实质性加工标准。正确合理地运用原产地标准，选择合适的地点，就可达到纳税筹划的效果。

7.1.2.4　利用保税制度进行纳税筹划

为了创造完善的投资、运营环境，国家通常在境内设立保税区，保税区是在海关监控管理下存放和加工保税货物的特定区域。保税区内复运出口的进口货物通常免征进口关税和进口环节税。

7.1.2.5　选择货物的进口方式进行纳税筹划

境内纳税人进口货物除了采用一般方式报关进口外，还可以采取其他特殊方式进口货物，这时报关的完税价格也有区别：运往境外修理的货物以海关审定的境外修理费和料件费，以及该货物复运进境的运输及其相关费用、保险费估定完税价格；运往境外加工的货物以海关审定的境外加工费和料件费，以及该货物复运进境的运输及其相关费用、保险费估定完税价格；以租赁方式进口的货物，在租赁期间以海关审定的租金作为完税价格等。

不同的货物进口方式选择，就为纳税人提供了筹划空间。如果纳税人要引进国外新设备扩大生产，就可以通过计算向国外购买该设备和租赁该设备的关税成本进行决策。

特殊进出口方式的货物或违规货物的税率规定见表7-1。

表7-1　特殊进出口方式的货物或违规货物的税率规定

进口货物到达之前，经海关核准先进申报的	装载此货物的运输工具申报进境之日实施的税率
进口转关运输货物	指运地海关接受该货物申报进口之日实施的税率；货物运抵指运地之前，经海关核准先行申报的，应当适用装载该货物的运输工具抵达指运地之日实施的税率
出口转关运输货物	启运地海关接受该货物申报出口之日实施的税率
经海关批准，被告集中申报的进出口货物	每次货物进出口时海关接受该货物申报之日实施的税率
因超过规定期限未申报而由海关依法变卖的进口货物	装载该货物的运输工具申报进境之日实施的税率
因纳税义务人违反规定需要追征税款的进出口货物	违反规定的行为发生之日实施的税率；行为发生之日不能确定的，适用海关发现该行为之日实施的税率

7.1.2.6 选择货物的运输方式进行纳税筹划

运输及其相关费用、保险费的计算，在进出口货物的完税价格中占有很大一部分，对运输方式的选择形成关税的筹划空间。以一般陆运、空运、海运方式进口的货物，运费应核算到起卸地点，保险费应按照实际支付或结算比例计算。若用其他运输方式进口货物，运费和保险费的计算有所不同：邮运的进口货物，以邮费作为运输及其相关费用、保险费；以境外边境口岸价格条件成交的铁路或公路运输进口货物，海关按照货价的 1%计算运输及其相关费用、保险费；作为进口货物的自驾进口的运输工具，海关在审定完税价格时则可以不另行计入运费。表 7-2 罗列了一些具体情形。

表 7-2　关于运费及其相关费用、保险费的规定

<table>
<tr><th colspan="2">进出口运载或成交方式</th><th>运费及相关费用的规定</th><th>保险费的确定</th></tr>
<tr><td rowspan="2">一般进口</td><td>实际支付了运费</td><td>进口货物的运输及其相关费用，应当按照由买方实际支付或者应当支付的费用计算</td><td>进口货物的保险费，应当按照实际支付的费用计算</td></tr>
<tr><td>运费无法确定；保险费无法确定或未实际发生</td><td>海关应当按照该货物进口同期的正常运输成本审查确定</td><td>(货价＋运费)×3‰</td></tr>
<tr><td colspan="2">运输工具作为进口货物，利用自身动力进境的</td><td>海关在审查确定完税价格时，不再另行计入运输及其相关费用</td><td>参照一般进口规定</td></tr>
<tr><td colspan="2">邮运进口的货物</td><td colspan="2">应当以邮费作为运输及其相关费用、保险费</td></tr>
</table>

7.1.2.7 行邮税的纳税筹划

行邮税的税率有 60%、30%和 15%三个档次。纳税人可在入境时选择携带低税率的物品，以避免被征高税。比如回国探亲时选购礼品，可选 15%税率的计算机、照相机等，而不选税率为 60%的珠宝玉石、化妆品、高档手表。

7.1.2.8 反倾销税的纳税筹划

在对外贸易中，我国廉价能源、原材料、劳动力竞争优势下的合理低成本、低出口价常常被认为是“倾销”，国内企业因而不得不承受高额的反倾销税。可见，对如何避免不公平的反倾销税进行筹划十分有必要。

可以采取的措施包括：提高产品附加值，取消片面的低价策略；组建出口企业商会，加强内部协调和管理，塑造我方整体战略集团形象；分散出口市场，尽量减少被控诉的可能；调整产品利润预测，改进企业会计财务核算，以符合国际规范和商业惯例；还要密切注意国际外汇市场的浮动状况；与外方投诉厂商私下进行谈判、协商；全面搜集有关资料信息情报，有效地获取进口国市场的商情动态，查证控诉方并未受到损失，以便在应诉中占据有利、主动的地位；在出口地设厂，筹建跨国公司；凭借便利的销售条件、优质的产品、高水平的服务和良好的运输条件占有市场，提高单位产品的价格（效用），降低其替代率，从而增强外方消费市场对我方产品的依赖性，获取群众支持等。

7.1.2.9 关税法律救济的纳税筹划

在进出口贸易中，经常会产生关税纠纷，如对海关的如下行为的合法性及适当性表示异议:原产地认定、税则归类、税率或汇率适用、完税价格确定、关税减征、免征、追征、补征和退还等。而在处理纠纷时,纳税人也不是完全被动的,他们有权分析产生税务纠纷的原因、纠纷会带来多大的损失、纠纷的解决途径、纠纷的胜算率等,从而采取主动,以便尽量减少损失,或者通过法律途径维护自己的合法权益。这被称作关税法律救济的纳税筹划。

【案例 7-1】

纳税时间的纳税筹划:一个进出口公司进口一批货物。若海关从接受申报对货物进行查验到填发税款缴纳证共需要两天时间,该公司可以利用关税纳税时间进行纳税筹划。(1) 若该公司选择星期一报关,那么星期三海关填发税款缴纳证,从星期四起纳税期限为 7 天。这样,该公司最迟应于第二周的星期五缴纳税款,其全部税款占用时间最多为 9 天(包括星期六、星期日两天)。(2) 若该公司在报关期限内能够推迟到星期二报关,那么海关就会于星期四填发税款缴纳证,纳税人就应依法从星期五开始 7 日之内缴纳关税。这样,最晚纳税时间为第三周的星期一,他的全部税款占用时间就为 11 天(包括两个星期六和星期日共 4 天)。由此我们可以看出,该公司若选择星期二报关,就可以在合法的范围内延长对应纳税款的占用时间。当然,如果该公司选择星期四报关,那么其占用税款的时间最长。

【案例 7-2】

实力汽车公司是一个全球性的跨国大公司,该公司生产的汽车在世界汽车市场上占有一席之地。某年 8 月,该公司决定打入中国市场。同月,公司召开董事会商议此事并初步拟订两套方案:

方案 1　在中国设立一个销售企业作为实力汽车公司的子公司,通过国际转让定价,压低汽车进口价格,从而节省关税,使中国境内子公司利润增大,以便于扩大规模,占领中国汽车市场。

方案 2　在中国境内设立一个总装配公司子公司,通过国际转让定价,压低汽车零部件的进口价格,节省关税,也可使中国境内子公司利润增大,以便于扩大规模,占领中国汽车市场。

后经进一步讨论,公司决定采用方案 2。

根据方案 1,企业利用了转让定价法进行筹划。由于我国沿海地带优惠较多,利润从高税国转到低税国会节省税款,包括关税的节约。根据方案 2,企业也可以得到方案 1 中转让定价的好处,但更重要的是,方案 2 利用了关税税率差异筹划方法,考虑到零部件的进口关税比成品汽车的税率要低很多,而低的关税税率也可以帮助企业节约不少税款。另外,考虑到零部件生产国比较分散,更加易于进行转让定价筹划,所以方案 2 优于方案 1。

7.2 其他税种的纳税筹划

本节介绍若干地方税的纳税筹划。这些地方税包括了土地增值税、资源税、房产税、城镇土地使用税、城市维护建设税、印花税、车船税、契税等,税种虽小,却具有一定的纳税筹划空间。

7.2.1 土地增值税的纳税筹划

土地增值税是对在我国境内有偿转让国有土地使用权及地上建筑物和其他附着物的产权、取得增值性收入的单位和个人征收的一种税。该税种有较大的筹划空间。

7.2.1.1 土地增值税的法律界定

土地增值税的纳税人是转让国有土地使用权及地上建筑物和其他附着物的产权取得增值性收入的单位和个人。课税对象是转让国有土地使用权及地上建筑物和其他附着物的产权所取得的增值额。土地增值税实行四级超率累进税率(见表7-3)。

表 7-3 土地增值税税率表

级数	增值额与扣除项目金额的比率	税率/%	速算扣除系数/%
1	不超过50%的部分	30	0
2	50%～100%的部分	40	5
3	100%～200%的部分	50	15
4	超过200%的部分	60	35

7.2.1.2 土地增值税的筹划空间

(1) 利用房地产转移方式进行纳税筹划。

征收土地增值税必须满足三个判定标准:仅对转让国有土地使用权及其地上建筑物和附着物的行为征税;仅对产权发生转让的行为征税;仅对转让房地产并取得收入的行为征税。

房地产所有人可以通过避免符合以上三个判定标准来避免成为土地增值税的征税对象。比如,以下情形均可免征土地增值税:所有人通过境内非营利的社会团体、国家机关将房屋产权、土地使用权赠与教育、民政和其他社会福利、公益事业;将房产、土地使用权租赁给承租人使用,承租人向出租人支付租金;将房地产作价入股进行投资或作为联营条件等。

(2) 通过控制增值额进行纳税筹划。

由于土地增值税是以增值额为基础的超率累进税率,因此土地增值税筹划最为关键的一点就是合理合法地控制、降低增值额。增值额是纳税人转让房地产所取得的收入减去规定扣除项目金额后的余额,所以通过控制增值额进行纳税筹划的方法包括收入筹划法与成本费用筹划法。

收入筹划法主要是指收入分散筹划,即将可以分开单独处理的部分从整个房地产中分离,比如房屋里面的各种设施,从而使得转让收入变少,降低纳税人转让的土地增值额。成本费用筹划法就是最大限度地扩大成本费用列支比例,比如房地产开发企业如能提供金融机构证明并能按转让房地产项目计算分摊,可以将在房地产开发过程中发生的借款利息支出据实扣除。当然,这种筹划应有一定的限度,无节制地任意扩大的后果是导致税务机关的纳税调整,得不偿失。

(3) 利用税收优惠进行纳税筹划。

房地产所有人可以利用土地增值税的税收优惠进行筹划。如建造一般民用住宅时,将增值率控制在20%之内；个人住房居住满5年后再予以转让。

【案例7-3】

一个房地产开发企业有可供销售的10 000平方米同档次的商品房两栋：

甲房每平方米售价是1 000元(不含装修费70元)，转让收入是1 000万元，它的扣除项目金额是835万元，增值额是165万元。

乙房每平方米售价是1 070元(含装修费70元)，转让收入是1 070万元，它的扣除项目金额是838万元，增值额是232万元。

根据以上数据我们可以计算出甲房的增值率是19.76%。按照税法的规定，甲房的增值额没有超过扣除项目金额的20%，不需缴纳土地增值税，企业获得的利润是165万元。乙房的增值率是27.68%，要缴纳土地增值税69.6万元，企业获得的利润是162.4万元。

上面的例子采用了分散收入以控制增值额的方法和利用税收优惠的方法进行筹划，因甲房售价分离了装修费用70元，每平方米售价比乙房低70元，从而降低了增值额并将增值率控制在20%以内，可依法享受免征土地增值税的税收优惠，所得利润反而比乙房多2.6万元(=165−162.4)。另外，由于价格上的优势，甲房的市场竞争力将强于乙房，所以企业应该考虑以后多采取甲房的销售方式进行销售。

7.2.2　资源税的纳税筹划

资源税是以各种自然资源为课税对象，为调节资源级差收入并体现国有资源有偿使用而征收的一种税。

7.2.2.1　资源税的法律界定

我国对资源税的改革在不断推进中。资源税贯彻普遍征收、级差调节的原则思想，因此规定的减免税项目较少。资源税的减免优惠政策主要包括以下几方面。

(1) 原油、天然气优惠政策。

① 开采原油过程中用于加热、修井的原油免税；② 油田范围内运输稠油过程中用于加热的原油、天然气，免征资源税；③ 稠油、高凝油和高含硫天然气资源税减征40%；④ 三次采油资源税减征30%；⑤ 低丰度油气田资源税暂减征20%；⑥ 深水油气田资源税减征30%；⑦ 自2018年4月1日至2021年3月31日，对页岩气资源税(按6%的规定税率)减征30%。但同时规定对于同时符合第②项至第⑥项中两项及以上减税规定的，不能叠加使用，只能选择适用其中一项。

(2) 矿产资源优惠政策。

① 铁矿石资源税减按40%征收资源税；② 地面抽采煤层气(即煤矿瓦斯)暂不征收资源税；③ 实际开采年限在15年以上的衰竭期矿山开采的矿产资源，减征30%资源税；④ 依法在建筑物下、铁路下、水体下通过充填方式采出的矿产资源，减征50%资源税；⑤ 除财税主管部门另有规定外，凡纳税人开采销售共伴生矿，且共伴生矿与主矿产品销售额分开核算的，对共伴生矿暂不计征资源税，没有分开核算的，共伴生矿按主矿产品的税目与税率计征资源税。

7.2.2.2 资源税的筹划空间

（1）利用综合回收率和选矿比进行筹划。

资源税法规定，对于连续加工前无法正确计算原煤移送使用量的煤炭，可按加工产品的综合回收率，将加工产品实际销售量和自用量折算成原煤数量作为课税数量；对于金属和非金属矿产品原矿，无法准确掌握纳税人移送使用原矿数量的，可将其精矿按选矿比折算成原矿数量作为课税数量。这就给纳税筹划提供了一定的空间。

企业如果确知自身煤炭回收率或选矿比低于同行业平均综合回收率或平均选矿比，则可不提供应税资源销售数量或自用数量，在这种情况下，税务机关就会根据同行业的平均综合回收率或平均选矿比来折算，计算出来的应税产品的数量则会少于实际使用数量，达到节税目的。反之，如果企业的加工技术或选矿技术比较先进，本企业煤炭的加工生产综合回收率或金属矿选矿比相对同行业较高，则应该准确核算回收率或选矿比，向税务机关提供准确的应税产品销售数量或移送数量。

（2）利用伴选精矿免税规定筹划。

由于国家对以精矿形式伴选出来的副产品不征收资源税，对纳税人而言，最好的筹划方式就是尽量完善工艺，引进技术，使以非精矿形式伴生的副产品以精矿形式出现，以此节税。

（3）准确核算筹划法。

资源税法规定，纳税人的减免税项目，应当单独核算课税数量或销售额；未单独核算或者不能准确提供减免税产品课税数量或销售额的，不予减税或者免税；纳税人开采或生产不同税目应税产品的，应当分别核算不同税目应税产品的课税数量或销售额，否则从高适用税率。

因此，纳税人可以通过准确核算各税目的课税数量或销售额，分清免税产品与征税产品，分清不同税率产品，从而充分享受税收优惠，节约资源税。

7.2.3 房产税的纳税筹划

房产税是以房产为征税对象，依据房产价格或房产租金收入向房产所有人或经营人征收的一种税。

7.2.3.1 房产税的法律界定

房产税的纳税义务人是房屋的产权所有人或经营管理单位、承典人、房产代管人或者使用人。征税对象是房产。征税范围为城市、县城、建制镇和工矿区。

房产税的计税依据分为从价计征和从租计征。从价计征即依照房产原值一次减除10%～30%后的余值计算缴纳，税率为1.2%；从租计征即房产出租的以租金收入为计税依据，税率为12%。

房产税的税收优惠政策包括：

（1）国家机关、人民团体、军队自用的房产，免征房产税。

（2）由国家财政部门拨付事业经费的单位自用的房产免税。

（3）宗教寺庙、公园、名胜古迹自用的房产免税。

（4）个人所有非营业用的房产免税（个人拥有的营业用房或者出租的房产，不属于免税房产，应照章纳税）。

（5）非营利性医疗机构、疾病控制机构和妇幼保健机构等卫生机构自用的房产，免征房产税。

(6) 按政府规定价格出租的公有住房和廉租房，包括企业和自收自支事业单位向职工出租的单位自有住房，房管部门向居民出租的公有住房，落实私房政策中带户发还产权并以政府规定租金标准向居民出租的私有住房等，暂免征收房产税。

(7) 单独核算的经营公租房的租金收入，免征房产税。

(8) 企业办的各类学校、医院、托儿所、幼儿园自用的房产，免税。

(9) 纳税人因房屋大修导致连续停用半年以上的，在房屋大修期间免征房产税。

(10) 凡是在基建工地为基建工地服务的各种工棚、材料棚、休息棚、办公室、食堂、茶炉房、汽车房等临时性房屋，无论是施工企业自行建造还是基建单位出资建造，交施工企业使用的，在施工期间，一律免征房产税。但是，如果在基建工程结束后，施工企业将这种临时性房屋交还或者低价转让给基建单位的，应当从基建单位接收的次月起，依照规定缴纳房产税。

(11) 房地产开发企业建造的商品房，在出售前不征收房产税。但出售前房地产开发企业已使用或出租、出借的商品房，应按规定征收房产税。

(12) 经有关部门鉴定，对毁损不堪居住的房屋和危险房屋，在停止使用后，可免征房产税。

7.2.3.2　*房产税的筹划空间*

(1) 利用税收优惠筹划。

例如，税法规定：对企事业单位、社会团体以及其他组织按市场价格向个人出租用于居住的住房，房产税暂减按4%的税率征收。因此，纳税人出租房屋时，可使用市场价格，向个人出租用于居住，享受税收优惠。又如，税法规定房产大修停用半年以上，经税务机关审核在大修期间可以免税，因此，纳税人理应及时加以利用。

(2) 合理确定房产原值筹划。

房产原值指房屋的造价，包括与房屋不可分割的各种附属设备或一般不单独计算价值的配套设施。可见，房产原值的大小直接决定房产税的多少，合理地减少房产原值是房产税筹划的关键。

其一，纳税人或代缴人不能提供房产原值的，由评估机关进行评估，并由税务机关确认，或由税务机关根据同类房产确定。作为固定资产，由于取得的来源不同，其原值的构成也不一致。新建或重建的固定资产以历史成本作为原值，从其他途径取得的固定资产以重置成本作为原值。因此，纳税人是否将房产在固定资产中正确分类及合理计价，直接影响到企业的折旧额，进而影响所得税，同时也影响房产税。

其二，附属设备分散筹划。在实际税收征管中对与房屋不可分割的各种附属设备的最终确认，还涉及具体的技术标准和相关的财务处理，目前尚没有明确、详细的税法规定，很多地方仍有进一步探讨的余地。有关国际会计准则规定：当一项固定资产的某些组成部分在使用效能上与该项资产相对独立，并且有不同的使用年限时，应将该组成部分单独确认为固定资产。将此项规定应用到对房产原值的确定中可以得知，作为房产的有关附属设备按照财务制度的规定有可能单独划为非房屋类固定资产处理，因而也就可能不计入房产原值。比如某一超市的保鲜制冷设备虽然在物理上是建在超市之中，直观上是房屋不可分割的附属设备，但是因其特殊的功能，且其使用年限与房屋也不同，具有相对的独立性，因此可以将其划分为机器设备类计提折旧，而不划属于房屋，那么也就不用缴纳房产税。

(3) 房产修理、更新改造的筹划。

房产的改扩建与修理、合资合股建房也是筹划的重要内容。进行更新改造或装饰装修而发生的相关费用，是否应计入房产原值非常关键。

我国会计准则规定：发生的修理支出达到固定资产原值20%以上，经过修理后有关固定资产的经济使用寿命延长2年以上，经过修理后的固定资产被用于新的或不同的用途，应确认为固定资产更新改造支出，计入固定资产原值。不满足条件的大修理支出则计入待摊费用或预提费用，直接在税前扣除，不计入房产原值。发生改扩建房产行为的，应将房产改扩建支出减去改扩建过程中发生的变价收入计入房产原值。

(4) 房产税投资联营的筹划。

对投资联营的房产，由于投资方式不同，房产税的计征也不同，从而提供了筹划空间。

对于以房产投资联营，投资者参与投资利润分红，共担风险的，被投资方要以房产余值作为计税依据计征房产税；对于以房产投资，收取固定收入，不承担联营风险的，实际是以联营名义取得房产租金，应由投资方按租金收入计缴房产税。纳税人可以进行成本效益分析以决定选择偏好。

7.2.4 城市维护建设税的纳税筹划

城市维护建设税(简称“城建税”)是国家对缴纳增值税、消费税的单位和个人以其实际缴纳的增值税和消费税税额为计税依据而征收的一种税。

7.2.4.1 城建税的法律界定

凡缴纳增值税、消费税的单位和个人，除税法另有规定外，都属于城市维护建设税的征税范围。

城建税以纳税人实际缴纳的增值税、消费税税额为计税依据，两税仅指正税，不包括对纳税人加收的滞纳金、罚款等非税收款项。但是，纳税人被税务机关查补的两税和被处以罚款时，应同时对其偷漏的城建税进行补税和罚款。

城建税采取地区差别比例税率：纳税人所在地为市区的，税率为7%；纳税人所在地为县城、镇的，税率为5%；纳税人所在地不在市区、县城或者镇的，税率为1%。

城建税原则上不单独减免，而是随增值税和消费税的减免而减免，对个别缴纳城建税确有困难的企业和个人，由县(市)级人民政府审批，酌情给予减免税照顾。

7.2.4.2 城建税的筹划空间

(1) 利用委托加工进行筹划。

税法规定，由受托方代征代扣增值税和消费税的单位和个人，其代征代扣的城建税按受托方所在地适用税率。因此，纳税人在进行委托时就可以选择城建税税率低的非市区、县城或者镇的受托单位。

(2) 利用计税依据进行筹划。

由于城建税的计税依据是两大主要货物和劳务税种——增值税和消费税，所以纳税人理应进行增值税和消费税筹划，相当于同时进行了城市维护建设税的筹划。

(3) 利用货物进口进行筹划。

由于海关对进口产品代征的增值税、消费税不征收城建税，所以纳税人在购买货物时，可以权衡各项成本，考虑通过进口方式取得货物。

7.2.5　印花税的纳税筹划

印花税是对经济活动和经济交往中书立、使用、领受具有法律效力的凭证的单位和个人征收的一种税。

7.2.5.1　印花税的法律界定

印花税的纳税义务人，按照书立、使用、领受应税凭证的不同，可以分别确定为立合同人、立据人、立账簿人、领受人和使用人五种。

印花税共有购销合同、加工承揽合同、建设工程勘察设计合同、建筑安装工程承包合同、财产租赁合同、货物运输合同、仓储保管合同、借款合同、财产保险合同、技术合同、产权转移书据、营业账簿、权利许可证照等税目。印花税的税率有两种形式，即比例税率和定额税率。比例税率共分为 4 个档次，分别是 0.5‰、3‰、5‰、1‰；“权利许可证照”和“营业账簿”税目中的其他账簿，使用定额税率，每件 5 元。

7.2.5.2 印花税的筹划空间

(1) 充分利用印花税优惠规定筹划。

例如，税法规定应纳税额不足 1 角的，免纳印花税；1 角以上的，其税额尾数不满 5 分的不计，满 5 分的按 1 角计算；已缴印花税的凭证的副本或者抄本，只要不视同正本使用，也就不需要缴纳印花税。

(2) 分项核算筹划。

一个合同如果涉及若干项经济业务，应当分别核算各项业务的金额，因为业务类型不同，适用的印花税税率也不同，而税法明确规定同一凭证载有两个或两个以上经济事项而适用不同税目税率，分别记载金额的，应分别计算应纳税额，相加后按合计税额贴花；未分别记载金额的，按税率较高的计税贴花。

(3) 利用不确定金额和保守金额进行筹划。

税法规定对于在签订时无法确定计税金额的合同，可在签订时先按定额 5 元贴花，以后结算时再按实际金额计税，补贴印花。该项规定提供了利用不确定金额筹划的可能性。

纳税人在签订金额较大的合同时，可有意识地使合同中所载金额不能明确，从而在签订时先按定额 5 元贴花，以达到少缴印花税税款的目的。

或者双方在订立合同时，充分考虑以后经济交往中可能会遇到的种种情况，确定比较合理、保守的金额，防止所载金额大于合同履行后的实际结算金额。

(4) 利用不同借款方式筹划。

根据规定，银行及其他金融机构与借款人所签订的合同，以及只填开借据并作为合同使用的，取得银行借款的借据应按照“借款合同”税目缴纳印花税。而企业之间的借款合同不需要贴花。因此，如果两者的借款利率相同，则向企业借款更能节税。

7.2.6　车船税的纳税筹划

车船税指对在我国境内应依法到公安、交通、农业、渔业、军事等管理部门办理登记的车辆、船舶，根据其种类，按照规定的计税依据和年纳税额标准计算征收的一种财产税。2011 年 2 月 25 日我国第十一届全国人民代表大会常务委员会第十九次会议审议通过了《中华人民共和国车船税法》,自 2012 年 1 月 1 日起施行。该法于 2019 年 4 月 23 日做了修正。

7.2.6.1 车船税的法律界定

车船税的纳税人,是在中华人民共和国境内拥有车船的单位和个人。征税对象是行驶于境内公共道路的车辆和航行于境内河流、湖泊或者领海的船舶,对车辆和船舶的所有人或管理人征税。

车船税采用幅度定额税率。载客汽车、摩托车,以"辆"为计税依据;载货汽车、三轮汽车、低速货车,以"自重吨位"为计税依据;船舶,以"净吨位"为计税依据。

下列车船免征车船税:

(1) 捕捞、养殖渔船。

(2) 军队、武装警察部队专用的车船。

(3) 警用车船。

(4) 悬挂应急救援专用号牌的国家综合性消防救援车辆和国家综合性消防救援专用船舶。

(5) 依照法律规定应当予以免税的外国驻华使领馆、国际组织驻华代表机构及其有关人员的车船。

(6) 对节约能源、使用新能源的车船可以减征或者免征车船税;对受严重自然灾害影响纳税困难以及有其他特殊原因确需减税、免税的,可以减征或者免征车船税。具体办法由国务院规定,并报全国人民代表大会常务委员会备案。

(7) 省、自治区、直辖市人民政府根据当地实际情况,可以对公共交通车船,农村居民拥有并主要在农村地区使用的摩托车、三轮汽车和低速载货汽车定期减征或者免征车船税。

7.2.6.2 车船税的筹划空间

(1) 利用税率临界点进行筹划。

由于对载货汽车、三轮汽车、低速货车以自重吨位为单位、对船舶以净吨位为单位分级规定税率,从而就产生了应纳车船税税额相对吨位数变化的临界点。在临界点上下,吨位数虽然相差仅 1 吨,但临界点两边的税额却有很大变化,在这种情况下进行纳税筹划十分有必要。

(2) 利用特殊规定筹划。

税法规定:拖船和非机动驳船分别按船舶税额的 50%计算征收车船税等。

纳税人可以利用以上特殊规定进行筹划。比如,在购买运输工具时,对是购买机动车挂车加在原有机动车后面还是直接购买新机动车进行权衡。

7.2.7 契税的纳税筹划

契税是对在我国境内转移土地使用权和房屋所有权时,根据当事人双方签订的契约合同,以所有权发生转移变动的不动产为征税对象,向产权承受人征收的一种财产税。

7.2.7.1 契税的法律界定

契税的课税对象是发生权属转移并签订转移契约的土地和房屋。征收范围包括所有在我国境内的单位和个人转移土地、房屋权属的行为,包括:国有土地使用权出让;土地使用权转让;房屋买卖;房屋赠与;房屋交换。承受土地、房屋权属行为的单位和个人为契税的纳税人。

契税实行 3%~5%的幅度比例税率,计税依据是土地、房屋权属转移时,当事人双方签订的契约上载明的不动产价格。

7.2.7.2 契税的筹划空间

(1) 对企业合并、分立、改组的契税筹划。

现阶段企业改组改制的情况很多,税法对此做出了特殊的规定,了解和充分利用这些规定进行筹划,可以节省不少税收。

比如,在企业合并中,新设方或者存续方承受被解散方土地、房屋权属,如合并前各方为相同投资主体,则不征契税,其余征收契税;在企业分立中,对派生方、新设方承受原企业土地、房屋权属的,不征契税;以增资扩股进行股权重组,对以土地、房屋权属作价入股或作为出资投入企业的要征收契税,而以股权转让进行重组,单位、个人承受企业股权,企业的土地、房屋权属不发生转移的,则不征契税。

此外,税法规定:对于企业改制,凡原企业投资主体存续并在改制(变更)后的公司中所持股权(股份)比例超过75%,且改制(变更)后公司继承原企业权利、义务的,对改制(变更)后公司承受原企业土地、房产权属,免征契税。对于事业单位改制,原投资主体存续并在改制后企业中出资(股份、股权)比例超过50%的,对改制后企业承受原事业单位土地、房屋权属,免征契税。

(2) 利用房屋交换进行筹划。

《中华人民共和国契税暂行条例》规定:土地使用权交换、房屋交换,以所交换土地使用权、房屋价格的差额为计税依据。可见,进行房屋交换所纳契税显然远远低于普通的房屋购置,所以纳税人可以将原来不属于交换的行为,通过合法的途径转变为交换行为,以便减轻税负。更进一步说,如果双方当事人进行交换的价格相等,由于价差为零,任何一方都不用缴纳契税,所以当纳税人交换土地使用权或房屋所有权时,如果能想办法保持双方的价格差额较小甚至没有,就可达到节税目的。

本章小结

本章是关税和其他地方税种的纳税筹划介绍。本章首先简述了关税和其他税种的法律规定,以便了解各税种的具体特点,接着明确列出筹划空间,最后通过案例的讲解,使读者对关税和其他税种的纳税筹划产生感性认识,从而实现本章的学习目的——从细微处入手,针对不同小税种从不同角度进行纳税筹划,以小见大,使纳税人的效益最大化。

思考题

1. 关税的纳税筹划方法有哪些?
2. 根据我国现行《资源税暂行条例》的规定,哪些资源征税,哪些资源不征税?
3. 房产税的征税范围有哪些?
4. 城市维护建设税的纳税筹划空间有哪些?
5. 印花税的纳税筹划空间有哪些?
6. 车船税的纳税筹划空间有哪些?
7. 契税的征税范围有哪些?

第8章　跨国纳税筹划

8.1　国际纳税筹划概述

8.1.1　国际纳税筹划的内涵

国际纳税筹划是指纳税人在不违反相关国家(地区)的国内税法、国际税收协定、区域性的税收协调法规以及其他国际税收法律规定的前提下,降低某跨境经济活动的税收负担或其全球税收负担的规划与安排。国际纳税筹划并非国内纳税筹划的平移延伸,它涉及不同国家(地区)的税收制度以及国际税法规定,因此国际纳税筹划在原理、方法等方面与国内纳税筹划存在较大差异。简而言之,国际纳税筹划不仅需要综合设计来降低纳税人的境内外税负,还需要重点关注避免国际重复征税和规避国际反避税风险。

8.1.2　国际纳税筹划的核心要素

(1) 税收居民身份。税收居民身份是国际纳税筹划的基础概念。全球大多数国家(包括我国)或地区同时实施居民管辖权与地域管辖权,即对本国居民的全球所得以及非居民来源于本国的所得征税。因此,税收居民身份的认定非常重要。各国(地区)关于税收居民身份的认定标准通常存在于国内税法体系,不同国家之间存在差异。一般来说,对于自然人税收居民身份的认定,常见的判定依据包括长久居住的主观意愿、实际停留时间的客观事实等,具体体现为住所、居所、停留时间等判定标准。对于法人税收居民身份的认定,常见的判定依据有法律注册地、管理机构所在地、总机构所在地等。

另外,双边税收协定中的居民条款,可以有效解决缔约国双方居民管辖权冲突造成的双重税收居民身份问题,从而避免相应的国际重复征税问题。

纳税人在进行国际纳税筹划时,应特别注意以下三个与税收居民身份相关的问题。

第一,纳税人在跨境经营或投资过程中,若要享受国际税收协定的条款等,重要前提之一为纳税人必须是该协定缔约国一方或双方的税收居民。例如,《中新税收协定》指出,本协定适用于缔约国一方或者同时为双方居民的人。因此,在实践中,纳税人在申请适用税收协定时需要提供相应的税收居民身份证明。

第二,如果纳税人被同时认定为两国或多国的税收居民,则建议依据国与国之间签署的税收协定,申请明确其唯一的税收居民身份,以避免由居民管辖权冲突造成的国际重复征税。但是,如果国际税收协定网络并未覆盖这些国家,那么纳税人应避免同时成为相互未签署税收协定的国家的税收居民,以避免因为双重税收居民身份而承担双重税负。

第三，纳税人在同时实施居民管辖权和地域管辖权的国家(地区)从事经济活动，如果不想就全球所得向该国(地区)缴税，应避免成为该国(地区)的税收居民。

(2) 所得来源地。除了明确税收居民身份之外，还须根据所得类型明确所得的来源地，这对明确非居民的纳税义务非常重要。根据国际惯例，通常所得来源国对来源于本国的所得具有优先征税权，居住国对本国居民的境外所得行使第二征税权。

纳税人在进行国际纳税筹划时，需要注意与所得来源地相关的问题：

第一，对于一国居民管辖权与另一国地域管辖权冲突造成的国际重复征税问题，纳税人可以根据缔约国双方签署的双边税收协定解决。国际税收协定对避免所得和财产的双重征税问题做出了重要协调。例如，《经合组织范本》关于个人所得的征税协调，具体分为雇用所得、董事费、艺术家和运动员、退休金、政府服务、学生等条款。另外，税收协定中关于投资所得的征税协调，基本是按照来源国与居住国共享税收利益的原则，对于特定类型的投资所得(股息、利息、特许权使用费)，来源国按照限定税率征税，给居住国预留一部分征税权。具体征税权规定详见相关双边税收协定的内容。

需要注意的是，在实践中，来源国通常是按照国内税法行使征税权力，如果纳税人希望享受税收协定的条款规定，需要向来源国税务部门提供其税收居民身份证明，申请适用税收协定条款。

第二，对于同一笔所得，如果两个国家对该所得类型的判定并不一致，而且这笔所得被同时认定为来源于这两个国家，即产生了一国地域管辖权与另一国地域管辖权的冲突，由此导致的国际重复征税问题则无法根据这两国签订的双边税收协定进行解决。纳税人在进行国际纳税筹划时，应注意各国国内税法之间的差异，避免出现这种情况。

(3) 税率差异。世界各国(地区)之间的税率差异较大，以企业所得税为例，见表 8-1。各国税率以及税率结构的差异为纳税人的国际纳税筹划创造了空间，通过特定的组织架构与交易安排，纳税人将所得从高税地转移到低税地，可以达到降低全球总税负的目的。

表 8-1　2018 年部分国家(地区)企业所得税税率表

国家(地区)	标准税率/%
美国	21
英国	19
法国	28/33.33(累进)
列支敦士登	12.5
爱尔兰	12.5(经营所得)/25(消极所得)/33(资本利得)
荷兰	20/25(累进)
塞浦路斯	12.5
保加利亚	10
俄罗斯	20
新西兰	28
泰国	20
马来西亚	24(一般企业)，18/24(特殊企业，累进)

表 8-1(续)

国家(地区)	标准税率/%
印度尼西亚	25
新加坡	17
毛里求斯	15
英属维尔京群岛	0
百慕大	0
巴哈马	0

纳税人利用国别税率差异进行全球纳税筹划时,需要注意以下三个问题:

第一,境外低税率只意味着在来源国的低税率,通常纳税人还需要在居住国进行抵免后补税,居住国实施单一地域管辖权的除外。

第二,推迟课税的问题。在一些国家存在推迟课税的规定,对于本国居民公司来源于境外子公司的股息、红利所得在未汇回本国以前可以先不缴纳本国的所得税,当这些境外所得汇回本国时,本国居民公司再就其申报纳税,推迟课税规定的存在,使境外低税率优势得以实现。需要注意的是,我国税法并没有"海外投资利润不汇回不对其征税"的推迟课税规定。

第三,受控外国公司法规。为了打击跨国公司利用国际避税地长期将利润滞留在海外,很多国家出台了受控外国公司法规,对本国企业控股的外国企业取得的所得征税,无论这些所得是否汇回本国。因此,纳税人应特别关注有关国家的受控外国公司法规,以防范相应的税收风险。

(4) 业务模式对应的税收政策的差异性。跨国公司从事国际经济活动,需要关注不同的业务模式所适用的税收政策的差异。例如,在数字经济背景下,在线零售商想要开拓 A 国市场,将在线零售业务面向 A 国消费者,它有多种方案可以选择。例如,在线零售商既可以在 A 国设立子公司专门从事在线零售业务,也可以在 A 国设立分销商,还可以直接在线为 A 国消费者提供网络零售服务。不同方案对应的在 A 国的纳税义务有所不同,此时就需要跨国公司对这一业务目标下不同方案的税务成本进行对比与规划。首先,应尽量避免国际重复征税;其次,应寻找降低东道国税负及跨境整体税负的可行纳税筹划方案。

8.1.3 国际纳税筹划面临的新挑战

(1) 反避税与特别纳税调整。随着全球反避税浪潮的来临,我国在国际税收管理法规体系建设方面取得了显著进展,尤其是不断完善了国内的反避税相关法规,并且结合税基侵蚀与利润转移(Base Erosion and Profit Shifting,BEPS)行动计划的相关成果对我国签订的双边税收协定进行了修订。在新的反避税法规政策环境下,纳税人在进行国际纳税筹划时需要深入了解这些政策变化,及时调整筹划安排,以避免不必要的税收风险。与此同时,为了鼓励企业"走出去",我国也进一步完善了企业对外投资的税收管理规定。例如,《财政部、税务总局关于完善企业境外所得税收抵免政策问题的通知》(财税〔2017〕84 号)修改了企业境外所得税收抵免的相关规定,纳税人应积极了解政策变化,以便充分利用相关政策优势,减少不必要的跨境税收负担。

(2) 税基侵蚀与利润转移行动计划。2015 年 10 月,经济合作与发展组织(OECD)和 20

国集团(G20)发布税基侵蚀与利润转移行动计划最终报告。该报告不仅包含了对现行国际税收规则的多处修改,而且针对如何遏制跨国公司规避全球纳税义务、侵蚀各国税基的行为提出了具体的行动方案,见表 8-2。跨国公司的税基侵蚀与利润转移问题已成为当前及未来国际税收领域的核心议题,BEPS 行动计划所提出的针对《经合组织范本》以及《金融交易转让定价指南》的修订意见等,对跨国公司的全球经济行为和纳税筹划产生了重要影响,也对各国的国际税收管理工作提出了新的目标与挑战。

表 8-2　BEPS 最终报告所列 15 项行动计划主题

编号	主　题
行动计划 1	应对数字经济的税收挑战
行动计划 2	消除混合错配安排的影响
行动计划 3	制定有效受控外国公司规则
行动计划 4	对利用利息扣除和其他款项支付实现的税基侵蚀予以限制
行动计划 5	考虑透明度和实质性因素,有效打击有害税收实践
行动计划 6	防止税收协定优惠的不当授予
行动计划 7	防止人为规避构成常设机构
行动计划 8～10	确保转让定价结果与价值创造和匹配
行动计划 11	衡量和监控 BEPS
行动计划 12	强制披露规则
行动计划 13	转让定价文档和国别报告
行动计划 14	使争议解决机制更有效
行动计划 15	制订用于修订双边税收协定的多边协议

资料来源:根据国家税务总局网站相关内容整理。

BEPS 行动计划自提出以来,得到了全球多国的积极回应,很多国家都修改了国内税法,或者参与了多边反避税合作,有些国家甚至开征了新的税种(如转移利润税)以应对跨国公司的利润转移行为,BEPS 包容性框架的成员也在不断增加。

(3) 国际税收征管合作。近年来,国际税收征管合作取得了突破性进展。截至 2020 年 2 月 19 日,《多边税收征管互助公约》的签约国(地区)已覆盖 136 个国家(地区),包括一些国际知名避税地(比如巴拿马、开曼群岛、巴哈马等),全球进入国际税收征管多边共同合作的新阶段。我国于 2013 年 8 月 27 日签署加入《多边税收征管互助合约》,2017 年 1 月 1 日正式执行。

8.2　境外组织架构的筹划

8.2.1　企业组织形式的选择

(1) 筹划原理。纳税人到境外开展投资经营活动时,其境外组织架构的设计非常重要。在组织形式方面,有分公司与子公司两种基本选择。在国际纳税筹划问题中,常设机构是一个非常重要的概念，分公司是常设机构的常见形式。

① 常设机构的认定。常设机构的认定对于纳税人在东道国取得的经营所得的税负至关重要。常设机构的概念常见于各种国际税收协定，也存在于一些国家的国内税法，主要用于确定一国对另一国企业利润的征税权，即判定来源国是否对非居民的经营所得具有征税权。例如，当A国企业在B国构成常设机构时，B国就有权对A国企业通过其常设机构在B国取得的经营所得征税。例如，《中新税收协定》第七条“营业利润”规定，缔约国一方企业的利润应仅在该缔约国征税，但该企业通过设在缔约国另一方的常设机构在该缔约国另一方进行营业的除外。如果该企业通过设在该缔约国另一方的常设机构在该缔约国另一方进行营业，其利润可以在该缔约国另一方征税，但应仅以属于该常设机构的利润为限。

② 分公司与子公司的主要税收区别。分公司是与总公司相对应的一个概念，子公司是与母公司相对应的法律概念。很多国家将外国公司设立在本国的分公司视为独立法人实体，并对其征税。在国际纳税筹划中，分公司与子公司的税收区别主要体现在四个方面：

第一，分公司在东道国取得利润，相当于总公司有来源于东道国的经营所得(来自境外的所得)，作为非居民需要向分公司所在国缴纳企业所得税。子公司作为独立法人实体，就企业利润向所在国缴纳企业所得税，税后利润向境外的母公司分配股息。

第二，境外分公司的经营所得汇回总公司，通常无须向分公司所在国缴纳预提税，但东道国开征分支机构利润税的除外。境外子公司向母公司分配股息时，通常需要在子公司所在国缴纳股息预提税，但是东道国国内税法规定免征股息预提税、符合欧盟母子公司指令条件的欧盟成员国企业之间免征股息预提税、税收协定中股息预提税为零等情形除外。

第三，根据总公司所在国的国内税法或签署的双边税收协定，总公司通常可以在计算境外所得(即分公司在东道国取得的所得)在其居住国的纳税义务时进行税收抵免(或享受免税政策)。母公司同样可以进行类似的税收抵免(或享受免税政策)，不过母公司在计算境外所得抵免时与总公司不同：有些国家的国内税法或税收协定规定只能进行直接抵免，即只能对在境外缴纳的股息预提税进行抵免；有些国家的国内税法或税收协定规定了直接抵免和间接抵免，也就是母公司还可以对其间接负担的境外子公司企业所得税进行间接抵免。若考虑到某些税收抵免的特殊规定，那么设立分公司和子公司可能就会产生较大的税负差异。

第四，子公司可以对税后利润不做股息分配，或者虽进行了股息分配但不汇回股息，从而达到递延税负的效果。另外，设立中介子公司可以起到将境外分国抵免转为综合抵免，中和境外高低税负的作用。与子公司不同，分公司与总公司之间通常可以共摊成本与费用，甚至根据一些国家的规定，境外亏损可以与境内盈利相抵减，因而存在企业通过以上途径降低其在高税国应纳税所得额的可能性。

(2) 筹划要点。一般来说，企业在投资前应充分了解居住国和东道国的税收政策、两国之间签订的税收协定，选择最优的组织架构形式。企业应考虑的要素包括两国企业所得税的税率(包括预提税税率)、税收优惠政策、征税方式、对常设机构的认定、是否可以直接抵免或间接抵免、是否开征分支机构利润税、亏损的处理规定、是否有推迟课税以及其他影响企业税负的规定等。

① 常设机构的安排。基本思路为纳税人充分了解东道国税法或双边税收协定中关于常设机构的认定标准，尽量不在东道国构成常设机构，以避免在东道国缴纳企业所得税。特别是当东道国税率高于本国税率时，这一筹划安排就显得很有必要。在东道国税率不高于

本国税率且境内外都为盈利时，境内外的总税额等于抵免限额，是否构成常设机构的结果差异不大。但是。纳税人仍须进一步关注东道国对经营利润税前扣除范围的相关规定。

② 分公司与子公司的选择。

A. 东道国税率与居住国相同且境外预计产生亏损，则可以考虑设立分公司。在境外设立分公司的优势在于，一些国家规定境外分公司的亏损可以与总公司或其他境外分公司的盈利进行抵减，从而降低总公司在居住国的应缴税额。

B. 东道国税率低于居住国税率且境外预计产生盈利，则可以考虑设立子公司，并进行递延纳税筹划。由于东道国税率低于居住国，因此子公司在东道国缴纳税款之后，还需要向居住国补缴税款，但如果子公司不做利润分配，通常无须再向母公司所在国补缴税款，从而达到递延纳税的目的。需要注意的是，如果境外子公司不做利润分配，则须关注母公司所在国的受控外国公司法规。特别地，一些居住国有推迟课税的规定，因此境外子公司即便做了利润分配，只要境外股息不汇回居住国，就无须向居住国缴税。

【案例 8-1】 选择分公司与子公司的纳税筹划(1)

某国有一家制药公司，打算向国外开拓药品销售业务。假设某纳税年度总公司本部实现利润 1 000 万元，其在甲国实现利润 100 万元，在乙国产生亏损 150 万元，该公司所在国的企业所得税税率为 20%，甲国企业所得税税率为 30%，乙国企业所得税税率为 10%。该国和甲、乙两国分别签订的国际税收协定中均包括直接抵免和间接抵免的条款，且规定股息预提税限定税率均为 10%。该国实行分国抵免法，且规定企业境外分支机构的亏损可以与其境内盈利相抵减。甲国、乙国均未开征分支机构利润税。

请分析如下方案的税负情况并指出最优税负方案(只考虑企业所得税)。

方案 1　该制药公司根据海外市场的销售情况，不在当地设立销售机构，直接向海外客户销售产品。

方案 2　该制药公司在甲国和乙国分别设立分支机构 A 和 B，分支机构取得的利润要汇回该制药公司。

方案 3　该制药公司在甲国和乙国分别设立全资子公司 C 和 D，子公司的税后利润全部向母公司分配股息。

【解析】

方案 1　由于在境外未构成常设机构，企业所得税全部在该国缴纳。

该制药公司来自全球的总所得＝1 000＋100－150＝950(万元)。

该制药公司应缴企业所得税＝950×20%＝190(万元)。

方案 2　应纳税额的计算如下：

甲国分支机构 A 应缴企业所得税＝100×30%＝30(万元)。

抵免限额＝100×20%＝20(万元)＜30(万元)。

乙国分支机构 B 应缴企业所得税＝0。

该制药公司来自全球的总所得＝1 000＋100－150＝950(万元)。

该制药公司应缴企业所得税＝950×20%－20＝170(万元)。

合计缴纳所得税＝30＋170＝200(万元)。

方案3　由于子公司是一个独立的法人实体，因而子公司向所在国缴纳企业所得税之后的税后利润，在向母公司分配股息时需要缴纳预提税。

甲国子公司C应纳企业所得税＝100×30％＝30(万元)。

税后利润＝100－30＝70(万元)。

由于母公司对该子公司完全控股，子公司的税后利润全部向母公司分配。

母公司在甲国应缴预提税＝70×10％＝7(万元)。

母公司直接和间接缴纳的甲国税额＝30＋7＝37(万元)。

母公司来自子公司C的全部应税所得＝70＋30＝100(万元)。

抵免限额＝100×20％＝20(万元)＜37(万元)。

乙国子公司D应缴企业所得税＝0。

母公司来自全球的总所得＝1 000＋100＝1 100(万元)。

母公司应缴企业所得税＝1 100×20％－20＝200(万元)。

合计负担所得税＝30＋7＋200＝237(万元)。

从所得税的角度来看，方案1缴纳的企业所得税数额最少。对比方案2和方案3，由于该制药公司的境外亏损可以与其境内盈利相抵减，且甲国税率较高，相比设立子公司而言，设立分公司的优势得以体现出来。整体来看，由于境外盈利产生国的税率高于境内，应避免在高税国构成常设机构以规避高税负。

【案例8-2】　选择分公司与子公司的纳税筹划(2)

中国某外贸公司在M国设立了一家全资子公司，中国的企业所得税税率为25％，M国的企业所得税税率为15％，股息预提税税率为10％。某年度该外贸公司在中国实现利润600万元，在M国的子公司实现利润250万元。子公司将税后利润的70％汇回母公司，剩余30％自用。

请计算母公司在中国的应纳企业所得税并提出纳税筹划建议。

【解析】

子公司在M国应纳企业所得税＝250×15％＝37.5(万元)。

子公司的税后利润＝250－37.5＝212.5(万元)。

母公司分得的毛股息＝212.5×70％＝148.75(万元)。

母公司在M国应纳预提税＝148.75×10％＝14.875(万元)。

母公司间接负担的子公司的企业所得税＝37.5×70％＝26.25(万元)。

母公司在M国直接和间接缴纳的税额＝26.25＋14.875＝41.125(万元)。

母公司来自M国的全部应税所得＝148.75＋26.25＝175(万元)。

抵免限额＝175×25％＝43.75(万元)＞41.125(万元)。

母公司应补缴企业所得税＝43.75－41.125＝2.625(万元)。

母公司境内所得应纳企业所得税＝600×25％＝150(万元)。

母公司来自全球所得在中国的应纳企业所得税＝150＋2.625＝152.625(万元)。

筹划建议：由于母公司适用的企业所得税税率高于子公司的企业所得税税率，

在不影响母公司现金流的情况下，可通过允许子公司尽可能高比例地留存收益用于再投资经营，使子公司暂不分配利润，从而实现递延纳税。

8.2.2 国际中介公司架构

(1) 筹划原理。跨国公司通过设立国际中介公司来统筹海外业务，并在此过程中进行国际纳税筹划，这是一种常见做法。国际中介公司的常见形式包括国际中介控股公司、国际中介贸易公司、国际中介金融公司、国际中介许可公司等①，对应于不同的业务模式。跨国公司设立国际中介公司，旨在通过组织架构设计对海外所得和相应的税务成本进行分配协调，从而降低整体税负。

(2) 筹划要点。利用国际中介公司进行纳税筹划主要遵循以下三方面思路。

第一，尽可能降低东道国的所得税负。主要关注：是否在东道国构成常设机构；设立在东道国的分支机构所缴纳的企业所得税（还包括分支机构利润税）；设立在东道国的公司所缴纳的企业所得税；东道国对非居民征收的预提税，比如股息预提税、利息预提税、特许权使用费预提税等。

第二，尽可能降低向中介公司所在国缴纳的所得税负。跨国公司通常将中介公司设立在实施单一地域管辖权或者所得税税率较低的国家（地区），以降低中介公司缴纳的企业所得税。如果中介公司所在国的企业所得税税率并不低，应尽可能使中介公司的收入与支出相差不大，以实现较低的应纳税所得额。此外，还须注意降低母公司向中介公司所在国缴纳的预提税税负。

第三，尽可能降低向居住国补缴的税款，主要通过境外受控公司不做利润分配，或虽做利润分配但不汇回股息而实现，后者需要与居住国的推迟课税规定联系起来。

在实践中，跨国公司可能设立单个或多个国际中介公司的组织架构安排，通过安排产品、服务、知识产权、资金等在集团内部的分配与流动，在服务业务发展需求的同时实现利润的转移、所得类型的转换等，将利润尽可能聚集在低税地，从而有效降低预提税负，最终达到降低全球总税负的目的。

【知识点提醒】 考虑到国际中介架构中的预提税问题，如果中介公司设在税收协定网络丰富且协定限定税率较低的国家和地区，或者国内税法对预提税规定较为优惠的国家和地区，则有利于实现上述筹划目标。从实践来看，欧洲国家如荷兰、爱尔兰、卢森堡等都是较为可行的区位选择。

8.3 境外所得来源地的筹划

8.3.1 低税地的选择

8.3.1.1 筹划原理

利用境外低税国（地区）的税制特点，将收入来源尽可能地安排在低税负的国家（地区），是国际纳税筹划的基本思路之一。纳税人在选择境外所得来源地时，不仅要关注名义税率，还要注意实际税率。具体说来，有以下常见情形。

(1) 企业所得税税率较低的国家和地区。一些国际知名避税地未开征所得税，如英属维尔京群岛、百慕大、开曼群岛、巴哈马等。另一些国家和地区虽然开征了所得税，但在多数情况下的企业所得税税率为零，如根西岛、泽西岛等。

（2）实际税负较低的国家和地区。例如，中国香港的利得税（企业所得税）税率为8.25%和16.5%两档累进税率，但中国香港不对股息所得、资本利得、多数类型的利息等消极所得征税，并且中国香港实施单一地域管辖权，仅对来源于香港境内的所得征税。例如，新加坡的企业所得税税率为17%，但新加坡实行非常丰富的减免税政策，大大降低了企业实际税负，并且新加坡居民的境外所得在汇回新加坡时才需要向新加坡缴税。欧洲很多国家对专利收入实行非常优惠的所得税减免政策，极大地降低了专利收入的实际税负。另外，从实践来看，爱尔兰、卢森堡等欧洲国家的税务部门与一些跨国公司达成的事先税收裁定在很大程度上降低了企业的实际税负。

8.3.1.2 筹划要点

利用低税地进行国际纳税筹划的基本方法为，将利润由高税地转移到低税地，并且尽量将利润留在低税地。如何实现这一转移，主要依靠转让定价筹划或其他类似方法。从形式上看，转让定价是指企业通过内部定价的方式进行利润转移，从而实现税负转移；从实践来看，主要表现为关联企业之间的交易定价，其中的一种高级形式为企业之间的成本分摊协议。

8.3.2 充分利用国际税收协定网络

8.3.2.1 筹划原理

国际税收协定是国与国之间签订的关于所得税和财产税事项的法律条约。从法律效力来看，一般来说，国际税收协定的法律地位高于国内税法。国际税收协定主要发挥两方面作用：

第一，避免所得税和财产税的国际重复征税，对缔约国双方的征税权给予明确规定。例如，协定中关于股息、利息、特许权使用费等限定税率的条款通常被认为是协定的优惠条款。其中，相互协商程序条款为纳税人解决跨境税收争议问题提供了依据和途径。由于可以有效地解决国际重复征税问题，纳税人在国际纳税筹划中应充分了解并适用国际税收协定的相关内容。一方面，纳税人通过申请适用的协定条款来解决跨境经济活动的国际重复征税问题；另一方面，纳税人可以充分利用协定中关于限定税率的优惠条款，以降低预提税税负。

第二，防止纳税人的跨境偷逃税活动。国际税收协定中包括税收情报交换等内容，预计《BEPS多边公约》的签署将极大地增强国际税收协定在国际反避税方面的作用。因此，纳税人在中长期的国际纳税筹划过程中，还须积极防范税收协定方面的反避税风险。

8.3.2.2 筹划要点

利用国际税收协定网络进行纳税筹划的要点在于：第一，有效规避或有效解决国际重复征税。第二，尽可能降低所得来源国对消极所得征收的预提税税负。

（1）有效规避或有效解决重复征税问题。在国际纳税筹划过程中，纳税人首先需要关注国际重复征税问题，应充分了解税收协定网络的覆盖情况、税收协定条款内容的差异，积极申请适用相应的国际税收协定条款。

（2）降低股息预提税。两国之间签订税收协定往往会对股息预提税提供一个优惠的限定税率，比如我国对外签订的多数税收协定都将股息预提税税率限制为10%。而在荷兰、爱尔兰等欧洲国家对外签订的税收协定中，股息预提税零税率较为常见。另外，在区域性的税收协调方案中，也有关于股息预提税的优惠。例如，欧盟母子公司指令规定，欧盟成员国居民企业之间支付的股息，只要满足一定条件就可以免征股息预提税。

8.4 投资汇回与投资退出的筹划

8.4.1 利润汇回安排

（1）筹划原理。将利润滞留在海外低税地不做利润分配或根据推迟课税规定不汇回股息、红利，实际上都只是将税负暂时递延，如果母公司需要回收投资收益，那么就要对利润汇回进行纳税筹划。例如，利润汇回的主体、时间、比例等都存在筹划的可能性。

（2）筹划要点。通过筹划安排利润汇回环节实现节税，发挥高税负地区在利润汇回（分配股息）环节的税负抵减作用。将来源于高税负地区和低税负地区的所得进行中和，在同一纳税年度汇回母公司，从而达到降低税负的效果。如果母公司所在国实施分国抵免法，可以考虑建立中介控股公司，将来源于高税负地区和低税负地区的所得集中于该中介控股公司，一并向母公司分配股息，从而实现综合抵免的效果。

8.4.2 直接转股或间接转股的筹划

（1）筹划原理。在投资决策中，股权转让可分为直接转股和间接转股两种方式。直接转股是指直接转让目标公司的股权，主要涉及纳税人股权转让所得应向东道国缴纳的企业所得税、进行境外税收抵免之后应向居住国补缴的企业所得税。间接转股是指纳税人由中介公司转让目标公司股权，或者转让（持有目标公司股权的）中介公司股权，以实现股权的间接转让。在第一种间接股权转让方式下，主要涉及中介公司就股权转让所得应向东道国缴纳的企业所得税、中介公司进行境外抵免之后向其居住国补缴的所得税、中介公司向该纳税人分配股息时在中介公司所在国代扣代缴的股息预提税、纳税人就该股息所得进行境外抵免之后向其居住国补缴的税款。在这种模式下，如果中介公司不做利润分配或不将分配的股息汇回（如果居住国实施推迟课税规定），即可实现递延纳税的筹划效果，从而使得间接股权转让存在较大的纳税筹划空间。在第二种间接股权转让方式下，主要涉及纳税人就股权转让所得向中介公司所在国缴纳的企业所得税、进行境外税收抵免之后应向居住国补缴的企业所得税，以及可能来自目标公司所在国税务机关对非居民间接转让股权的反避税调查。如果境外目标公司所在国股权转让所得税率高于居住国，但并未出台关于非居民间接股权转让的法律法规且征管并未关注这一问题，即可通过第二种间接股权转让方式实现降低境外税负的目的。

（2）筹划要点。企业在进行股权转让纳税筹划时，可以利用特殊中介公司进行间接股权转让将转让所得留存在中介公司所在地，并且尽可能降低在中介公司所在国缴纳的税款，从而递延应向居住国缴纳的企业所得税，达到整体税负更低的效果。但是，无论是直接转股还是间接转股，未在被转让股权所在国按照相关规定缴税，可能会受到被转让股权所在国税务机关的反避税调查与调整。在实践中，一些纳税人在国际避税地搭建多层空壳中介公司架构，同时目标公司所在国实施较为严格的间接股权转让税收征管，那么实施上述第二种间接股权转让方式,可能就会面临目标公司所在国税务机关的反避税调查。

本章小结

跨国纳税筹划是纳税筹划活动在国际范围内的延伸和发展,是跨国纳税人利用各国税法规定的差别和漏洞,以种种公开的合法手段减轻国际税负的行为。跨国纳税筹划与跨国纳税人采取种种隐蔽的非法手段进行的国际逃税(偷、漏税)活动具有不同的性质。各国在税制结构、税收管辖权、纳税义务确定标准、税基范围、税率、税收优惠措施、避免国际双重征税方法、税收管理水平等方面的差异,以及避税港的存在,都是跨国纳税筹划产生的重要条件。因此,跨国纳税筹划必须关注不同国家税制结构的差异,关注不同国家的税负,关注纳税义务的认定,关注经济性重叠征税对税负的影响,还必须关注税收协定网络。

思考题

1. 什么是跨国纳税筹划?它与一般国内纳税筹划有什么区别和联系?
2. 跨国纳税筹划产生的条件有哪些?
3. 进行跨国纳税筹划应注意哪些问题?

参考文献

[1] 蔡昌,李梦娟.税法(第2版)[M].北京:中国人民大学出版社,2019.

[2] 蔡昌.税收筹划:理论、实务与案例(第3版)[M]. 北京:中国人民大学出版社,2020.

[3] 曹越,何振华,郭建华.新收入准则与企业所得税法差异分析[M].北京:中国人民大学出版社,2020.

[4] 盖地.税务筹划学(第7版)[M].北京:中国人民大学出版社,2020.

[5] 计金标.税收筹划(第7版)[M].北京:中国人民大学出版社,2019.

[6] 梁俊娇.税收筹划(第8版)[M].北京:中国人民大学出版社,2020.

[7] 梁文涛.纳税筹划(第5版)[M].北京:北京交通大学出版社,2019.

[8] 魏永宏.税务会计与纳税筹划[M].北京:机械工业出版社,2017.

[9] 吴力佳.税法(第2版)[M].北京:机械工业出版社,2020.